Australien Neuseeland und Ozeanien

Don Fuchs

Australien Neuseeland und Ozeanien

© KOMET Verlag GmbH, Köln
www.komet-verlag.de
© der Karten: Ingenieurbüro für Kartographie J. Zwick, Gießen
Text: Don Fuchs, Sydney, Australien
Bildredaktion: Hans-Joachim Schneider, Köln
Lektorat und Herstellung: Hans-Joachim Schneider, Köln
Gesamtherstellung: KOMET Verlag GmbH, Köln
ISBN 978-3-86941-044-9
Alle Rechte vorbehalten

INHALT

AUSTRALIEN – DER FÜNFTE KONTINENT	6
NEW SOUTH WALES	68
QUEENSLAND	120
SÜDAUSTRALIEN	172
TASMANIEN	212
VICTORIA	254
WESTAUSTRALIEN	300
EINE AUSTRALISCHE BESONDERHEIT: DIE TERRITORIES	340
DIE GROSSEN NATIONALPARKS	368
AUSTRALIENS AUSSENGEBIETE	428
AUSTRALIEN ALS WEINLAND	428
URLAUBSZIEL AUSTRALIEN	444
NEUSEELAND	446
DIE NORDINSEL	486
DIE SÜDINSEL	504
OZEANIEN	524
MIKRONESIEN	528
MELANESIEN	548
POLYNESIEN	602

RECHTE SEITE:
*Das australische Parlaments-
gebäude in der Hauptstadt
Canberra*

AUSTRALIEN
DER FÜNFTE KONTINENT

Australien ist mit einer Fläche von 7.617.930 Quadratkilometern der kleinste Kontinent und gleichzeitig das sechstgrößte Land der Erde. Das entspricht in etwa der Größe der USA ohne Alaska. Es ist ein Land der Superlative: Australien gilt als der flachste, trockenste und waldärmste Kontinent der Erde (von der Antarktis einmal abgesehen). Mit einer Einwohnerzahl von etwas mehr als 20 Millionen Menschen formt es eine gigantische Insel, die gänzlich auf der Südhalbkugel der Erde liegt.

Der Kontinent wird im Westen vom Indischen Ozean, im Norden von der Timor- und Arafura-See, im Osten vom Südpazifik und im Süden vom Südlichen Meer begrenzt. Australiens Nachbarn sind im Norden vor allem Indonesien und Neuguinea, im Nordosten und Osten die Pazifiknationen der Solomonen, Vanuatu, Fidji und Neukaledonien sowie Neuseeland im Südosten. Die Bevölkerung konzentriert sich aus klimatischen Gründen vorwiegend entlang der Ost- und Südostküste. Obwohl Australien der kleinste Kontinent ist, sind seine Dimensionen für europäische Verhältnisse gewaltig: Die Küstenlinie einschließlich seiner Inseln misst insgesamt etwa 61.700 Kilometer. Allein das australische Festland beansprucht davon weit über 36.000 Kilometer. Die Ost-West-Ausdehnung des Kontinents beträgt etwa 4000 Kilometer, von Nord nach Süd erstreckt er sich über 3700 Kilometer.

Zu Australien gehören Lord Howe Island und Norfolk Island, zwei Inseln im Südpazifik, sowie die beiden subarktischen Inseln Heard Island und Macquarie Island. Das Land beansprucht auch einen großen Teil der Antarktis. Die abgelegene Inselgruppe der Cocos (Keeling) Islands und Christmas Island im Indischen Ozean sind ebenfalls australisches Territorium.

Die Hauptstadt Australiens ist Canberra. Fünf Bundesstaaten – New South Wales, Victoria, Tasmanien, Südaustralien, Westaustralien und Queensland – sowie zwei Territorien, das Northern Territory und das Australian Capital Territory, formen den Staatenverbund des Kontinents. Nationalfeiertag, der Australia Day, wird am 26. Januar in Gedenken an die Ankunft der „Ersten Flotte" gefeiert.

GESCHICHTE
DIE UREINWOHNER

Die Geschichte der Aborigines ist wissenschaftlich noch äußerst unvollständig erforscht. Immer noch werden neue Entdeckungen gemacht, führen präzisere Datierungsmethoden zu neuen Erkenntnissen. Vor etwa 45.000 Jahren, so die offiziell sanktionierte Zahl, vermutlich aber schon viel früher, kamen Aboriginal-Siedler im Norden des Kontinents an. Man geht davon aus, dass damals der Meeresspiegel wesentlich niedriger lag und dass eine Meeresstraße von nur etwa 50 bis 100 Kilometern Breite Australien von Indonesien trennte.

Drei Regionen im Norden des Kontinents, die Kimberleys in Westaustralien, Arnhem Land im Northern Territory und die Cape York Peninsula in Queensland, gelten als die möglichen Einfallstore für die Einwanderer, die – so vermuten Archäologen – auf Bambusflößen oder primitiven Booten das Meer überwanden.

Da der Meeresspiegel vor ca. 10.000 Jahren anstieg, liegt die damalige Küstenlinie Australiens heute unter Wasser, und greifbare Beweise für den Beginn der Besiedelung des Kontinents durch die Aborigines sind nicht mehr vorhanden. Man geht davon aus, dass es mehrere Einwanderungswellen gab und dass sich die Menschen dann vom Norden aus über den gesamten Kontinent ausgebreitet haben.

Archäologische Eckdaten des Puzzles bilden über den ganzen Kontinent verstreute Funde. Einer der wichtigsten ist eine Steinaxt, die in der Nähe von Penrith am Fuße der Blue Mountains gefunden wurde und auf ein Alter von etwa 43.000 Jahren datiert werden konnte. Sensationelle Funde im Mungo National Park im trockenen Westen von New South Wales umfassten unter anderem das Skelett einer Frau, dessen Alter auf 24.500 bis 26.500 Jahre geschätzt wird. Radiocarbondatierungen bestätigen, dass in der Umgebung des heute ausgetrockneten Lake Mungo Menschen schon vor ungefähr 40.000 Jahren lebten.

LINKE SEITE UND OBEN:

Aborigines des Walpiri-Stammes aus Zentralaustralien in traditioneller Bemalung. Seit Ankunft der Europäer 1788 wurde die Kultur der australischen Ureinwohner weitgehend zerstört.

Der Uluru (Ayres Rock) ist eines der Wahrzeichen Australiens, ein Heiligtum der Aborigines und wohl der am meisten fotografierte Monolith der Welt.

In diesem Wandbild finden sich viele Elemente der Eroberung der australischen Weiten dargestellt.

Hinweise auf die Besiedelung des Kontinents durch Aborigines wurden praktisch überall gefunden, selbst in Tasmanien. 1981 etwa entdeckte man die Kuti Kina Cave am Franklin River in Tasmaniens wildem Franklin Lower Gordon Wild Rivers National Park. Archäologen konnten nachweisen, dass die Bewohner die Höhle zum Ende der letzten Eiszeit vor etwa 11.000 Jahren aufgegeben haben.

Man darf nicht davon ausgehen, dass die australischen Ureinwohner ein homogenes Volk bildeten. Es wird vermutet, dass der Kontinent von mehr als 500 verschiedenen Volksgruppen mit mehreren Hundert Sprachen bevölkerte wurde. Die meisten Aborigines lebten als Kleingruppen oder Clans eine semi-nomadische oder nomadische Existenz. Nur dort, wo das Nahrungsangebot vielfältig war, gab es feste Siedlungen.

DIE BESIEDLUNG DURCH DIE EUROPÄER

Die Entdeckung des australischen Kontinents wird dem niederländischen Seefahrer Willem Janszoon zugeschrieben. Ihm gelang 1602 die erste nachweisliche Landung an der Westküste der Cape York Halbinsel. Allerdings geht man davon aus, dass bereits lange vor Janszoon asiatische – vor allem chinesische – Seefahrer bis zum fünften Kontinent vorgedrungen sind. Auch Franzosen, Spanier und Portugiesen trugen zur Entdeckung des mythischen Südlandes bei.

Schließlich war es der britische Forscher und Seefahrer Captain James Cook, der den Kontinent 1770 für die britische Krone in Besitz nahm. Die Besiedelung durch die Europäer begann dann im Januar 1788 mit der Ankunft der „Ersten Flotte". Sie hatte Sträflinge, Seeleute und Soldaten an Bord. Im Sydney Cove, einer Seitenbucht des Port Jackson (Sydney Harbour), gründeten die Ankömmlinge eine Strafkolonie, die die Keimzelle der heutigen Weltstadt Sydney und Australiens als Nation bilden sollte.

Großbritannien benutzte das neue Besitztum bis zur Einstellung der Deportationen im Jahre 1868 als Strafkolonie. Die Entwicklung zu einer eigenständigen Nation begann mit dem Zustrom freier Siedler. Die Sträflinge wurden beim Aufbau der Infrastruktur eingesetzt und spielten in den Anfängen der jungen Nation eine wichtige Rolle. Im Laufe der Jahre wurden sechs Kolonien gegründet.

1850 erfolgte mit dem Australian Colonies Government Act ein weiterer wichtiger Schritt in Richtung einer eigenständigen Nation: Er sprach den Kolonien New South Wales, Tasmanien, Victoria und Südaustralien eine weitgehende Autonomie zu. Queensland, Westaustralien und das Northern Territory folgten später. Während die Außen-, Verteidigungs- und Handelspolitik weiterhin in den Händen Englands lag, erhielten die Kolonien ihre eigene Verfassung sowie ein Parlament und durften ihre Geschicke selbst bestimmen.

Die ersten großen Goldfunde 1851 bei Bathurst in New South Wales und später in Victoria wirkten als Katalysator für Australiens Entwicklung. Am 1. Januar 1901 wurde schließlich das Commonwealth of Australia gegründet. Die Kolonien schlossen sich zu einem Staatenverbund nach dem Vorbild der USA zusammen: Eine Nation war geboren. Die reichen Bodenschätze sowie die Landwirtschaft bildeten das ökonomische Fundament des Landes. Australien nahm an der Seite von Großbritannien an beiden Weltkriegen teil. Die Jahre zwischen den beiden Weltkriegen waren vor allem durch die Weltwirtschaftskrise geprägt, die auch vor Australien nicht Halt machte. Als im Zweiten Weltkrieg eine Invasion durch Japan drohte, wendete sich das Land gezielt Amerika als Schutzmacht zu. Den Kriegsjahren folgte das Wirtschaftswunder, und Australien entwickelte sich in den jüngsten Jahrzehnten zu einer international erfolgreichen Marktwirtschaft.

FOLGENDE DOPPELSEITE:
Tänzer des Jawoyn-Stammes begrüßen den Ghan auf seiner Jungfernfahrt von Alice Springs nach Darwin in Katherine im Februar 204.

Das Grab des Banditen Ben Hall in Forbes in New South Wales. So wie dieser erzählen viele Grabsteine im Land zum Teil blutrünstige Geschichten.

Australien – Der fünfte Kontinent 15

RECHTE SEITE:
Der Kings Canyon im Watarrka National Park im Northern Territory. Es sind Landschaften wie diese, die Besucher in die faszinierenden Weiten des Outbacks locken.

FOLGENDE DOPPELSEITE:
Das Rainbow Valley südlich von Alice Springs. Das Rot der Sandsteinfelsen, das intensive Blau des Himmels und das Grün der spärlichen Vegetation bilden eine typische Outback-Landschaft.

Die Devils Marbels zieren mehr als eine Titelseite von Publikationen zu Australien.

GEOGRAFIE

DIE GEOLOGISCHE ENTWICKLUNG IM ÜBERBLICK

Vor etwa 200 Millionen Jahren brach die gewaltige Landmasse des Urkontinents Pangäa in zwei Teile: Gondwana und Laurasia. Was in ferner Zukunft Australien werden sollte, war, wie z. B. auch Afrika oder die Antarktis, ein Teil von Gondwana. Auch dieser Kontinent begann über die Jahrmillionen auseinanderzubrechen, und die Kontinente, wie wir sie heute kennen, begannen sich auszubilden. Vor etwa 50 Millionen Jahren löste sich Australien von der heutigen Antarktis und driftet seither als eigenständiger Kontinent langsam Richtung Norden auf den Äquator zu.

Geologisch gesehen ist Australien ein Methusalem. Die prägenden geologischen Ereignisse fanden statt, als Australien noch Teil von Gondwana war. Ein Zeitraffer verdeutlicht die geologischen Großereignisse in der erdgeschichtlichen Entwicklung des Fünften Kontinents. Zu Beginn des Paläozoikums bedeckte das Meer weite Teile des heutigen Ostaustraliens; Kalk und Schiefer lagerten sich ab. Während des Kambriums und des Ordiviziums formten sich Gebirge in Tasmanien. Während des Silurs kam es zur Gebirgsbildung in Zentralaustralien. Die höhlenreichen Kalksteingebiete in den Bundesstaaten New South Wales und Queensland entstanden aus ausgedehnten Korallenriffen. In der heutigen Kimberley-Region entwickelte sich während des Devons ein riesiges Kalksteinriff, das nun die Napier Range bildet.

Große Opalvorkommen sind eine australische Besonderheit.

Die Australischen Alpen im Osten des Kontinents stammen vor allem aus der Zeit des Karbons. Im Perm waren weite Teile vergletschert. Zeugnisse dieser Periode findet man in den verschiedensten Landesteilen Australiens. Gewaltige Sedimentablagerungen im Osten und Süden während des Mesozoikums verweisen auf das Jura und das Tertiär. Weitere Ereignisse, die schließlich das Land so formten, wie wir es heute kennen, waren vulkanischer Natur (New South Wales und Queensland). Landschaften wie die Glass House Mountains in Südost-Queensland, der gewaltige Tweed-Schildvulkan, der sich von New South Wales nach Queensland zieht, sowie die Warrumbungle Range sind Zeugen dieser Eruptionen. Eine weitere Hebungsperiode vor etwa einer Million Jahren drückte zahlreiche Plateaus im Osten des Kontinents in die Höhe.

AUSTRALIENS REICHTUM SIND SEINE BODENSCHÄTZE

Bodenschätze waren der Katalysator für den Aufstieg Australiens zur Nation, und bis in die Gegenwart sorgt der Reichtum an Mineralien und Metallen für eine blühende Wirtschaft und macht Australien zu einem reichen Land. Der Kontinent hat alles an Bodenschätzen, was das Herz begehrt: Bauxit, Kohle, Eisen, Nickel, Gold, Kupfer, Zinn, Silber, Blei, Zink, Uran – zum Teil in riesigen Vorkommen. Hinzu kommen Mineralsande, gewaltige Naturgasvorkommen, Öl und Diamanten. Die Bodenschätze verteilen sich auf alle Bundesstaaten und Territorien. Besonders reich gesegnet ist aber Westaustralien.

GROSSLANDSCHAFTEN

Großräumig betrachtet ist die geografische Gliederung Australiens relativ einfach. Der Kontinent kann grob in das Westliche Tafelland (Great Western Plateau), das Östliche Hochland (Eastern Highlands) und das Zentrale Tiefland (Central Lowlands) unterteilt werden. Das Westliche Tafelland umfasst große Teile im Westen und Norden des Kontinents, wie etwa die an Eisenerz reiche Pilbara-Region, die Kimberleys in Westaustralien und das zerklüftete Sandsteinplateau des Arnhem Land im Northern Territory. Unter dem Östlichen Hochland versteht man in erster Line die Great Dividing Range, Bergketten und Plateaus, die sich über eine Länge von mehr als 5000 Kilometern von der Cape York Halbinsel im Norden bis Tasmanien im Süden hinziehen.

Die Australischen Alpen – unterteilt in die Snowy Mountains mit dem Mt. Kosciuszko (2228 m), dem höchsten Berg des australischen Festlands, in New South Wales und die Victorian Alps im Bundesstaat Victoria – sowie das Sandsteinplateau der Blue Mountains westlich von Sydney sind unter anderem Bestandteil der Great Dividing Range. Das Zentrale Tiefland dagegen besteht aus endlosen Ebenen, Savannen und Wüsten und reicht in vier Bundesstaaten und Territorien hinein: Westaustralien mit der Gibson Desert, Südaustralien mit der Great Victoria Desert und der Simpson Desert, die noch nach Queensland, Südaustralien und das Northern Territory hineinragt. Im Norden ist zu-

Abendstimmung im vom Monsun beeinflussten Top End des Northern Territory

dem noch die Tanami Desert erwähnenswert. Vor allem in Südaustralien prägen riesige Salzseen wie der Lake Eyre, der Lake Torrens oder der Lake Gairdner das Zentrale Tiefland. Während auf der Oberfläche Wasser ein seltenes und wertvolles Gut ist, versteckt sich unter den Sand- und Steinwüsten sowie den semiariden Landschaften das größte Wasserreservoir der Welt, das Artesische Becken.

FLÜSSE UND GEWÄSSER

Das längste Flusssystem Australiens ist zugleich eines der größten der Welt. Es wird aus den beiden längsten Flüssen Australiens gebildet, dem Darling River mit einer Länge von 2739 Kilometern und dem Murray River, der 2575 Kilometer lang ist. Diese beiden Flüsse und ihre Zubringer entwässern den Süden Queenslands, große Teile von New South Wales und Victoria. Der Murrey River mündet nordöstlich von Adelaide, der Hauptstadt von Südaustralien, ins Meer.

Ein weiteres großes Flusssystem bilden der Cooper Creek und der Diamantina River, die weite Teile von Zentralqueensland entwässern. Das von ihnen geführte Wasser fließt jedoch nicht ins Meer,

OBEN:
Lake Eyre – Australiens gigantischer Salzsee

LINKS UND FOLGENDE DOPPELSEITE:
Der Mitchell River in der Gippslandregion gehört zu den wichtigsten Flüssen Victorias. Der Fluss hat seinen Ursprung in den Victorian Alps und bildet bei seiner Mündung in den küstennahen Lake King die zweitlängsten Schlammdämme der Welt.

sondern verdunstet vor allem im gewaltigen Salzsee des Lake Eyre. Diese Flüsse und ihre Zubringer sind die meiste Zeit trocken, transportieren aber nach Wirbelstürmen (Cyclonen) gelegentlich gewaltige Wassermengen in den See. Dann füllt sich der Lake Eyre vorübergehend mit Wasser und wird zu einem riesigen Binnenmeer, dass Wasservögel aus ganz Australien anlockt. Dieses Phänomen findet im Schnitt nur alle hundert Jahre statt.

Große Wassermengen fließen während des Monsuns in Nordaustralien ins Meer ab. Dann schwellen in den Kimberleys in Westaustralien, im Norden des Northern Territory und in Nordqueensland die Flüsse zu wilden Strömen an. Charakteristisch für diese Flüsse ist, dass sie ein relativ kurzes Einzugsgebiet haben und in der Trockenzeit aufhören zu fließen.

Erwähnenswert sind der Fitzroy River in den Kimberleys, der Mitchell River in Nordqueensland oder der Roper River im Northern Territory. Der Snowy River in New South Wales entspringt an den Hängen des Mt. Kosciuszko und endet südlich der Berge im Bundesstaat Victoria im Meer. Seit der Errichtung des Snowy Mountain Schemes, bei dem eine Reihe von Stauseen zur Energiegewinnung gebaut und durch den große Wassermengen in das Murray-Darling-Flusssystem umgeleitet wurden, ist von dem einst mächtigen Fluss nur mehr ein Rinnsal übrig.

Australien hat wenige natürliche Süßwasserseen. In den Snowy Mountains und in den Bergen Tasmaniens liegen vereinzelte kleine Seen in von Gletschern ausgeschabten Becken. Ein großes Seensystem befindet sich in Victoria. Hier haben sich hinter Dünenwällen große Binnengewässer gebildet, die im The Lakes National Park geschützt werden. Ähnliche Seenlandschaften findet man in Südaustralien im Mündungsbereich des Murray Rivers. Teile dieser Seen-, Sumpf- und Küstenlandschaften gehören zum Coorong National Park.

Lebensfeindlich, unermesslich, unergründlich und abweisend ist das Outback.

RECHTE SEITE:
Boabbaum in den Kimberleys in Westaustralien.

DAS OUTBACK

Das Outback entzieht sich einer genauen Definition: Seine Grenzen sind nicht klar festgelegt. Geografisch gesehen versteht man unter Outback vor allem das abgelegene aride (trockene) und semiaride (halbtrockene) Innere Australiens. Der umgangssprachliche Gebrauch des Begriffes Outback im australischen Englisch allerdings lässt darauf schließen, dass damit eigentlich alles außerhalb der urbanen Grenzen und der weitläufigen landwirtschaftlichen Gebiete (der Busch) verstanden werden kann. Nach dieser großzügigen Definition würde das Outback fast 7 Millionen Quadratkilometer umfassen – was den Großteil der australischen Landmasse ausmacht.

Der Begriff Outback hat aber nicht nur eine rein geografische Bedeutung. Die undefinierte Weite charakterisiert Land und Leute gleichermaßen und gilt – obwohl kein offizieller Begriff – als typisch australisch. Es ist Mythos und Seelenzustand einer Nation zugleich. Die australische Schriftstellerin Jocelyn Burt sagte einmal: „Es gibt keine festgelegte Grenze zum Outback: Manche sagen sogar, es beginnt und endet in unseren Köpfen."

Fest steht, dass sich hinter dem Begriff Outback eine uralte Landschaft gigantischen Ausmaßes verbirgt, die die australische Psyche wie nichts und niemand sonst down under prägt. Für viele Australier steht fest: Draußen im Outback wohnt die Seele der am meisten verstädterten Nation der Erde. Dem Outback verdankt der Fünfte Kontinent einen Gutteil seines Rufes als abenteuerliche Terra incognita: staubige Ebenen und Savannen, verbrannte Steppen und Halbwüsten, verwitterte Gebirge und ausgetrocknete Flüsse auf einer Fläche, die etwa der zwanzigfachen Größe Deutschlands entspricht.

Das große nahezu menschenleere Nichts beginnt gleich hinter dem schmalen fruchtbaren Küstenstreifen entlang der Ostküste, der stellenweise nicht einmal 200 Kilometer breit ist. Der Kern des australischen Kontinents gleicht einem gigantischen Suppentopf, in dem die letzten Suppenreste zu Salzseen einkochen. Ansonsten herrscht gähnende Leere, einförmig und eben bis zu den Randgebirgen der Great Dividing Range im Osten, den kleineren Gebirgszügen im Westen und den großen Plateaus im Norden. In seiner breitesten Ausdehnung von West nach Ost misst die gleißende Unendlichkeit fast 3700 Kilometer. Das entspricht der Entfernung Helsinki–Istanbul.

Das Outback ist eine Region der Wetterextreme. Der gnadenlose Glutofen mit Temperaturen über 40 °C erlebt in den Wintermonaten zwischen Juli und September nicht selten beißende Nachtfröste. Jahrelange Dürreperioden werden abgelöst von katastrophalen Niederschlägen und Überflutungen. So arbeitet die Natur seit 80 Millionen Jahren daran, das Gebiet einzuebnen und mit dem Erosionsmaterial mächtige Sedimentbecken zu füllen. Das Ergebnis ist eine 700 Meter hohe Rumpfebene, in der es nur hier und da ein paar erodierte Gebirgsstümpfe gibt. Einen davon bilden die Flinders Ranges im Osten des Bundesstaates Südaustralien. Wie eine Insel ragt das bis auf den Kern abgeschliffene Gebirge aus immensen Ebenen mit riesigen Salzseen. Geologen haben in der Nachbarschaft bis zu 4000 Meter mächtige Sedimentschichten erbohrt – die erodierten Reste eines einstmals mächtigen Gebirges. Der südaustralische Landschaftsmaler Hans Hessen nannte die Flinders Ranges einmal treffend „die bloßgelegten Knochen der Natur".

OBEN:

Wie hier im Mungo National Park in New South Wales fungieren Aborigines heute vielerort als Berwahrer dieser Landschaften und verdienen sich ihr Brot als Ranger.

LINKE SEITE:

Der uralte, bizarr verwitterte Dünenwall am ausgetrockneten Lake Mungo ist als „Chinesische Mauer" bekannt. Immer wieder werden hier nach Regenfällen archäologische Funde gemacht.

OBEN:

Mit dem Hubschrauber über das Great Barrier Reef

VORHERIGE DOPPELSEITE:

Die Granitkugeln der Devils Marbles südlich von Tennant Creek im Northern Territory sind nur ein der vielen Besonderheiten des australischen Outbacks. Die „Murmeln des Teufels" sind den lokalen Aborigines heilig.

GREAT BARRIER REEF

Das Great Barrier Reef zieht sich von der Mündung des Fly River in Neuguinea entlang der Ostküste Queensland über eine Länge von über 2000 Kilometern nach Süden bis etwa auf die Höhe der Stadt Bundaberg. Das größte Riffsystem der Erde setzt sich aus etwa 2500 Einzelriffen und weit über 900 Inseln und Inselchen zusammen. Das Great Barrier Reef sitzt auf dem Kontinentalsockel, der mehr oder weniger parallel zur Ostküste Australiens verläuft. Je weiter sich das Riff nach Süden erstreckt, desto größer wird der Abstand zum Festland. Zwischen dem Riff und dem Festland befindet sich der geschützte Barrier Reef Channel, der eine Wassertiefe von 50 bis 100 Metern aufweist. Auf der Meeresseite, hinter dem äußeren Riffsaum, senkt sich der Meeresboden abrupt auf bis zu 2000 Meter ab.

Das Riffsystem ist eines der artenreichsten Ökosysteme der Erde. Es beheimatet mehr als 340 Korallenarten, rund 1500 Fischarten, 5000 Arten von Weichtieren, 800 Arten von Stachelhäutern, 30 Wal- und Delfinarten, sieben Schildkröten- und etwa 1500 Schwammarten. Die UNESCO erklärte dieses Wunder 1981 zum Weltnaturerbe. 1983 wurde das gesamte Riff zudem zum Great Barrier Reef Marine Park erklärt.

Neben der überragenden Bedeutung als Ökosystem spielt des Great Barrier Reef vor allem in der Tourismusindustrie eine wichtige Rolle. Jährlich besuchen über 1,5 Millionen Menschen die Inseln,

Tauchgründe und Orte entlang des Korallenparadieses. Ein Besuch des Bundesstaates Queenslands ohne eine Exkursion zum Riff ist fast undenkbar. Doch dieses gewaltige, lebende Gebilde ist stark gefährdet. Die Erwärmung der Erdatmosphäre und damit auch des Meerwassers sowie der Anstieg des Meeresspiegels können für die Korallen nachteilige Folgen haben. Die sogenannte Korallenbleiche ist bereits ein Symptom dieser Entwicklung.

FOLGENDE DOPPELSEITE:
Die ganze Schönheit des Great Barrier Reef

KLIMA

Australiens Klima ist gemäßigt im Süden und Südosten, subtropisch, arid oder semi-arid im Zentrum und Westen, tropisch im Norden. Innerhalb der Großklima-Lagen gibt es zusätzlich Extreme. Die gemäßigte Zone umfasst die südlichen Landesteile von New South Wales, Victoria, Südaustralien, Westaustralien und Tasmanien. Charakteristisch für diesen Klimabereich sind vier klar zu unterscheidende Jahreszeiten. Niederschläge fallen vor allem im Winter, die gelegentlich empfindlich kalt sein können. In den Snowy Mountains, den Victorian Alps und den Bergen Tasmaniens sind Schnee und Frost in den Wintermonaten Juli, August und September die Norm.

Tropisches Klima mit zum Teil heftigen Niederschlägen herrscht im Norden Australiens vor.

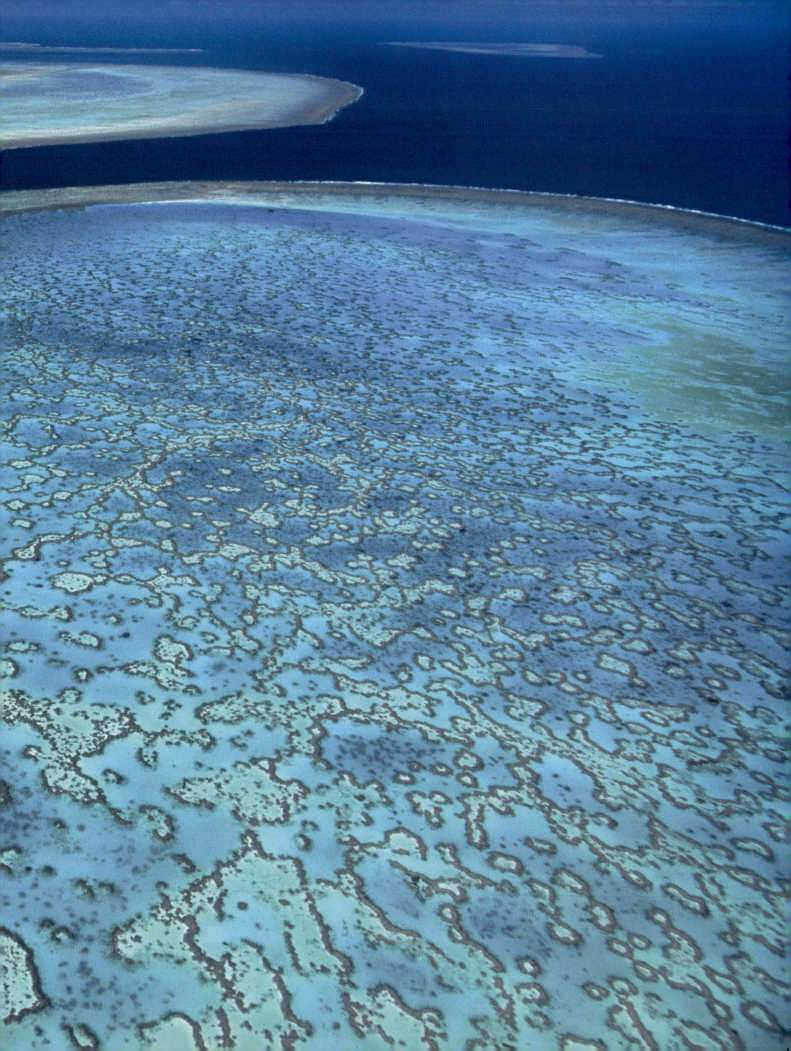

Ein stabiles subtropisches Hochdrucksystem bestimmt das Wetter zwischen der temperierten Zone und den Tropen. Das betrifft den Norden von New South Wales, Zentralaustralien, Westaustralien und die ariden Zonen Südaustraliens. Lange Sonnenperioden, seltene Regenfälle (mit Ausnahme der Ostküste) sowie Nachtfrost im Winter und Hitze im Sommer prägen diese Klimazone.

Der tropische Norden weist nur zwei Jahreszeiten auf, und das Klima im Norden – von Westaustralien, dem Northern Territory und Queensland – wird von einem großräumigen Wetterzyklus bestimmt: der Regenzeit oder dem Monsun, der zwischen Dezember und Mai für Gewitter, Überschwemmungen und gelegentliche Wirbelstürme sorgt, sowie der Trockenzeit, die im Mai beginnt und bis in den November hineinreicht. Dann liegen diese Regionen unter einem Dauerhoch, und Niederschläge sind äußerst selten. An der Ostküste Nord-Queenslands sorgt der Passatwind, der ständig Feuchtigkeit vom Meer an die Berge der Great Dividing Range bringt, für Niederschläge, die sich über das ganze Jahr verteilen.

FLORA UND FAUNA

ARTENVIELFALT

Wohl der bekannteste Vertreter der australischen Fauna: das Känguruh

Man nimmt an, dass es auf der Welt etwa 13,6 Millionen Pflanzen, Tiere und Mikroorganismen gibt. In Australien allein existieren ungefähr eine Million davon. Das entspricht mehr als sieben Prozent aller Arten auf der Welt. Damit kennt Australien zum Beispiel doppelt so viele Tier-, Pflanzen- und Mikroorganismenarten wie Europa und Nordamerika zusammen.

Der Koala – ein Beuteltier, das sich fast ausschließlich von Eukalyptusblättern ernährt – gehört neben den Känguruhs zu den bekanntesten australischen Tierarten.

OBEN:
Kamele wurde bereits früh nach Australien gebracht und spielten eine bedeutende Rolle bei der Erfoschung und Öffnung des Outbacks. Heute leben die zahllosen Nachkommen dieser Tiere verwildert in den ariden Weiten des Kontinents.

RECHTE SEITE:
Der australische Regenwald ist eine unermessliche Fundgrube an Tier- und Pflanzenarten.

Diese Vielfalt wird als Megadiversity bezeichnet, ein Prädikat, mit dem sich nur zwölf Länder auf der Erde schmücken dürfen. Diese zwölf Länder zusammen beherbergen etwa 75 Prozent aller Arten. Beispielhaft ist der tropische Regenwald in Nordqueensland. In diesen Urwäldern leben mehr als 1000 Pflanzen-, mindestens 4000 Insekten- und 90 verschiedene Säugetierarten sowie eine große Anzahl an Vogel- und Reptilienarten. Etwa 700 dieser über 1000 Pflanzen findet man nur in Australien. Das ist mit einer der Gründe, warum die Regenwälder Nordqueenslands zum Weltnaturerbe gehören.

Australien kann 15 sogenannte Biodiversity Hotspots sein eigen nennen. Dies sind Regionen, die eine besonders ausgeprägte Artenvielfalt aufweisen. Alleine acht dieser Hotspots liegen im Bundesstaat Westaustralien.

Australiens gewaltige Artenvielfalt und die enorme Anzahl an endemischen Arten – also Arten, die nur auf diesem Kontinent vorkommen – ist hauptsächlich das Resultat seiner langen Isolation. Seit

der Loslösung von den Resten des Superkontinents Gondwana vor etwa 50 Millionen Jahren treibt Australien als gigantische Insel durch das Meer, isoliert und unbeeinflusst von anderen Kontinenten, langsam Richtung Norden.

Die Geschwindigkeit, mit der Australien nach Norden driftet, hielt bisher genau mit dem sich ändernden Weltklima mit. Im Gegensatz zur aktuellen Situation, in der sich das Erdklima anscheinend erwärmt, hat sich das Klima in den letzten 40 Millionen Jahren langsam abgekühlt. Gleichzeitig trieb Australien Richtung Äquator, also langsam in die Wärme.

Dieser außergewöhnliche Zufall bewirkte extrem stabile Klimaverhältnisse in Australien, in denen sich über Millionen von Jahren die enorme Vielfalt entwickeln konnte. Die Bewegung nach Norden in die Wärme verhinderte in Australien zudem weitflächige Vergletscherung – und damit ein Massenaussterben von Arten – wie zum Beispiel in Europa oder Nordamerika während der verschiedenen Eiszeiten.

Hinzu kommt, das Australien auch geologisch äußerst stabil ist. Ereignisse, die anderswo ein Massensterben an Arten hervorriefen, gab es in Australien nicht. Tektonische Vorgänge wie das Auf-

Kontrastprogramm: Subtropischer Regenwald auf Lord Howe Island ...

werfen von Gebirgen durch die Kollision von Platten – wie zum Beispiel bei den Alpen oder dem Himalaya – oder Vulkanismus fanden in Australien nicht oder nur kleinräumig statt. Geologisch befindet sich Australien seit über 60 Millionen Jahren im Koma.

Dieses Fehlen von geologischen Großereignissen sorgte nun für ein Paradox: Australiens Böden sind die nährstoffarmsten aller Kontinente. Dieser Umstand hat zur Folge, dass die Pflanzen vielseitige und zum Teil ungewöhnliche Anpassungsmechanismen aufweisen. Der Konkurrenzdruck ist riesengroß und das Geheimnis liegt nicht im Versuch, mit anderen Pflanzen um dasselbe zu konkurrieren, sondern sich kleine und kleinste Nischen zu erobern.

Spezialisierung ist also der Grund für Australiens Artenvielfalt. Diese befindet sich jedoch in großer Gefahr. Zahlose Ökosysteme sind in den letzten 200 Jahren verlorengegangen – darunter 75 Prozent des Regenwaldes und 50 Prozent aller Wälder. 60 Prozent aller küstennahe Feuchtgebiete, 99 Prozent der Tiefland-Grasländer im Südosten Australien oder zum Beispiel 95 Prozent des sogenannten Brigalow Scrub, einem besonders artenreichen Waldes in Queensland, sind inzwischen ebenfalls verschwunden. Der Hauptgrund dafür sind die Urbarmachung und Rodung des Landes für Viehhaltung und Landwirtschaft.

FOLGENDE DOPPELSEITE:
Morgennebel umspielt Eukalyptus-Riesen am Genoa River in der East-Gippsland-Region des Bundesstaates Victoria.

... und nahezu vegetationslose Ödnis – hier eine aufgelassene Bahnstation im Outback Südaustraliens – symbolisieren die extremen Klimaunterschiede des Kontinents.

Wildblumen im Discovery Bay Coastal Park

FLORA

Vor etwa 50 Millionen Jahren hat sich Australien von der Antarktis getrennt und treibt seitdem als gigantische Insel langsam Richtung Norden und damit auf den Äquator zu. Unbeeinflusst von der Vegetation anderer Kontinente und Länder entwickelte sich über die Jahrmillionen eine einzigartige Pflanzenwelt. Diese hat sich an die klimatischen Verhältnisse des Kontinents angepasst. Nur etwa fünf Prozent Australiens ist mit Wald bedeckt.

Diese Wälder konzentrieren sich vor allem an der Ostküste des Kontinents mit Schwerpunkt im Südosten, wo sich New South Wales und Victoria riesige Waldgebiete aus trockenen und feuchten Hartlaubwäldern teilen. Diese bestehen überwiegend aus Eukalypten. Im Norden der Ostküste, in Nordqueensland, existiert noch ein kleiner Rest einst weitverbreiteter tropischer und subtropischer Regenwälder. Im Südwesten und Westen Tasmaniens wachsen temperierte Regenwälder.

Weite Gebiete Australiens sind von offenen Baumsavannen bewachsen, 60 Prozent der Landesfläche allerdings ist baumlos. Damit gilt Australien als der waldärmste Kontinent (von der Antarktis einmal abgesehen). Zu den artenreichsten Vertretern der australischen Pflanzenwelt zählen die Eukalypten, die mit über 700 Arten fast jede ökologische Nische erobert haben – von den Tropen bis zu den im Winter schneebedeckten Höhen der Australischen Alpen.

Eukalyptus-Bäume im Kings Park in Perth

Noch artenreicher ist die Familie der Akazien, die etwa 900 Gattungen umfasst. Die Savannen werden von verschiedenen Gräsern dominiert, wobei eines der bekanntesten das stachelige Spinifex-Gras ist. Das in großen Büscheln und Ringen wachsende Gras bedeckt nahezu ein Viertel der Landesfläche Australiens. Besonders artenreich sind die Strauch- und Baumheiden, die in den Küstengebieten heimisch sind. Typisch für den australischen Busch sind zudem Proteaceen, die Grevillien und Banksien sowie die Baumfarne und Grasbäume mit ihren meterlangen lanzenartigen Blüten.

Eine Besonderheit der australischen Pflanzenwelt ist ihre Anpassung an Feuer. Die als Pyrophyten bezeichneten Pflanzen sind feuerresistent und profitieren direkt oder indirekt von dem Feuer. Vor allem die Proteaceen, die Grevillien und Banksien, aber auch die Eukalypten zählen dazu. Sie alle brauchen das Feuer zum Überleben und haben die verschiedensten Mechanismen entwickelt, um mit den regelmäßigen Buschfeuern umzugehen.

So öffnen sich die Samenkapseln verschiedener Planzenarten erst nach einem Feuer. Bestimmte Eukalypten, wie zum Beispiel die Schnee-Eukalypten, sterben nach einem Feuer ab und erneuern sich, indem aus unterirdischen Wurzelknollen neue Schösslinge wachsen. Die meisten Eukalypten sind feuerresistent und bilden nach Waldbränden neues Grün. Grasbäume blühen nur nach Feuer und andere Pflanzen lagern ihre Samen im Boden. Diese keimen dann nach den ersten Niederschlägen, die einem Buschbrand folgen.

RECHTE SEITE:
Spuren im Sand von Süßwasser-Krokodilen in der Nähe der Beswick Falls

FAUNA

Wie auch bei der Flora sorgte die lange Isolation Australiens von anderen Ländern und Kontinenten in der Tierwelt für eine Sonderstellung. Grundsätzlich lässt sich die australische Fauna in drei Gruppen unterteilen: Tiere, die nur in Australien vorkommen, Tiere, deren Ursprung auf Gondwana zurückgeht und die Ähnlichkeiten mit Tieren anderer Kontinente aufweisen, und Tiere, die vor relativ kurzer Zeit ins Land gebracht wurden.

Geprägt wird die Tierwelt des Fünften Kontinents durch die sogenannten Marsupialia, die Beuteltiere. Dazu gehören neben den allbekannten Koalas alle Mitglieder der großen Känguruhfamilie sowie die Possums und Wombats. Mit etwa 130 Arten bilden die Beuteltiere die größte Säugetiergruppe Australiens. Obwohl die Beuteltiere als typisch australisch gelten, kommen einige Arten auch in Neuguinea und sogar in Südamerika vor.

Allen Marsupialia eigen ist eine Felltasche, in der sich die Zitzen befinden. Die Jungen werden im Vergleich zu anderen Säugetieren unterentwickelt geboren und machen sich nach der Geburt sofort auf den Weg in den Beutel und zu den Milchdrüsen. Die meisten Beuteltiere sind Pflanzenfresser, allerdings gibt es Ausnahmen. Vor allem die insektenfressenden Beutelmäuse und der Tasmanische Teufel, der sich hauptsächlich von Aas ernährt, gehören zu den Fleischfressern.

Auch der Emu gehört zu den für Australien typischen Tierarten.

Die Tigerotter zählt zu den giftigsten Schlangen weltweit.

Eine ganz große Besonderheit der australischen Fauna stellen die Monotremata dar, die Kloakentiere. Zu ihnen gehören nur zwei Tierarten, der Schnabeligel und das Schnabeltier. Gemeinsam ist den Tieren, dass sie eine Kloake besitzen, die gleichzeitig Ausscheidungs- und Geschlechtsorgan ist. Sie legen Eier, säugen aber ihre ausgeschlüpften Jungen dann mit Milchdrüsen. Bei diesen beiden Tierarten handelt es sich also um eine Übergangsform zwischen Reptilien und Säugetieren.

Australien ist das Land der Reptilien. Bekannt und gefürchtet ist das Salzwasser- oder Leistenkrokodil, das bis zu sieben Meter lang werden kann. Nachdem die Tiere unter Schutz gestellt wurden, hat ihre Zahl in den letzten Jahrzehnten kräftig zugenommen. Leistenkrokodile leben im tropischen Australien. Dort ist auch das kleinere, als nicht gefährlich geltende Süßwasserkrokodil beheimatet. Über den ganzen Kontinet verteilt findet man Schildkröten, Skinke, Warane und Agamen.

Australien wird oft als der giftigste Kontinent der Welt bezeichnet. Diesen etwas unglücklichen Ruf verdankt der Fünften Kontinent in erster Linie seinem Reichtum an Giftschlangen. Hinzu kommen

OBEN:
Kann man ihm trauen? Scheinbar friedliches Salzwasser-Krokodil im Licht der Abendsonne.

FOLGENDE DOPPELSEITE:
Vertreter der australischen Fauna: ein Tasmanischer Beutelteufel, ein Leguan, ein Regenbogenlori und ein Quoka

tödliche Quallen wie die Seewespe, giftige Fische wie der Steinfisch oder der Rotfeuerfisch, Spinnen wie die Schwarze Witwe und vor allem die Trichterspinne, die gelegentlich für Todesfälle sorgen. Sogar die harmlos aussehende Geographenkonus, eine Meeresschnecke, und eine kleine Tintenfischart, der Blauringoktopus, sind für mehrer Todesfälle verantwortlich.

Zehn der giftigsten Schlangen der Welt sind in Australien zu finden. Angeführt wird diese Hitparade durch die Kleingeschuppte Taipan, die in abgelegenen Gebieten wie dem sogenannten Channel Country in Queensland vorkommt. Vorsicht ist aber auch bei der Taipan, der größten Giftschlange überhaupt, der Todesotter, der Tigerotter, der aggressiven und häufig vorkommenden Braunotter oder der Mulgaotter geboten.

Wahrlich erstaunlich ist die Statistik im Bereich der Insekten. Man geht davon aus, dass etwa 50.000 Insektenarten die verschiedenen ökologischen Nischen des Landes bevölkern. Besonders reich vertreten sind dabei die beiden Gruppen der Ameisen und Termiten.

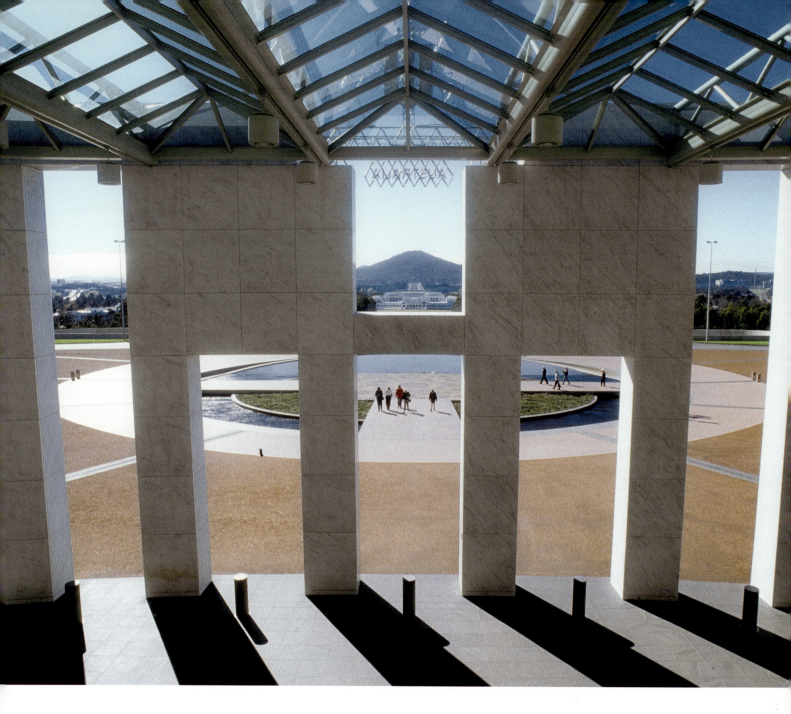

Der Eingang zum Parlamentsgebäude in Canberra

DIE AUSTRALISCHE GESELLSCHAFT

DIE POLITISCHE GLIEDERUNG

Australien ist eine parlamentarisch-demokratische Monarchie. Das Staatsoberhaupt von Australien ist die englische Königin. Seit 1952 wird sie vom Generalgouverneur vertreten, der von der Königin auf Empfehlung des Regierungsoberhauptes von Australien, dem Premierminister, nominiert wird. Premierminister wird der Führer der Partei oder Koalition, die bei der Wahl die Mehrheit erreicht. Dieser wird dann vom Generalgouverneur eingeschworen. In Australien herrscht Wahlpflicht. Wahlen finden alle drei Jahre statt. Die regierende Partei kann den kommenden Wahltermin bereits ein Jahr nach den letzten Wahlen selbst festlegen.

Die gesetzgebende Gewalt liegt beim Bundesparlament. Dieses besteht aus zwei Kammern: dem Senat mit insgesamt 76 Sitzen (12 pro Staat und je 2 pro Festlandterritorium) und dem Repräsentantenhaus mit 150 Sitzen. Die Mitglieder des Repräsentantenhauses werden durch Präferenzwahlen bestimmt. Die Mindestanzahl von Repräsentanten pro Staat ist fünf.

WIRTSCHAFT

Seit über einem Jahrzehnt blicken westliche Nationen mit Neid auf die ungebrochene Hausse der australischen Wirtschaft, die zahlreiche Krisen scheinbar schadlos überstanden hat. Australien hat eine robuste kapitalistische Marktwirtschaft, die vor allem auf dem Export von Bodenschätzen und landwirtschaftlichen Produkten basiert. Das ist gleichzeitig ihre Stärke und Schwäche. Während die Wirtschaft des Landes Ende des 20. und Anfang des 21. Jahrhunderts eine gewaltige Hausse erlebt, die vor allem auf die enorme Nachfrage an Mineralien in erster Linie aus China zurückzuführen ist, hat das Land in der Vergangenheit zu spüren bekommen, was es heißt, von den Weltmärkten abhängig zu sein.

FOLGENDE DOPPELSEITE:
Weltstadt Sydney: Kreuzfahrtschiff am Circular Quay

Center Point Tower in Sydney mit der australischen Flagge im Vordergrund

Gegen Ende des 19. Jahrhunderts erlebte Australiens Wirtschaft einen schweren Absturz. Sinkende Weltwirtschaftspreise für Agrarprodukte, eine anhaltende Dürre zusammen mit einer Finanzkrise sorgten damals für harte Zeiten. Auch die ›Große Depression‹ in den dreißiger Jahren des 20. Jahrhunderts zeigte, dass die Abhängigkeit von speziellen Märkten nicht unbedingt ein solides Fundament für eine blühende Wirtschaft ist.

Da der Binnenmarkt mit etwas mehr als 20 Millionen Menschen relativ klein ist, ist Australien gezwungen, sich Märkte in anderen Ländern zu erschließen. Die geringe Größe des Binnenmarktes verhinderte bisher auch die Entwicklung einer weiterverarbeiteten Industrie im großen Stil. Die australische Wirtschaft zu Anfang des 21. Jahrhunderts ist geprägt von großem Optimismus und starkem Konsumbewusstsein. Allerdings kämpft Australien traditionell mit einem gewaltigen Außenhandelsdefizit.

KULTUR

Aboriginekünstler bei seiner Arbeit

Zwar ist Australien nach wie vor nach angelsächsischem Vorbild geprägt, vor allem was die Politik betrifft, die Kultur hat aber inzwischen eine ganz eigene australische Richtung genommen. Dies macht

Inspektion am Dach der weltweit bekannten Oper Sydneys

sich deutlich in der zeitgenössischen Musik, Literatur und Kunst ebenso wie im australischen Film bemerkbar. Junge Autoren wie Tim Winton lassen ihre Protagonisten in australischen Lebensumständen und Verhältnissen agieren; australische Bands – in Europa oft als englische oder amerikanische Gruppen verkannt – beschreiben das australische Milieu in ihren Liedertexten, und ganz deutlich wird dies bei heimischen Filmen. Kinofilme wie zum Beispiel „Wolf Creek", dessen Handlung auf den Greueln des sogenannten Backpacker-Serien-Mörders Ivan Milat basiert, oder der Film „Rabbit Proof Fence" (dt. „Der lange Weg nach Hause"), der das Thema der „Gestohlenen Generation" zum Inhalt, sind nur zwei Beispiele, wie australische Themen ihren Weg in die Kunst gefunden haben.

Ein weiterer Indiz für eine eigenständige kulturelle Entwicklung der Nation ist die Sprache. Das australische Englisch enthält zahllose typische Worte oder Redewendungen, die es im britischen oder amerikanischen Englisch nicht gibt. Gleichzeitig beeinflusst die amerikanische Kultur Australien immer stärker – eine Entwicklung, die die Australier mit großer Skepsis beobachten und die zur Folge hat, dass man sich in der Kunst bewusst mehr auf die eigenen Werte besinnt.

Eine unglaubliche Entwicklung hat die zeitgenössische Aboriginal-Kunst durchgemacht. Gemälde von Aboriginal-Künstlern werden heute auf Auktionen zu Höchstpreisen verkauft und die Werke namhafter Aboriginal-Künstler hängen in Galerien und Museen auf der ganzen Welt.

Das Pferderennen, das die Nation stoppt: Am Melbourne Cup Day denkt Australien nur an Parties, Wetten und verrückte Hüte.

Die kulturelle Identität der australischen Nation zu durchleuchten, wäre unvollständig, ohne das Thema Sport aufzugreifen. Australien ist eine sportbessesene Nation – dies gilt gleichermaßen für Zuschauer wie für Teilnehmer. Die Sommerolympiade in Sydney im Jahre 2000 verdeutlichte diesen Enthusiasmus der ganzen Welt. Es gibt kaum eine Sportart, die in Australien nicht praktiziert wird. Rugby und Chricket – vor allem die traditionelle Ashes-Serie, in der die Rivalen England und Australien über Wochen um eine mit Asche gefüllte Urne kämpfen –, sowie Australian Football sind traditionell die beliebtesten Sportarten.

Fußball hat nach der Weltmeisterschaft 2006 in Deutschland einen gewaltigen Aufwind bekommen, nachdem sich die australische Nationalmannschaft qualifizieren konnte und sich sogar bis zur zweiten Runde durchkämpfte. Angesichts der langen Küste ist es nicht verwunderlich, dass Wassersport, vor allem Wellenreiten, aber auch Segeln weit oben in der Gunst der Australier liegt. Pferderennen wie der Melbourne Cup in Melbourne sind Großereignisse, die die Nation stoppen. An diesem Tag zeigt sich auch eine andere Besessenheit der Australier: das Wetten.

Im Laufe der Geschichte dieses klassischen Einwanderungslandes brachten die zahlreichen ethnischen Gruppen ihre Kultur und ihre Traditionen mit. Im Schmelztigel Australien sind diese Einflüsse überall spürbar. Ein Indiz dafür ist, dass traditionelle Schulsportarten wie Chricket, Rugby oder Rudern bei manch hochkarätiger Schule nicht mehr den gleichen Stellenwert haben wie noch vor zehn Jahren, weil immer mehr asiatische Schüler die Schulbänke füllen. Diese aber zeigen wenig Interesse an traditionell angelsächsischen Sportarten. Dafür hat die australische Küche vor allem durch die asiatischen Einflüsse ganz groß dazugewonnen.

MINDERHEITEN

Als klassisches Einwanderungsland findet man in Australien praktisch jede ethnische Gruppe der Welt. Laut Statistik ist jeder dritte Australier außerhalb Australiens geboren. Eine Minderheit, die es auf dem Fünfte Kontinent besonders schwer hat, sind die australischen Ureinwohner. Vor der Ankunft der Europäer 1788 lebten geschätzte 300.000–750.000 Aborigines in Australien (diese Zahlen schwanken sehr und basieren auf reiner Schätzung). Heute leben laut der letzten Volkszählung etwa 460.000 Aborigines auf dem Kontinent. Das entspricht 2,4 Prozent der Gesamtbevölkerung. Die Verteilung auf die Staaten ist wie folgt: New South Wales 135.319 oder 29 Prozent, Queensland 126.035 oder 27 Prozent, Western Australia 66.069 oder 14 Prozent und das Northern Territory mit 57.550 oder 13 Prozent. Der Bevölkerungsanteil von Aborigines im Northern Territory im Vergleich zur Gesamtbevölkerung Australiens beträgt 29 Prozent, während er in den restlichen Staaten Südaustralien, Victoria und Tasmanien weniger als 4 Prozent beträgt.

Die wenigsten Aborigines findet man in Victoria. Dort beträgt ihr Anteil an der Gesamtbevölkerung nur 0,6 Prozent. Von allen Minderheiten in Australien zählen die Ureinwohner zu den am stärksten benachteiligten. Das Verhältnis zwischen Ureinwohnern und Weißen in Australien ist nach wie vor gestört, ein Problem, das äußerst komplex ist und moralische, kulturelle, aber auch juristische, wirtschaftliche und nicht zuletzt politische Dimensionen hat.

Die Statistik zeichnet ein dunkles Bild: Die Kindersterblichkeit ist überdurchschnittlich hoch, die durchschnittliche Lebenserwartung von Aboriginal-Männern liegt 17 Jahre unter dem Durchschnitt

Benachteiligt und ausgegrenzt: die australischen Ureinwohner leben meist unter Dritte-Welt-Bedingungen.

anderer Australier. Diabetes ist inzwischen die häufigste Todesursache unter indigenen Australiern. Aboriginalkindern verfaulen bereits die Milchzähne im Mund, und Verfettung ist auch bei den australischen Ureinwohnern ein schwerwiegendes Gesundheitsproblem geworden.

Die Gründe liegen vor allem in der falschen Ernährung und einem unterdurchschnittlichen Bildungsstand. Die traditionelle Ernährung spielt kaum mehr eine Rolle. Da ein Großteil der australischen Ureinwohner heute in Städten wohnt, kommt das Essen aus dem Supermarkt – mit der Folge, dass zu viel Fett und Zucker konsumiert wird. In abgelegenen Regionen kommt das Problem der Versorgung mit frischem Obst und Gemüse hinzu. Dort ist auch die medizinische Versorgung mangelhaft. Unter Aboriginal-Kindern ist Mittelohrentzündung stark verbreitet.

Die sozialen Missstände der australischen Ureinwohner spiegen sich auch in der Kriminalität wider. Häusliche Gewalt, Vergewaltigung, Kindesmisshandlung, Alkohol- und Drogenmissbrauch plagen die Gemeinden. Die Arbeitslosigkeit sowie Selbstmordrate vor allem unter jungen Männern ist extrem hoch. Hinzu kommt, dass die Aborigines nach wie vor unter Rassismus zu leiden haben.

Die Entwurzelung von ihrem Land und ihrer Vergangenheit gilt als die Hauptursache für die schlechte Situation der australischen Ureinwohner – eher vergleichbar mit der in einem Entwicklungsland als in einer modernen und reichen Industrienation. Die Verbindung der Ureinwohner zum Land, zu den Pflanzen und Tieren, den Ahnen ist das Grundfundament der fragilen indigenen Kultur, eine über Jahrtausende gewachsene Einheit.

Meist nur noch für Fotografen: Nur eine verschwindende Minderheit der Aborigines lebt heute noch eine traditionelle Lebensweise. Die Bewahrung der kulturellen Identität spielt jedoch eine überragende Rolle im Überlebenkampf dieser Menschen.

Aborigine-Kinder in einer Missionsstation

Verlust von Land oder Vertreibung hat extrem negative Auswirkungen auf diese Menschen. Aber genau das ist in den letzten 200 Jahren geschehen. Die europäischen Siedler vertrieben, massakrierten und unterdrückten die Ureinwohner – ein Vorgang, der von manchen Historikern als versuchter Völkermord angesehen wird. Diese Ansicht ist in Australien allerdings heftig umstritten.

Zahlreiche Aborigines leiden immer noch unter den Auswirkungen eines Assimilations-Programms, unter dem zwischen 1900 und 1972 durch Wohlfahrtsorganisationen der australischen Regierung und der Kirchen Tausende von Aboriginal-Kindern – vor allem Mischlingskinder – von ihren Eltern weggenommen wurden.

Diese Kinder werden als „Gestohlene Generation" bezeichnet. Die offizielle Begründung für dieses Vorgehen war, dass es besser für die Kinder sei, von weißen Familien oder Kirchenorganisationen erzogen zu werden und eine Schulbildung zu erhalten, als bei den Eltern im Busch in vermeintlicher „Armut" zu leben. Obwohl Kinder in einigen Fällen freiwillig weggegeben wurden, weil die Eltern sich nicht in der Lage sahen, für sie zu sorgen, wurden Tausende zwangsweise von ihren Eltern getrennt. Die Frage, ob dies zum Wohle der Kinder geschah oder ein grober, rassistisch motivierter Verstoß gegen die Menschenrechte war, der gewaltige kulturelle Schäden anrichtete, zahllose Familien zerriss und eine Generation traumatisierter Menschen hinterließ, wird in Australien nach wie vor diskutiert.

Australien – Der fünfte Kontinent

Faszinierende Felsenbilder von den Vorfahren der Aborigines

Nach einer Schätzung in einem Regierungsbericht wurden etwa 35.000 Kinder aus ihren Familien herausgerissen, eine Zahl, die mangels genauer Dokumentation aber von verschiedener Seite angezweifelt wird und weit höher liegen könnte. Es wird angenommen, dass etwa 10–30 Prozent aller Aboriginalkinder in den siebziger Jahren ihren Eltern weggenommen wurden.

Obwohl Vollblut-Kinder (sie galten allgemein als zu unzivilisert, um sich anpassen zu können) ebenfalls von ihren Familien getrennt wurden, waren es vor allem Mischlinge, für die dieses Programm eingeführt wurde. Trotz der damals weitverbreiteten Ansicht, dass Aborigines als ethnische Gruppe früher oder später ohnehin aussterben würden, wollte man mit diesem Programm auch sicherstellen, dass diese Kinder später Weiße heirateten, nicht Aborigines. Auf diese Weise sollte der Prozess beschleunigt werden.

Ein Schritt Richtung Versöhnung fand 1992 statt, als der Oberste Gerichtshof Australiens offiziell feststellte, dass Australien zur Ankunft der Europäer kein „Terra Nullius" – also menschenleeres Niemandsland – war. Seit dem bahnbrechenden sogenannten Mabo-Urteil, benannt nach Eddie Koiki Mabo, gibt es in der australischen Gesetzgebung das Konzept des „native title". Es erkennt den dauerhaften Besitz von Land durch lokale Aboriginal-Gruppierungen an. Wenn eine über Generationen andauernde, direkte Verbindung zum Land nachgewiesen werden kann, können die australischen Ureinwohner nun ihre Landrechte einklagen. Derzeit liegen über 600 Landrechtsklagen bei australischen Gerichten. Seit dem Mabourteil 1992 wurden aber erst etwa 130 Fälle entschieden. Im Schnitt dauert der Prozess bis zur Entscheidung einer Klage über sechs Jahre.

Die von zahlreichen Aboriginal-Gruppen seit Jahren geforderte offizielle Entschuldigung durch den australischen Premierminister John Howard lehnt dieser hartnäckig ab. Die Regierung setzt auf monetäre Unterstützung von jährlich Hunderten von Millionen Dollar für das Gesundheits- und Schulwesen. Ein Teil dieser Gelder versickert allerdings in den bürokratischen Mühlen.

Ein sogenannter „Treaty", ein Vertrag zwischen Ureinwohnern und der Regierung, wie ihn zum Beispiel Kanada oder Neuseeland abgeschlossen haben, ist in Australien noch in weiter Ferne. Momentan fehlt dazu der politische Wille.

Neben den „echten" Australiern besteht das Völkergemisch Australiens überwiegend aus Menschen britischer Herkunft sowie Einwanderern aus mindestens 120 Ländern der Erde. Mehrere große Einwanderungswellen brachten vor allem Südeuropäer (Griechen, Italiener), aber auch Menschen aus verschiedenen asiatischen Ländern, z. B. Vietnam, ins Land. Während der Regierungszeit von Paul Keating begann sich Australien bewusst Asien zuzuwenden, was Änderungen in der Einwanderungspolitik zur Folge hatte. War vorher der Fokus mehr auf europäische Länder gerichtet, wurden nun die Quoten zugunsten asiatischer Länder geändert. Hintergrund war die Erkenntnis, dass Australiens Nachbarn in der Region wie China, Indien oder etwa Indonesien zu den wichtigsten Handelspartnern geworden waren.

FOLGENDE DOPPELSEITE:
Auf Tiwi Island lebt eine ganze Künstlerkolonie von Aborigines.

Ihr freundliches Lächeln lässt nicht ahnen, wie Aborigines in der australischen Geschichte unterdrückt und benachteiligt wurden.

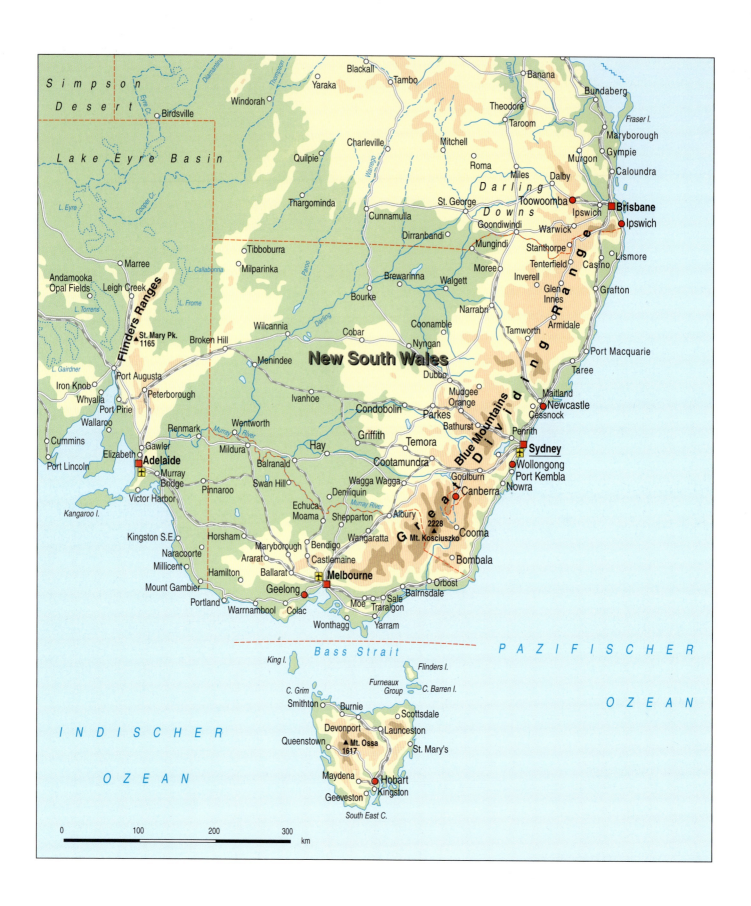

NEW SOUTH WALES

GEOGRAFIE

Mit einer Fläche von 809.444 Quadratkilometern ist New South Wales die Nummer fünf im Staaten- und Territorien-Verbund Australiens. Der 1788 gegründete Bundesstaat umfasste ursprünglich große Teile des australischen Kontinents inklusive Lord Howe Island und Norfolk Island. Während des 19. Jahrhunderts spalteten sich Gebiete ab, die heute Tasmanien, Südaustralien, Viktoria und Queensland formen. Im Hinblick auf die Bevölkerung weist New South Wales mit 6,8 Millionen Einwohnern die größte Bevölkerungsdichte Australiens auf. Der Bundesstaat bezeichnet sich mit historischer Begründung als Premier State oder First State.

Im Norden wird New South Wales von Queensland begrenzt, im Westen von Südaustralien, im Süden von Victoria und im Osten vom Südpazifik und ganz im Süden von der Tasman-See. Die Hauptstadt ist Sydney, mit über vier Millionen Einwohnern gleichzeitig die größte Stadt Australiens. Sydney teilt geografisch den 1460 Kilometer langen Küstenabschnitt des Bundesstaates in die sogenannte Nordküste und in die Südküste.

Hinter dem fruchtbaren, aber schmalen Küstenstreifen erstreckt sich die Great Dividing Range von Nord nach Süd. Die Blue Mountains, ein Konglomerat aus mehreren Nationalparks, und die Snowy Mountains sind Teil dieses Gebirgszuges. Die Great Dividing Range kulminiert in den Snowy Mountains mit dem Mt. Kosciuszko National Park. Hier befindet sich eine Reihe der höchsten Ber-

Skyline von Sydney

ge Australiens, darunter der Mount Kosciuszko – mit 2228 Metern Höhe der höchste Berg des australischen Festlands. In den Bergen fällt im Winter Schnee, ein Umstand, der zur Etablierung mehrerer Skigebiete geführt hat. Die Southern Highlands mit dem großen Morton National Park, das Neuengland-Plateau und das Central Tableland sind ebenfalls Teil dieser geografischen Einheit.

Westlich der Great Dividing Range liegen die landwirtschaftlich intensiv genutzten Western Slopes, die in weite Ebenen übergehen, darunter die Riverina – bekannt vor allem für riesige Zitrusplantagen. Dank intensiver Bewässerung produzieren die Regionen westlich der Great Dividing Range einen Hauptteil der Agrarprodukte des Bundesstaates. Der ferne Westen schließlich, das Outback von New South Wales, besteht hauptsächlich aus semi-ariden Ebenen und ist entsprechend dünn besiedelt. Nur gelegentlich werden die Weiten von Hügeln und Gebirgsstümpfen unterbrochen, wie z.B. die Barrier Range nördlich von Broken Hill oder die Berge um den Mutawintji National Park nordöstlich der Silberstadt.

Zu New South Wales gehört zudem die als Weltnaturerbe geschützte Lord Howe Island mit den umliegenden kleinen Inseln. Der kleine Archipel, Reste eines einst mächtigen Vulkans, besteht aus Lord Howe Island selbst, den Felsinselchen der Admirality Islands und Balls Pyramid – eine über

Die Blue Mountains westlich von Sydney stellen ein zerklüftetes, von Tälern und Canyons zerrissenes Sandsteinplateau dar, das dicht mit Eukalyptuswäldern bewachsen ist. Wegen seiner einzigartigen Natur und landschaftlichen Schönheit wurde die Region zum Weltnaturerbe erklärt.

500 Meter hohe Felsenpyramide 16 Kilometer südlich von Lord Howe Island. Lord Howe Island ist in seiner Gesamtheit als Weltnaturerbe registriert und gilt als das Juwel aller Gebiete mit diesem Status.

Neben Sydney sind Newcastle und Woolongong weitere wichtige große Städte. Beide liegen an der Küste. Weitere nennenswerte Küstenstädte sind Coffs Harbour, Ballina und Byron Bay. Zu den wichtigsten Inlandstädten gehören unter anderem Goulburn, Bathurst, Orange Armidale oder Wagga Wagga. Broken Hill ist die westlichste der größeren Städte des Bundesstaates und verdankt ihre Existenz einem enormen Silber-, Blei- und Zinkvorkommen.

KLIMA

Die Topografie des Bundesstaates spiegelt sich nicht zuletzt in den klimatischen Extremen wider. Die höchste Temperatur von 50 Grad wurde 1939 in dem Ort Wilcannia im semi-ariden Westen von New South Wales gemessen. Im Winter 1994 fiel das Thermometer am knapp unter 1000 Höhenmetern gelegenen Charlottes-Pass in den Snowy Mountains hingegen auf −23 Grad, ein Kälterekord für ganz Australien.

RECHTE SEITE:
Das über 30 Meter hohe Kriegsdenkmal in Bathurst gedenkt der im Ersten Weltkrieg gefallenen Soldaten aus der Region Bathurst.

Der Norden von New South Wales in den Küstenbereichen ist subtropisch, die meisten Landesteile liegen in der gemäßigten Klimazone. Das Klima entlang der Küstengebiete ist ausgeglichen und mild, in den Hochlagen der Great Dividing Range und den Tafelländern können vier Jahreszeiten unterschieden werden. Im Winter sind Frost und vor allem im Bergland Schnee die Regel. Die höchsten Temperaturen wurden regelmäßig im ariden Landesinneren gemessen.

GESCHICHTE

Die Geschichte von New South Wales ist, zumindest in den Anfängen, auch die Geschichte Australiens. Die Entdeckerehren darf sich der englische Seefahrer Captain James Cook auf die Fahne schreiben. Im Jahre 1770 segelte er an der Ostküste von New South Wales entlang und stoppte unter anderem in der Botany Bay, die heute im Bereich der Metropole Sydney liegt und an der sich neben dem Containerhafen auch der internationale Flughafen mit zwei in die Bucht hinausgebauten Start- und Landebahnen befindet.

Die Besiedelung von New South Wales begann knapp 18 Jahre nach dem Kurzbesuch von Captain James Cook mit der Ankunft der ersten Flotte und der Gründung der ersten Strafkolonie. In den Jahren von 1788 bis 1792 war New South Wales eine reine Strafkolonie, in der chaotische Verhältnisse herrschten. Nach dem Umsturz des Gouverneurs William Bligh übernahm 1809 Lachlan Macquarie die Führung der Strafkolonie. Vor allem in Sydney ließ er zahlreiche öffentliche Gebäude errichten. Bis heute ist der Name Macquarie in zahlreichen Institutionen oder Straßennamen verewigt. Neben einer Universität ist unter anderem auch eine Bank nach ihm benannt.

Mitte des 19. Jahrhunderts löste die Entdeckung von Goldadern in Buthurst eine wahre Bevölkerungsexplosion aus. Das Court House der Stadt wurde 1880 im neoklassischen Stil erbaut.

Die Bevölkerungszahl der jungen Kolonie blieb anfangs gering. Mitte des 19. Jahrhunderts löste dann jedoch die Entdeckung von Gold um Bathurst und anderen Lokalitäten einen Goldrausch mit einer daraus resultierenden Bevölkerungsexplosion aus: Innerhalb von zehn Jahren stieg die Zahl der Bewohner in New South Wales um etwa 100.000 an.

Nach dem Goldrausch wurde der Ruf nach einer verantwortungsvollen Regierung immer lauter und führte 1855 zur Formulierung des New South Wales Constitution Act. Dieses Gesetz legte die Regierung von New South Wales nach britischem Vorbild fest. 1901 wurde New South Wales – wie die anderen Kolonien auch – Mitglied im Staatenbund des Commonwealth of Australia. Zu dieser Zeit bildeten die Landwirtschaft und der Bergbau den Motor der Wirtschaft von New South Wales.

Der Erste Weltkrieg hatte, wie alle großen Konflikte, auch Auswirkungen auf den Bundesstaat von New South Wales. Vor allem die Einführung der Wehrpflicht durch die regierende Arbeiterpartei (Labor Party) führte zu politischen Tumulten und ließ letztendlich mehrere Politiker stolpern.

Die Jahre nach dem Ersten Weltkrieg waren geprägt durch den Unmut vor allem der Bauern. Dies führte zur Bildung der sogenannten Country Party. Was aber das Leben in den Jahren zwischen den beiden Weltkriegen in aller erster Linie bestimmte, war die Große Depression, eine Zeit des wirtschaftlichen Niedergangs, von dem die ganze Welt ergriffen wurde. In New South Wales, wie anderswo in Australien, führte diese Große Depression zu Massenarbeitslosigkeit und politischem Konflikt.

Der Zweite Weltkrieg brachte dem Land zunächst einen gemeinschaftlichen wirtschaftlichen Aufschwung, bis sich schon bald regionale Sonderwege abzeichneten: Während Sydney z. B. in den Jahrzehnten nach 1945 zu einer wohlhabenden und einflussreichen Großstadt aufstieg, erlebte das ländliche New South Wales wirtschaftlich einen weiteren Niedergang. Vor allem der Verlust traditionell starker Abnehmermärkte wie Großbritannien und zunehmende Konkurrenz von außen begannen das Bundesland zu schwächen. Dieser Trend drehte sich erst in den 1970er Jahren um. Die traditionellen ökonomischen Standbeine wie zum Beispiel die Stahlindustrie wurden nach und nach durch die Serviceindustrie ersetzt. Der Bergbau, vor allem angetrieben durch den Export von Kohle, legte zu und Tourismus begann sich als eine der wichtigsten treibenden Kräfte der Wirtschaft des Bundesstaates abzuzeichnen.

RECHTE SEITE:
Stockmen, australische Cowboys, beobachten beim Dalgety-Festival einen Reitwettbewerb (oben). Der Vorort Watsons Bay mit seinem berühmten Fischrestaurant Doyles on the Beach (unten) erinnert mehr an ein Fischerdorf als an einen Teil der Millionenstadt Sydney.

Australia Day in The Rocks, dem historischen Stadtteil Sydneys. Hier begann 1788 die europäische Besiedlung des Landes.

GESELLSCHAFT

Laut der letzten Volkszählung von 2006 leben 6,72 Millionen Menschen in New South Wales. Damit hat die Bevölkerung seit der Volkszählung 2003 um etwas mehr als 38.000 Menschen zugenommen. Derzeit beträgt die jährliche Zuwachsrate 0,6%. Sie liegt damit niedriger als die nationale Zuwachsrate von 1,1%. Die meisten Menschen, über 60%, leben in Sydney, das nach wie vor das wichtigste Einfallstor Australiens für Neuankömmlinge darstellt. Während Sydney und die großen Küstenstädte des Bundesstaates, wie z.B. Wollongong oder Newcastle, eine kosmopolitische Bevölkerung mit zahllosen ethnischen Minderheiten aufweisen, wird das Inland von New South Wales nach wie vor vor allem durch eine anglo-keltische Bevölkerung geprägt.

POLITIK

Die Konstitution von New South Wales stammt aus dem Jahre 1855 und seit 1901 gehört der Bundesstaat dem Staatenverbund oder Commenwealth von Australien an. Die Regierung von New South Wales, angeführt von dem Premier, lenkt die politischen Geschicke des Bundesstaates. Das Parlament besteht aus dem Ober- und Unterhaus. Anders als auf Bundesebene finden die Wahlen alle vier Jahre statt und der Wahltag ist auf den vierten Sonntag im März festgelegt. New South Wales ist in 93 Wahlbezirke unterteilt und bei Wahlen wird je ein Mitglied der Wahlbezirke in die sogenannte Legislative Assembly gewählt. Zudem wird die Hälfte der 42 Mitglieder des Legislative Council bestimmt.

Folgende politische Parteien spielen in New South Wales eine Rolle: Der Labor Party (Arbeiterpartei), die bei den letzten Wahlen die Mehrheit der Stimmen erlangte, steht die Liberal Party in der Opposition gegenüber. Die konservative Christian Democrats, die Australian Democrats sowie die Grünen sind ebenso im Parlament von New South Wales vertreten. Hinzu kommen sogenannte Indipendents – Politiker, die keiner Partei angehören. Seit 1995 regiert die Labor Party in New South Wales.

Das Verhältnis der Staaten zum Commenwealth wird durch die australische Verfassung reguliert. Diese besagt, dass New South Wales die Legislative und das Justizwesen an das Commonwealth abtritt. In allen anderen Bereichen behält – zumindest auf dem Papier – der Bundesstaat seine uneingeschränkten Freiheiten. Allerdings wird die finanzielle Abhängigkeit von New South Wales vom Commonwealth immer größer. Dies gilt ebenso für alle andereren Staaten und Territorien Australiens.

Das Regierungssystem in New South Wales folgt den Prinzipen des sogenannten Westminster-Systems Großbritanniens. Die gesetzgebende Kompetenz liegt danach beim Parlament von New South Wales, das durch den Gouverneur von New South Wales und den beiden Häusern – der New South Wales Legislative Council und der New South Wales Legislative Assembly – gebildet wird. Die ausführende Gewalt liegt bei dem Executive Council, das sich wiederum aus dem Gouverneur und altgedienten Ministern zusammensetzt. Vertreter der englischem Königin ist der Gouverneur, der damit auch als formeller Machtträger fungiert.

Die australische Nationalflagge und der Linksverkehr – wie hier auf der Anzac Bridge zu sehen – sind nur einige Anzeichen für die Zugehörigkeit Australiens zum Commonwealth.

RECHTE SEITE:
Einst war der Glockenturm des Gebäudes des Lands Departments das höchste Bauwerk am Circular Quay in Sydney.

WIRTSCHAFT

Wie in ganz Australien bilden Landwirtschaft und Bergbau auch in New South Wales die Basis der Wirtschaft und formen etwa 50% des gesamten Exporteinkommens. Hinzu kommen weiterverarbeitende Industrien und ein ausgeprägter Dienstleistungssektor, der inzwischen zur Weltspitze zählt. Vor allem im Geschäfts- und Finanzbereich, aber auch in Bezug auf Informations- und Kommunikationstechnologie hat der Bundesstaat New South Wales die Nase vorne.

Die wichtigsten Bodenschätze sind große Kohlevorkommen im Hunter Valley und um die Stadt Lithgow westlich der Blue Mountains. Das energiehungrige China ist der größte Abnehmer für den fossilen Brennstoff, der auch in New South Wales zahlreiche Kraftwerke antreibt. Weitere wichtige Mineralien sind Silber, Blei und Zink, die vor allem in Broken Hill gewonnen werden. Mineralsande spielen eine kleine Rolle.

Die Primärindustrie produziert in erster Linie Fleisch, Wolle, Weizen. Von Zucker über Bananen bis hin zu Wein, Steinobst und Zitrusfrüchten wird in New South Wales nahezu jedes Gemüse und jede Obstart angebaut. Für den Export spielen diese Produkte allerdings kaum eine Rolle. Die Forstwirtschaft, vor allem in den großen Waldgebieten im Südosten des Bundesstaates, produziert in erster Linie Hackschnitzel (Holzspäne) für die eigene Papierindustrie und den Export. Bauholz spielt nur im Binnenmarkt eine Rolle.

In der herstellenden Industrie, dem Maschinenbau, der Metallverarbeitung, der chemischen sowie der Lebensmittel-Industrie ist New South Wales der führende Bundesstaat Australiens. Ein Großteil der Exporte geht nach Asien.

Die Wirtschaft von New South Wales hat sich in den letzten Jahrzenten dramatsich geändert. Obwohl landwirtschaftliche Produkte und vor allem Kohleexporte immer noch einen großen Anteil des Einkommens generieren, ging es mit der Schwerindustrie, vor allem der Stahl- und Schiffbauindustrie, bergab. Die großen Stahlwerke in Newcastle sind inzwischen stillgelegt. An die Stelle der Schwerindustrie

Ein Frachter wird im Hafen von Newcastle mit Kohle beladen. Nach wie vor ist Kohle eines der wichtigsten Bodenschätze Australiens und New South Wales.

Farmland in New South Wales. Die meisten Produkte des landwirtschaftlichen Sektors spielen für den Export eine untergeordnete Rolle.

RECHTE SEITE UND UNTEN:
Die Region um Tumbarumba an der Westseite der Snowy Mountains in New South Wales hat sich zu einer produktiven Weinregion gemausert.

als Einkommensquelle traten vor allem Informationstechnologie, Bildung und Tourismus. In der Vergangenheit zog New South Wales ein Drittel des ausländischen Investitionsvolumens an. Inzwischen wird dem Bundessaat diese Vorrangstellung allerdings von Bundesstaaten wie Victoria oder Queensland streitig gemacht.

Trotz der wirtschaftlichen Vorrangstellung von New South Wales überschreiten die Importe bei weitem die Exporte. Vor allem Büromaschienen, Computer oder Automobile müssen eingeführt werden. Hauptexportgüter sind vor allem Kohle und Koks, Getreide und Getreideprodukte sowie Textilfasern. Die wichtigsten Handelspartner von New South Wales sind dabei China, Japan und Südkorea, das benachbarte Neuseeland und die Vereinigten Staaten.

RECHTE SEITE:
An den steilen Hängen unterhalb des Leuchtturms von Byron Bay haben sich reiche Australier ihre Häuser gebaut. Das einstige Hippie- und Surferstädtchen hat sich zu einer großen Feriendestination gemausert.

Ein schneeweißer Leuchtturm krönt Cape Byron, den östlichsten Punkt des australischen Kontinents.

REGIONEN

NORDKÜSTE

Die Millionenstadt Sydney unterteilt den langen Ostküstenabschnitt von New South Wales in zwei Sektoren: die Südküste südlich von Sydney und die Nordküste, die sich von der Hauptstadt von New South Wales nach Norden bis zur Grenze von Queensland hinzieht.

Die Nordküste beginnt nördlich der Stadt Newcastle. Sie bildet eine beliebte Urlaubsregion mit zahlreichen Nationalparks, traumhaft schönen Küstenabschnitten und mehreren urbanen Zentren, die Einfallstore zu den jeweiligen Küstenabschnitten bilden. Noch im Einflussbereich Sydneys liegt Port Stevens mit dem beliebten Wochenendziel Nelson Bay. Weiter nördlich, ca. 230 Kilometer von Sydney entfernt, befindet sich der Myall Lakes National Park. Er besticht durch fantastische Sandstrände und eines der größten Küstenseesysteme des Landes, das ideale Voraussetzungen für zahlreiche Wassersportarten und die Beobachtung von Wasservögeln bietet.

Port Macquarie (37.300 Einwohner) an der Mündung des Hasting Rivers gelegen, ist ein beliebter Urlaubsort. Nördlich und südlich der Stadt locken im Hat Head National Park und im Crowdy Bay National Park zahllose unberührte Strände Besucher an.

RECHTE SEITE:
Surf-Shop in Byron Bay

Mit Coffs Habour (46.000 Einwohner), etwa 150 Kilometer nördlich von Port Macquarie, ist ein weiteres populäres Urlaubszentrum erreicht. Die Stadt ist bereits deutlich vom subtropischen Klima beeinflusst, das den nördlichen Teil der Nordküste so angenehm macht und welches sich nicht zuletzt in den üppigen Bananenplantagen, die Coffs Habour umgeben, widerspiegelt. Das ganze Bild wird gerahmt durch die grünen Berge der Great Dividing Range, die sämtlichen Küstenstädten der Nord- und Südküste ein fantastischen Panorama verleihen.

Südwestlich von Coffs Habour befindet sich das schmucke Dorf Bellingen, das zugleich die Zufahrt zu dem New England National Park bildet. Ein weiterer Nationalpark im Umfeld von Coffs Habour ist der Dorrigo National Park, der sich in erster Linie dem Schutz des subtropischen Regenwaldes verpflichtet hat.

Fährt man die Küste weiter Richtung Norden, so erreicht man Ballina. Die 16.500 Einwohner zählende Kleinstadt ist vor allem durch den Flughafen ein wichtiges Servicezentrum in der Nord-Ost-Verbindung von New South Wales. Unweit von Ballina liegt der berühmte Ferienort Byron Bay.

Landschaftsprägend entlang der Nordküste sind auch mehrere große Flüsse. Nennenswert sind vor allem der Macleay River, an dem die Provinzstadt Kempsey liegt, und der Clarence River, der durch die Landschaft von Grafton fließt.

Strand von Byron Bay

Jervis Bay. Hier liegt mit dem Booderee National Park zugleich einer der wichtigsten Nationalparks von New South Wales.

SÜDKÜSTE

Die Südküste von New South Wales beginnt südlich von Wollongong und zieht sich bis zur Grenze von Victoria hin. Geprägt ist die Region von unberührten Stränden und wilden Küstenlandschaften. Abseits der Küste liegt dank des milden und relativ feuchten Klimas reiches landwirtschaftlich genutztes Land. Dahinter erheben sich steil dichtbewaldete Berge. Dieses wilde, kaum erschlossene Hinterland ist in zahlreichen Nationalparks geschützt, beginnend mit dem gewaltigen Morton National Park, gefolgt von den Nationalparks Monga, Deja, Wadbilliga und South East Forest. Auch die Küste weist zahlreiche Reservate auf. Sie schützen landschaftlich und ökologisch wichtige Abschnitte der Südküste, mit Flussmündungen, Lagunen, Seen und einzigartigen Biotopen. Die wichtigsten sind der Booderee National Park an der Jervis Bay, der Murramarang National Park nördlich des Provinzstädtchens Batemans Bay, der aus mehreren Sektoren bestehende Eurobodalla National Park, der winzige Mimosa Rocks National Park und der wunderschöne Ben Boyd National Park um den Ort Eden ganz im Süden von New South Wales.

Obwohl die Natur diesen Küstenstreifen dominiert, hat an der Südküste die Milchindustrie einen wichtigen Standort. Zentrum dafür ist die Stadt Bega (ca. 6000 Einwohner). Hier hat sich einer der größten Käseproduzenten Australiens angesiedelt.

Der internationale Tourismus hat diese unberührte Region trotz der relativen Nähe zu Sydney noch nicht entdeckt. Zunehmendes Interesse der Australier selbst beginnt nun allerdings, die Region ins Scheinwerferlicht zu rücken. Vor allem Angeln und Zelten sind die beliebtesten Freizeitaktivitäten.

Mehrere mittlere und kleine Ortschaften entlang der Küste dienen als Versorgungszentren der Region. Die größte Stadt ist Nowra mit über 24.000 Einwohnern. Ulladulla (ca. 12.000 Einwohner) ist in erster Linie ein Urlaubsort, ebenso wie das weiter südlich gelegnen Batemans Bay (12.000 Einwohner). Hierhin kommen neben Bewohnern Sydneys auch Urlauber aus der nur 120 Kilometer entfernten Hauptstadt Canberra. Die verschwiegenen Fischerdörfer Narooma, Bermagui, Tathra und Merimbula sind ebenfalls bevorzugte Ziele für Urlauber. Eden ist der letzte nennenswerte Ort vor der Grenze zu Victoria. Einst ein Walfangort, stützte sich Eden bis in jüngste Zeit auf die Fischerei und Holzwirtschaft. Heute ist der Tourismus der wichtigste Arbeitssektor.

Viehzucht an der Südküste von New South Wales

Neben der Oper das bekanntestes Bauwerk der Stadt: die Sydney Harbour Bridge, von Einheimischen auch schon mal wegen ihrer Form »Kleiderbügel« genannt.

RECHTE SEITE:
Nur einer von unzähligen Stränden, die den Bewohnern Sydneys zur Verfügung stehen.

SYDNEY

Mit über 4 Millionen Einwohnern und einer Fläche von weit über 4000 Quadratkilometern ist Sydney die größte Stadt in Australien – und gleichzeitig auch die älteste.

Die Keimzelle dieser faszinierenden und für europäische Verhältnisse recht jungen Stadt lag am westlichen Ufer einer Bucht, die heute den Namen Sydney Cove trägt. Hier legte Kapitän Arthur Phillip mit seiner Flotte von elf Schiffen im Jahre 1788 an und ließ ein Straflager errichten.

Nach den Sandsteinfelsen, aus denen die meisten Gebäude errichtet wurden, nannte man das Viertel The Rocks. Es wurde zur 200-Jahr-Feier 1988 grundlegend renoviert und ist heute eine der großen Attraktionen Sydneys, mit zahllosen Kneipen, Restaurants, Märkten und einem reichhaltigen Unterhaltungsangebot praktisch rund um die Uhr.

Ganz in der Nähe von The Rocks befinden sich die zwei Wahrzeichen Sydneys: die Harbour Bridge, eine gigantische, auf vier mächtigen Sandsteinpfeilern ruhende Stahlkonstruktion. Sie überspannt den Port Jackson an einer Schmalstelle. Einheimische bezeichnen sie in Anspielung auf ihre Form respektlos als „coat hanger" (Kleiderbügel). Auf der anderen Seite des Circular Quay, dem zentralen Fährhafen Sydneys, steht das zweifellos berühmteste Gebäude der Stadt – das Opernhaus – und reckt seine in der Sonne glänzenden Segel in den Himmel.

Ein buntes, lebhaftes und quirliges Treiben ist das Festival of the Winds am Bondi Beach in Sydney.

Gleich hinter dem prominenten Gebäude beginnt die Parklandschaft der Royal Botanic Gardens. Der von den Einheimischen heiß geliebte Park bildet zusammen mit der Domain und dem Hyde Park die grüne Lunge der Millionenmetropole.

In der Domain finden im Sommer kostenlose Konzertaufführungen statt. Hier liegt auch das säulengeschmückte Sandsteingebäude der Art Gallery of New South Wales. Wechselnde Ausstellungen von Weltrang machen diese Kunstgalerie zu einem kulturellen Höhepunkt der Stadt.

Im Westen werden die Royal Botanic Gardens durch die Macquarie Street begrenzt, an der sich die Staatsbibliothek, das alte Parlament von New South Wales und das Münzmuseum befinden. Dahinter baut sich das Hochhausgebirge der City auf.

Das Mini-Manhatten des Central Business District unterstreicht mit seinen Wolkenkratzern, Glaspalästen, stattlichen historischen Gebäuden und Banken den Anspruch Sydneys, das wichtigste Handels- und Finanzzentrum Australiens zu sein. Das vielleicht auffälligste Gebäude der City ist der 270 Meter hohe Sydney Tower, von dessen luftiger Warte aus man über die ganze Stadt bis zu den Blue Mountains im Westen und zum offenen Meer im Osten blicken kann.

Straßenszene in Sydneys ältestem Viertel: The Rocks

Unweit des Sydney Towers befinden sich zwei der schönsten Einkaufsparadiese der Stadt: Ein Bummel durch die viktorianischen Geschäftsarkaden von The Strand ist ein Muss für jeden Besucher. Das Queen Victoria Building – laut Pierre Cardin „das schönste Einkaufszentrum der Welt" – umfasst einen ganzen Häuserblock.

Westlich der City liegt Darling Harbour. Aus einem heruntergekommenen Hafenviertel entstand hier ein postmodernes, elegantes Stück Sydney mit Geschäften, Sportanlagen, Parks, Restaurants und Museen. Darling Harbour bildet zudem eine Bühne für Festivals und Konzerte. Chinatown und der Chinese Garden befinden sich ganz in der Nähe.

Der zentrumsnahe Stadtteil Paddington ist um die Unterhaltungsmeile der Oxford Street gruppiert. Er besticht durch den Charme liebevoll renovierter, dicht gedrängter Reihenhäuser im viktorianischen Stil sowie unzähliger Cafés, Bistros und Restaurants. Das einstmals schäbige Arbeiterviertel liegt voll im Trend. Es zieht die Erfolgreichen und Kreativen aus der Computer- und Designerbranche an und bildet die Hochburg der großen Homosexuellen-Gemeinde Sydneys.

Ebenfalls „in" ist der einstmals wegen seiner hohen Kriminalität verrufene Stadtteil Bondi im Osten der City. Vor allem der Nachwuchs der Unterhaltungsindustrie Sydneys schlägt hier seine Zelte auf. Aushängeschild von Bondi ist Sydneys vielleicht berühmtester Strand, der Bondi Beach.

Am Bondi Beach, Sydneys bekanntestem Strand, entspannen sich Sydneysider und Touristen am liebsten.

Wo junge Surfer sind, ist auch kunstvolle Graffiti nicht weit.

RECHTE SEITE:
Pierre Cardin nannte es einmal das schönste Kaufhaus der Welt: das Queen Victoria Building.

Insgesamt haben die Bewohner Sydneys im Großraum ihrer Metropole 36 Strände zur Auswahl, um zu schwimmen, zu surfen oder einfach nur auszuspannen. In Manly, einem eleganten Badevorort der Stadt, kann man zwischen dem am offenen Meer gelegenen Manly Beach und dem geschützten Strand an der Manly Cove auf der Hafenseite wählen. Weitere bekannte Stadtstrände sind Bronte Beach, Coogee Beach oder Cronulla Beach, der wegen Rassenunruhen Weihnachten 2005 weltweit Schlagzeilen machte.

Seit der Sommerolympiade 2000 blickt man auch in den Westen der Stadt. Einst ein Industriestandort und Arbeiterrevier, über das man in den feineren Teilen der Stadt gerne die Nase rümpfte, hat sich hier durch die Ansiedelung des olympischen Geländes, der Errichtung des umweltfreundlichen Vororts Newington und der Etablierung einer riesigen, mit dem olympischen Gelände zusammenhängenden Parklandschaft – der Bicentennial Park und der Millenium Park – ein neuer gesellschaftlicher und touristischer Schwerpunkt gebildet.

Der überwiegende Großteil der Bewohner Sydneys lebt in den schier endlosen Vorstädten, die sich Richtung Westen ziehen. Zwar ist die Innenstadt offiziell der Mittelpunkt von Sydney, geografisch gesehen allerdings liegt Parramatta, ca. 20 Kilometer westlich des Central Business District, im Zentrum der ausfernden Stadt. Begrenzt wird das ständig wachsende Häusermeer, „urban sprawl" genannt, im Norden durch den Ku-ring Gai Chase National Park, im Süden durch den Royal National Park, im Osten durch den Pazifischen Ozean und im Westen durch die Blue Mountains.

SYDNEYS UMGEBUNG

Ein Blick auf die Karte enthüllt: Wie keine andere Großstadt der Erde ist Sydney halbkreisförmig von einem über 10.000 Quadratkilometer großen Grüngürtel aus Nationalparks umgeben. Die nördliche Stadtgrenze wird vom Ku-ring gai Chase National Park gebildet. Diesem schließt sich westlich der Marra-Marra National Park an. Dann folgen die Schutzgebiete der Greater Blue Mountains, bestehend aus dem Dharug National Park, dem Yengo National Park, der Wildnis des Wollemi National Parks, dem Garden of Stone National Park, dem berühmten Blue Mountains National Park, dem südlich daran anschließende Kanangra Boyd National Park und dem östlich davon liegenden Nattai National Park. Abgesehen von einem Korridor um den Hume Highway schließt sich der Halbkreis aus Reservaten mit dem Royal National Park im Süden von Sydney.

Von all den genannten Parks und Regionen haben die Blue Mountains touristisch die größte Bedeutung. Es handelt sich um ein gewaltiges, von Klammen und Schluchten zerrissenes, bis zu 1.110 Meter hohes Sandsteinplateau. Die Bezeichnung „Blaue Berge" stammt von dem blauen Dunst, der an heißen Tagen über der Landschaft liegt. Er entsteht dadurch, dass die Öle in den Blättern der Eu-

Der Royal National Park, Australiens erster Nationalpark, begrenzt die Metropole Sydney im Süden. Entlang der Küste des attraktiven Schutzgebietes führt der zweitägige Coast Walk.

LINKE SEITE:
Royal National Park in der Nähe von Burning Palms

Mit der »Scenic Railway« geht es mitten hinein in den Regenwald der Blue Mountains.

Der Garden of Stone National Park bildet einen Teil der Greater Blue Mountains, ein riesiger Wildnisgürtel, der im Westen von Sydney liegt und aus mehreren Nationalparks besteht.

RECHTE SEITE:
Wie Säulen einer Kathedrale ragen gewaltige Eukalypten im Blue Gum Forest im Blue Mountains National Park auf.

kalyptusbäume in der Hitze verdunsten. Über die Blue Mountains führt der Great Western Highway, der einzige große Übergang über das Gebirge. Entlang der Straße liegen mehrere Orte, die zusammengefasst die City of the Blue Mountains bilden. Die wichtigsten sind Blaxland, Springwood, Wentworth Falls, Leura, Katoomba und Blackheath.

Alle Orte bieten Zugang zum Nationalpark, der sich links und rechts des Great Western Highways ausdehnt. Die Dörfer in den Blue Mountains sind vor allem das gesuchte Ziel von Wochenendausflüglern aus Sydney.

Südlich der Greater Blue Mountains schließen sich die Southern Highlands an. Die Region mit ihren Dörfern, Gestüten und Weingütern mutet recht europäisch an. Während die Weinkultur in den Southern Highlands relativ jung ist, hat sie sich im nördlich von Sydney gelegenen Hunter Valley seit langem etabliert – die Region gilt als das älteste Weinanbaugebiet Australiens.

Koalas sind in den Blue Mountains extrem selten geworden. Man findet sie häufiger im Norden von New South Wales.

Wie die Southern Highland zieht auch das Hunter Valley in erster Linie Wochenendausflügler aus Sydney an. Das Hunter Valley gilt zudem als die beste Region für die Zucht hochwertiger Pferde. Das Bild von gepflegten Gestüten und lieblichen Weinbergen wird allerdings von den riesigen Kohlebergwerken gestört, die hier das schwarze Gold im Tagebau gewinnen.

DER ZENTRALE WESTEN

Die riesige Region beginnt westlich der Blue Mountains und umfasst Land, das ideal für landwirtschaftliche Nutzung ist. Die Landschaft präsentiert sich zum größten Teil flach, wird gebildet von weiten Ebenen, die gelegentlich von Hügelketten und schroffen, verwitterten Vulkanen unterbrochen werden. Eine Reihe von schmucken und schnell wachsenden Landstädten unterstreicht den landwirtschaftlichen Reichtum dieser Region.

Die Umgebung von Young (knapp 7000 Einwohner) ist bekannt für den Anbau von Steinfrüchten, Beeren, Wein und Weizen. Schafzucht und Wollproduktion spielen ebenfalls eine Rolle.

Die Stadt Dubbo (39.000 Einwohner) liegt am Macquarie River und bildet ein Zentrum für die Wollindustrie und den Weizenanbau. Sie ist die größte Stadt der Region. Berühmt ist der Western Plain Zoo, ein Freiluftzoo mit mehreren gefährdeten Tierarten.

Parkes, eine Regionalstadt mit über 10.000 Einwohnern, entstand als Siedlung an einem Goldbergwerk. Bekannt ist Parkes heute als Standort für ein großes Radioteleskop, das die NASA bei mehreren Unternehmungen unterstützt hat. Wie die meisten Städte und Orte der Region bildet Parkes heute ein Versorgungszentrum für die umliegenden Farmen. Weizen, Wolle und Rindfleisch sind die Hauptprodukte.

Orange (31.000 Einwohner) ist umgeben von fruchtbarer vulkanischer Erde, die den Anbau von Obst, Oliven, Wein und Beeren begünstigt. Wie vielerorts in der Region sind Rinder- und Schafzucht eine wesentliche ökonomische Einnahmequelle.

Das schmucke Landstädtchen Forbes (7000 Einwohner) zeigt auch heute noch den einstigen Reichtum, der in den nahen Goldfeldern erwirtschaftet wurde. Eine ganze Reihe großartiger historischer Gebäude bildet das Stadtzentrum.

Coonabarabran am Oxley Highway wird ebenfalls von der Landwirtschaft – hauptsächlich Weizen und Wolle – dominiert. Der Ort ist zudem Ausgangspunkt für den Warrumbungle National Park, der die erodierten Reste einstiger Vulkane schützt. In einer Region, die zu einem großen Teil

LINKE SEITE:

Verheerende Buschbrände sind in den Blue Mountains keine Seltenheit (oben). Weingüter, schicke Unterkünfte wie hier The Convent und gute Restaurants machen das Hunter Valley im Norden von Sydney zu einem beliebten Wochenendziel (unten).

Das Städchen Forbes im Westen von New South Wales glänzt mit zahllosen historischen Gebäuden.

landwirtschaftlich genutzt wird und in der Naturenklaven relativ selten sind, ist dieses Schutzgebiet von herausragender ökologischer Bedeutung.

Unweit von Coonabarabran, nordöstlich des 118 Kilometer entfernten Ortes Narrabri, liegt ein weiteres Schutzgebiet, der Mt. Kaptar National Park. Hier werden ebenfalls alte, erloschene Vulkane sowie eine interessante Fauna und Flora geschützt.

Die Abendsonne fällt auf einen Brunnen in einem Stadtpark in Forbes.

SNOWY MOUNTAINS

Die Snowy Mountains bilden einen Teil der über 5000 Kilometer langen Great Dividing Range. Umgeben sind die Berge von lieblichem Hügelland, Hochflächen wie das Monaro-Plateau und Flusstälern. Die Berge der Region sind praktisch in ihrer Gesamtheit in dem riesigen Kosciuszko National Park geschützt. Dieser wichtige, weit über 6000 Quadratkilometer große Gebirgspark dominiert die Region und stellt zugleich die größte alpine Region Australiens dar. Baumlose Höhen, blumenreiche Matten, kristallklare Gebirgsseen, reißende Flüsse und endlose Wälder bilden die Komponenten einer einzigartigen Landschaft.

Elf Gipfel ragen über 2000 Meter auf, darunter auch der Mt. Kosciuszko – mit 2228 Metern der höchste Berg auf dem australischen Festland. In den Snowy Mountains liegt der Kältepol des Kontinents. Im Winter versinken die Hochlagen monatelang unter einer dicken Schneedecke, und lange Frostperioden sind nichts Ungewöhnliches.

Die Topografie der Snowy Mountains kann nicht mit jungen Bergregionen, wie z.B. den Alpen oder den Anden, verglichen werden. Die sogenannte Main Range der Sno-

FOLGENDE DOPPELSEITE:
Das Monaro Plateau östlich der Snowy Mountains wird landwirtschaftlich intensiv genutzt. Besonders bekannt ist die Region für ihre Merinoschafe.

Eukalypten haben praktische alle Klimazonen des Kontinents erobert. In den im Winter schneebedeckten Bergen der Snowy Mountains wachsen die Snow Gums.

RECHTE SEITE:
Wanderer rasten an einem Granitturm in der Ramshead Range im Kosciuszko National Park. Der Mt. Kosciuszko, Australiens höchster Berg, befindet sich ganz in der Nähe.

Forellenangler auf dem Lake Jindabyne. Der Stausee entstand im Zusammenhang mit dem gewaltigen Snowy Mountains Hydro Scheme.

wy Mountains, in der sich die höchsten Gipfel des Landes aneinanderreihen, gleicht eher einem weitläufigen Hochplateau mit sanftgeschwungenen Kuppen. Stellenweise zeugen Kare, von Gletschern ausgehobelte Seen, und Moränen davon, dass die Region einst von Eis bedeckt war. Innerhalb des Nationalparks haben sich mehrere Skigebiete angesiedelt, die zusammengefasst immerhin 90 Kilometer an präparierten Pisten bieten.

Die wichtigsten Skiorte sind Thredbo und Perisher. Innerhalb dieser Berge liegt das als Australiens ehrgeizigstes Bauprojekt bezeichnete Snowy-Mountains-Wasserkraftprojekt. Es beinhaltete die Ableitung von fünf Flüssen sowie den Bau von 145 Kilometern Tunnelstrecke, 1600 Straßenkilometern, Äquadukten in einer Gesamtlänge von 130 Kilometern, 17 großen und zahlreichen kleineren Stauseen, sieben Kraftwerken und Pumpstationen sowie ganzer Dörfer und Arbeitslager innerhalb und außerhalb des Parks.

Der Kosciuszko National Park ist heute eine zugkräftige Touristenattraktion. Während es die schneeverrückten Australier vor allem im Winter zum Skifahren in den Park zieht, gehen internationale Besucher meist im Sommer zum Wandern in die Berge.

Coome ist der Hauptort des Monaro Districts.

Die Westseite des Gebirges, vor allem um die Orte Tumbarumba und Bathlow, sind bekannt für ihren Wein und Obstanbau. Tumut – am Tumut River gelegen – ist der Standort mehrerer Sägemühlen. Auf der Ostseite dominiert die Schafhaltung, auf dem Monaro Plateau die Landwirtschaft. Das regionale Zentrum dort ist Cooma, ein Landstädtchen mit knapp 7000 Einwohnern. Der Ort Jindabyne am gleichnamigen See ist der wichtigste Touristenort der Region. Sommer wie Winter ist er der wichtigste Ausgangspunkt für Ausflüge in die Snowy Mountains.

MURRAY RIVERINA

Die Region entlang des Murray Rivers, der die Grenze zwischen Victoria und New South Wales bildet, ist dank großflächiger Bewässerung der Obst- und Gemüsegarten des Bundesstaates. Die wichtigsten Zentren der Region sind die Stadt Albury (ca. 48.000 Einwohner), die die umliegenden Farmen und landwirtschaftlichen Betriebe versorgt, die Universitätsstadt Wagga Wagga (knapp 60.000 Einwohner), die von Weizen-, Rinder- und Schaffarmen umgeben ist, und Deniliquin (7800 Einwohner), das Zentrum eines riesigen Bewässerungsgebietes, in dem Weizen, Reis, Gerste, Obst und Gemüse angebaut werden. Wolle und Milchprodukte spielen wirtschaftlich ebenfalls eine Rolle. Einen Eintrag in das Guinness-Buch der Rekorde verdankt Deniliquin dem jährlich stattfindenden „Ute Muster": Etwa 20.000 Menschen kommen hier zusammen, um die weltweit größte Ansammlung an Utes (Pickup-Trucks) zu bestaunen und zu feiern.

Weitere nennenswerte Orte in der Murray Riverina sind Hay (2700 Einwohner) und Wentworth am Zusammenfluss des Darling und des Murray Rivers, die bereits im trockenen, semi-ariden Westen der Region liegen. Wentworth ist vor allem touristisch von Bedeutung: als Ausgangspunkt für die Sehenswürdigkeiten im Outback von New South Wales. Hay dagegen ist ein Ort, der durch die Landwirtschaft geprägt ist. Obst, Gemüse und Getreide einschließlich Reis werden dort dank der Bewässerungsanlagen angebaut. Das trockene Umland eignet sich am besten für die Schafzucht. Ein Großteil der Murray Riverina ist von weiten Ebenen geprägt. Stellenweise haben sich am Murray River noch Enklaven der einst gewaltigen Flusseukalyptus-Wälder erhalten.

OUTBACK

Die riesige Outback-Region von New South Wales erstreckt sich von der Grenze zu Queensland bis zum Murray River und nimmt den gesamten Westen des Bundesstaates ein. Landschaftlich geprägt wird diese Region von semi-ariden Weiten, trockenen Ebenen und Seensystemen sowie vereinzelt erodierten Bergketten.

Das Outback lässt sich grob in drei Regionen aufteilen: Corner Country mit der Silberstadt Broken Hill, Oasis Country, das die gesamte Südwestecke des Bundesstaates einnimmt, und schließlich muss zum zentralen Westen des Bundesstaates New South Wales auch das sogenannte Kidman Country gezählt werden, benannt nach dem „Cattle King" Sir Sidney Kidman, einem der größten Landbesitzer Australiens.

Das alte Gerichtshaus ist nur eines von vielen historischen Gebäuden in Cooma.

Außer dem Erlebnis Outback selbst gibt es in der wüstenhaften Region viel Natur und sogar Kultur zu entdecken. Die Bergwerkstadt Broken Hill (28.000 Einwohner), 1170 Kilometer nordwestlich von Sydney, ist das touristische Zentrum der Region und Ausgangspunkt für Exkursionen in die Weiten des Outbacks. Während sich die Bodenschätze langsam erschöpfen und der Bergbau dem Ende zugeht, hat sich Broken Hill zu einem Zentrum der Künste entwickelt, mit zahlreichen Galerien und dem ungewöhnlichen Skulpturen-Park auf einem Hügel außerhalb der Stadt.

In der Nordwestecke des Corner Country treffen die drei Bundesstaaten New South Wales, Queensland und Südaustralien zusammen. Genau in die Dreiländerecke eingepasst wurde der wüstenhafte Sturt National Park 330 Kilometer nördlich von Broken Hill. Ein weiteres wichtiges Schutzgebiet ist der Mutawintji National Park 131 Kilometer nordöstlich von Broken Hill. Neben der landschaftlichen Schönheit des Parks, der durch die zerklüftete Byngano Range dominiert wird, sind es vor allem die zahlreichen Ritzzeichnungen und Felsmalereien der Aborigines, die das Schutzgebiet so interessant machen.

Der Sculpture Park nahe Broken Hill unterstreicht den Anspruch der Stadt, neben einer Bergwerkstadt auch eine lebendige und kreative Künstlerkolonie zu sein.

Der Opalort White Cliffs liegt 228 Kilometer nordöstlich von Broken Hill. Die aktiven Tage der Opalgewinnung sind hier allerdings längst vorbei. Die meisten Minen werden von Hobbyschürfern betrieben. Die Region südlich von Broken Hill bis hinunter zur Grenze zu Victoria wird als Oasis Country bezeichnet. Es ist das Land der Seen, die vom weitverzweigten Flusssystem des Darling Rivers gespeist werden. Einige dieser flachen Seen sind im Kinchega National Park, 110 Kilometer südöstlich von Broken Hill, geschützt und stellen ein wichtiges Vogelparadies dar. Das wichtigste Schutzgebiet der Region aber ist der Mungo National Park. Dieses Reservat gehört zur als Welterbe geschützen Willandra Lakes World Heritage Area. Das auffälligste Naturmonument am Ufer des ausgetrockneten Lake Mungo bildet die „Wall of China", ein erodierter Dünenwall, der sich in einem Halbkreis am Ostufer erstreckt. An den Ufern des Sees fand man Zeugnisse von Aborigines, die über 40.000 Jahre alt sind.

Das Kidman Country schließt sich östlich an das Corner Country an. Die Kupferminenstadt Cobar (8000 Einwohner) und Bourke, ein kleiner Ort am Darling River, bilden die Zentren dieser Region.

FOLGENDE DOPPELSEITE:
Regen und Wind als Bildhauer: Erodierte Reste eines uralten Dünenwalls am Ostufer des Lake Mungo im letzten Abendlicht.

Der alte Scherschuppen einer ehemaligen Schafstation ist heute Teil des Mungo National Parks im ariden Outback von New South Wales.

New South Wales 117

QUEENSLAND

GEOGRAFIE

Mit einer Fläche von 1.734.157 Quadratkilometern ist Queensland nach Westaustralien der zweitgrößte Bundesstaat Australiens. Was die Bevölkerung betrifft, nimmt er mit etwas über vier Millionen Menschen den dritten Rang im Staatenverbund ein. Der abwechslungsreiche Bundesstaat wird im Osten vom Südpazifik und der Korallensee begrenzt. Im Norden formt die Torres Strait mit den Torres Strait Islands die Grenze, im Westen schließt sich das Northern Territory und im Süden New South Wales an. In der abgelegenen Südwestecke schiebt sich Südaustralien in den Bundesstaat: An der sogenannten Poeppels Corner in der Simpson Desert treffen also Queensland, Südaustralien und das Northern Territory zusammen.

Brisbane ist die Hauptstadt von Queensland. Sie liegt in der Südostecke des Bundesstaates in einer klimatisch günstigen Region. Etwa 1,8 Millionen Menschen leben hier – also knapp die Hälfte der Gesamtbevölkerung von Queensland. Die meisten nennenswerten Städte des Bundesstaates sind an der Küste oder in Küstennähe zu finden. Dazu zählen die City of Goldcoast, ein Konglomerat aus mehreren Städten und Orten, sowie Bundaberg, Rockhampton, Mackay, Townsville und Cairns. Eine wichtige Stadt im Landesinneren ist die Bergwerkstadt Mt. Isa im abgelegenen Westen des Bundesstaates.

Entlang der Küste bestimmt die Great Dividing Range die Topografie des Bundesstaates. Diese Serie von Bergketten und Plateaus zieht sich bis zur Nordspitze Queenslands hinauf. Zwischen dem

FOLGENDE DOPPELSEITE:

Traumhafte Badebuchten: der berühmte Whitehaven Beach auf Whitsunday Island (Foto oben) und Lake McKenzie auf Fraser Island (Foto unten)

Apartmentanlagen und Wohntürme dominieren in Surfers Paradise an der Gold Coast den Strand.

RECHTE SEITE:
Die Klippen des Indian Head sind die einzigen Felsen der sonst nur aus Sand bestehenden Insel Fraser Island. Die Insel gilt als die größte Sandinsel der Welt und ist als Weltnaturerbe geschützt.

Gebirge und dem Meer liegt ein schmaler, fruchtbarer Küstenstreifen. Mehr oder weniger parallel zur Küste zieht sich etwa von der Höhe der Rumstadt Bundaberg bis zur Torres Strait das aus zahllosen Einzelriffen bestehende Great Barrier Reef.

Zahlreiche Inseln begleiten die Küste Queenslands. Außergewöhnlich ist in erster Linie Fraser Island, die größte Sandinsel der Welt. Weitere große Inseln aus Sand liegen auf der Höhe von Brisbane. Vor allem North Stradbroke Island und Moreton Island sind hier zu erwähnen. Zahlreiche Inseln, zum Beispiel das Archipel der Whitsunday Islands, Hinchinbrook Island oder die Gruppe der Family Islands mit den bekannten Resortinseln Dunk und Bedarra Island vor dem Urlaubsort Mission Beach, sind sogenannte Festlandinseln. Sie stellen die Gipfel eines durch das Ansteigen des Meeresspiegels nach der letzten Eiszeit „ertrunkenen" Gebirges dar. Entlang des Riffs findet man zudem zahlreiche flache Koralleninseln wie Lady Elliot Island, Heron Island oder Green Island.

Die Torres Strait Islands in der gleichnamigen Meeresstraße im Norden von Cape York gehören ebenfalls zu Queensland. Sie liegen vor der Nordspitze der Cape York Peninsula. Diese Halbinsel formt ein gewaltiges etwa 700 Kilometer langes Dreieck und umfasst eine Fläche von 137.000 Quadratkilometern. Die Gegend ist nach wie vor wild und nahezu unerschlossen. Die Halbinsel ist begrenzt von der Korallensee im Osten und vom Gulf of Carpentaria im Westen. Das Kap an der Spit-

Kingfisher Bay Resort auf Fraser Island

Gästehäuser im exklusiven Wrotham Park Resort auf der gleichnamigen Rinderstation im Inneren der Cape York Halbinsel. Die Bungalows liegen hoch über dem Mitchell River.

ze der Halbinsel bildet den nördlichsten Punkt Australiens und ist nur durch die an der schmalsten Stelle etwa 150 Kilometer breite Torres Strait von Neuguinea getrennt. Das gebirgige Rückgrat der Great Dividing Range zieht sich entlang der Ostseite der Cape York Peninsula bis zu deren Nordende. Während entlang der Ostküste der Halbinsel Regenwälder gedeihen, ist die Landschaft hinter den Bergen trocken und savannenartig.

Westlich der Great Dividing Range gehen fruchtbare, landwirtschaftlich genutzte Plateaus in die sonnendurchglühten Weiten des Outbacks über. Große Areale dienen dort als Rinderstationen. Die Weiten des Outbacks sind unterbrochen von niedrigen, erodierten Hügelzügen, wie zum Beispiel die Grey Range und die McGregor Range im Südwesten des Bundesstaates oder die Selwyn Range südlich vom Mount Isa. Die Südwestecke des Bundesstaates wird von der Simpson Desert geprägt. Charakteristisch für diese gewaltige Wüste, die auch ins Northern Territory und nach Südaustralien hineinreicht, sind lang gezogene, parallel verlaufende Sanddünen.

Der Norden Queenslands liegt im Bereich des Monsuns und wird hauptsächlich von tropischer Savanne geprägt. Im Bereich des Gulf of Carpentaria prägen sumpfige Küstenabschnitte mit Lehmpfannen und Mangrovenwäldern die Landschaft. An der Ostseite der Great Dividing Range im Norden Queenslands, im Bereich der feuchten Passatwinde, befindet sich tropischer Regenwald. Von dem einstigen Reichtum ist allerdings nur noch ein kleiner Teil übrig. Viele Regenwälder sind mittlerweile Bestandteil des als Weltnaturerbe geschützten Wet Tropics World Heritage Area.

FOLGENDE DOPPELSEITE:
Badevergnügen im Dschungel des Daintree National Park in Queensland (Foto links oben) Regenwaldgebiet von Mossman Gorge nahe Cairns in Northern Queensland (Foto links unten). Der Regenwald von Daintree ist einer der ältesten der Welt (rechte Seite)

Rinderzucht ist eine wesentliche wirtschaftliche Einnahmequelle im Norden und Süden des Bundesstaates Queensland.

Subtropisches Klima und hohe Niederschlagsmengen vor allem in den Küstenregionen schaffen ideale Voraussetzungen für eine extensive Weidewirtschaft.

Einige Regionen Queenslands sind von einstigem Vulkanismus geprägt. Vor allem das fruchtbare Atherton Tableland westlich von Cairns, die Region um den Undara-Vulkan mit seinem enormen System an Lavahöhlen südwestlich von Cairns und im Südosten die Region um den Tweed-Vulkan, einem einst riesigen Schildvulkan, sind in diesem Zusammenhang erwähnenswert. Die Umgebung des Undara-Vulkans sowie das System an Lavahöhlen ist als Undara Volcanic National Park geschützt, an den Hängen des Tweed-Vulkans liegen der Lamington National Park sowie der Springbrook National Park. Beide sind wegen ihrer subtropischen Regenwälder berühmt.

KLIMA

Der Wendekreis des Steinbocks zieht sich etwa auf der Höhe der Stadt Rockhampton quer durch den Bundesstaat und teilt Queensland in eine subtropische und eine tropische Hälfte. Empfindliche Kälteperioden erlebt man in Queensland – von einigen höher gelegenen Regionen im Landesinneren einmal abgesehen – nirgendwo. Das Klima im tropischen Nordqueensland wird durch zwei Jahreszeiten geprägt: der Trockenzeit mit endlosen Sonnenschein, kaum Regen und kühlen Nächten und der Regenzeit (Monsun). Hohe Luftfeuchtigkeit, Schwüle und gelegentlich weit verbreitete Überflutungen prägen diese „Jahreszeit". Eine Ausnahme bildet der Küstenstreifen von Far North Queensland. Hier liegt die Ostküste im Bereich der Passatwinde, die ständig Wolken an die Bergbarriere der Great Dividing Range treiben und so das ganze Jahr über für Niederschläge sorgen können.

Im Gegensatz zu den gemäßigten Temperaturen an den Küsten im Norden weisen die ariden Regionen, wie zum Beispiel in der Simpson Desert, relativ extreme Schwankungen auf: Obwohl in den Subtropen gelegen, können die Nächte im Winter hier empfindlich kalt werden.

GESCHICHTE

Die ersten Menschen, die das Gebiet des heutigen Queensland kolonisierten, waren Aborigines und Torres Strait Insulaner. Die Torres-Strait-Insulaner sind melanesischer Abstammung und unterscheiden sich kulturell stark von den australischen Ureinwohnern. Es wird vermutet, dass die Aborigines' etwa vor 45.000 Jahren, wahrscheinlich aber noch früher, das Gebiet der heutigen Cape-York-Halbinsel im Norden des Bundesstaates besiedelten. Die Torres-Strait-Insulaner folgten etwas später. Auch wenn für die Cape-York-Halbinsel die erste Landung von Europäern auf dem australischen Kontinent aus dem Jahre 1605 bestätigt werden kann, blieb sie bis heute eine der ursprünglichsten Regionen Australiens. Das Gebiet des heutigen Bundesstaates war bis 1859 Teil der Riesenkolonie New South Wales. In diesem Jahr wurde Queensland eine eigenständige Kolonie.

Die europäische Geschichte des Bundesstaates aber begann früher. Im Jahr 1823 bekam der Vermesser John Oxley den Auftrag, einen passenden Platz für ein Straflager zu finden. Ein Jahr später wurde das Straflager am Ufer des Brisbane Rivers errichtet – für Gefangene, die wiederholt straffällig wurden. 1839, mit Ende der Deportation von Strafgefangenen aus England, wurde das Lager ge-

Die Coomera Falls im Lamington National Park. In dem über 200 Quadratkilometer großen Reservat wird Australiens größter subtropischer Regenwald geschützt.

Brisbane am Brisbane River. Mit der Errichtung eines Straflagers im Jahre 1824 wurde der Grundstein gelegt für die spätere Entwicklung zur Millionenmetropole und Hauptstadt von Queensland.

schlossen. Drei Jahre später wurde eine Kolonie aus freien Siedlern erlaubt. Aus dem Straflager entstand die heutige Hauptstadt Queenslands, Brisbane. Mit der Öffnung des Hafens von Maryborough begann der wirtschaftliche Aufstieg der Region.

Wie auch in New South Wales und Victoria brachten Goldfunde in Canoona und Gympie Reichtum und neue Siedler in die Kolonie. Die Entdeckung von ausgedehnten Goldfeldern am Palmer River auf der Cape-York-Halbinsel 1872 bescherte der Region einen weiteren Goldrausch und brachte, neben zahllosen Goldsuchern und Glücksrittern, auch etwa 17.000 Chinesen in den abgelegenen Norden Queenslands.

Neben Gold sorgte der Anbau von Zuckerrohr für wirtschaftlichen Aufschwung. 1870 produzierten bereits 28 Fabriken über 2800 Tonnen Roh-Rohrzucker. Die Produktion explodierte förmlich und 1888 betrug die jährliche Zuckerproduktion Queenslands knapp 60.000 Tonnen.

Fünf Jahre vorher überschritt die Bevölkerung Queenslands die 250.000-Marke. Neben Zucker spielten Rinder und Schafe wirtschaftlich eine Rolle. Der sogenannte „Große Streik der Schafscherer" 1891 hatte politische Auswirkungen auf den Bundesstaat. Der Streik, bei dem es zu heftigen Unruhen kam, führte zur Gründung der Labor Party. Allerdings blieb der jungen Partei erst einmal der Erfolg versagt. Erst 1899 kam die Labor Party mit Premier Anderson Dawson an die Macht und bildete die erste Labor-Regierung der Welt. Allerdings endete dieser Ausflug an die politische Spitze bereits nach einer Woche.

Zuckerrohr trug neben Gold entscheidendend zum wirtschaftlichen Aufschwung und zum Anwachsen der Bevölkerung der ehemaligen Kolonie bei. Zahlreiche Arbeiter auf den Zuckerrohrfeldern kamen von den Inseln im Südpazifik.

Der unersättliche Hunger nach Arbeitskräften der boomenden Zuckerindustrie brachte unzählige Arbeiter von den Inseln im Südpazifik nach Queensland. Als 1901 der Staatenverbund des Commonwealth of Australia gegründet wurde, trat zugleich die rassistische sogenannte „White Australia Policy" in Kraft und die meisten Gastarbeiter wurden zwangsdeportiert. Zu diesem Zeitpunkt war die Bevölkerung von Queensland bereits auf eine halbe Millionen Menschen angestiegen.

Zwei Daten in der jüngeren Geschichte von Queensland verdienen eine Erwähnung: 1920 wurde Qantas gegründet, heute die nationale Fluglinie Australiens. Acht Jahre später vollführte der Royal Flying Doctor Service seinen ersten Hilfsflug im Outback von Queensland. Der Royal Flying Doctor Service ist heute eine australische Institution, die die weit verstreuten Siedlungen und Rinderstationen im Outback medizinisch versorgt. Weniger erfolgreich, aber mit Auswirkungen bis zum heutigen Tag war die Einführung der Aga-Kröte 1935, um Ungeziefer in den Zuckerrohrfeldern zu kontrollieren. Inzwischen hat sich die giftige Kröte über weite Teile Nordaustraliens ausgebreitet, mit massiven Auswirkungen auf die australische Fauna.

Während des Zweiten Weltkrieges bombardierten japanische Kampfflugzeuge unter anderem Townsville, Cairns und Horn Island in der Torres Strait. Große Teile Nordqueenslands wurden aus Furcht vor einer japanischen Invasion evakuiert. Die Jahre zwischen 1968 bis 1987 waren geprägt durch den Premier Sir Joh Bjelke-Petersen: Als klarer Befürworter des weißen Apartheidregimes in Südafrika erklärte er 1971 den Notstand, da er Antiapartheitsprotesten während einer Tournee der südafrikanischen Rugbyteams in Queensland zuvorkommen wollte. 1987 sah sich der umstrittene Bjelke-Petersen dann wegen gravierender Korruptionsanschuldigungen gezwungen zurückzutreten.

GESELLSCHAFT

Queensland gilt im Hinblick auf seine Bevölkerung als der am schnellsten wachsende Bundesstaat Australiens. Die Einwohnerzahl überschritt bereits 2005 die Vier-Millionen-Marke. Sollte das Wachstum im selben Maße fortschreiten, könnte der Bundesstaat bis zum Jahr 2020 die Nummer zwei im Staatenreigen Australiens werden. Im Vergleich zu den südlichen Nachbarn New South Wales und Victoria ist Queenslands Bevölkerungsstruktur allerdings weit weniger divers. Queensland ist kein traditionelles Einfallstor für Immigranten. Der ständige Zuwachs der Bevölkerung erfolgt vielmehr durch inneraustralische Migration, besonders aus Victoria und New South Wales.

POLITIK

Zwischen 1824, als die Siedlung an der Moreton Bay gegründet wurde, und 1859 war das heutige Queensland noch ein Teil von New South Wales. Als am 6. Juni 1859 eine eigenständige Kolonie

Im 19. Jahrhundert kamen im Zuge des großen Goldrauschs etwa 17000 Chinesen nach Queensland, um hier ihr Glück zu versuchen. Heute gibt es in Brisbane und Cairns Chinatowns, in denen z.B. durch religiöse Zeremonien die chinesischen Traditionen aufrecht erhalten werden.

RECHTE SEITE:
Brauerei in Yatala, Queensland
(Foto oben)
In dieser Fabrik wird Zuckerrohr, ein wichtiges landwirtschaftliches Produkt Queenslands, verarbeitet
(Foto unten)

FOLGENDE DOPPELSEITE:
Tourismus ist einer der wichtigsten Wirtschaftszweige Queenslands. Die Gold Coast mit den Hotel- und Apartmentburgen von Surfers Paradise (oben) ist eine der beliebtesten Ferienziele in Australien. Auch die Whitsunday Region mit der vorgelagerten Inselwelt zieht jährlich zahllose Besucher an. In Airlie Beach hat man für die Gäste eine künstliche Lagune angelegt (unten). Im exklusiven Hayman Island Resort auf der gleichnamigen Insel trifft sich Geldadel, Prominenz und die internationale Schickeria (rechte Seite).

gegründet wurde, kam es auch zu einer Regierungsbildung. Unter der Verfassung von Queensland wurde ein Zweikammern-Parlament etabliert. Großbritannien hielt sich allerdings das Recht vor, Queenslands Gesetzgebung überstimmen zu können. Die erste Parlamentssitzung fand am 22. Mai 1860 statt. Das heutige Parlament Queenslands ist innerhalb des Staatenverbundes Australien einzigartig, weil es nur noch eine Kammer hat. Das Oberhaus wurde 1920 abgeschafft.

Die Landesregierung ist für die Bildung, das Gesundheitswesen, das Transportwesen, die Infrastruktur, die Rechtsdurchsetzung und verschiedene andere Angelegenheiten zuständig. Einzigartig unter den Staaten Australiens ist auch, dass das Parlament nicht für vier, sondern für drei Jahre gewählt wird. Vorgezogene Wahlen können vom Ministerpräsidenten ausgerufen werden. Allerdings muss der Gouverneur, der Repräsentant der englischen Königin, zustimmen. Der Staat wird von der Exekutive, bestehend aus dem Gouverneur und dem Kabinett, regiert. Der Regierungschef im Kabinett ist der Ministerpräsident.

WIRTSCHAFT

Die Wirtschaft von Queensland wird – wie in den meisten anderen Bundesstaaten und Territorien Australiens – vom Rohstoffsektor und der Landwirtschaft dominiert. In Queensland kommt noch eine boomende Tourismusindustrie hinzu, die entscheidend zum Bruttosozialprodukt des Bundesstaates beiträgt. Diese drei ökonomischen Stützpfeiler sorgen für einen erfreulichen wirtschaftlichen Aufschwung: So stieg das Bruttosozialprodukt zwischen 1992 und 2002 in größerem Maße als in allen anderen Staaten und Territorien Australiens.

Ein Blick auf die Primärindustrie zeigt, wo die Stärken des Bundesstaates liegen. Die Landwirtschaft Queenslands führt mit folgenden Produkten: Dank des subtropischen bis tropischen Klimas werden vorwiegend tropische Früchte, Erdnüsse, Getreide, Zuckerrohr und Baumwolle angebaut. Bei der Viehzucht erzielt man vor allem mit Rindern den höchsten Fleischgewinn.

Im Bergbau dominiert Kohle, die überwiegend im Hinterland von Rockhampton gewonnen wird; Bauxit aus Weipa auf der Cape-York-Halbinsel und Kupfer spielen zudem eine wichtige Rolle. Kein anderes Land der Welt förderte 2003 mehr Bauxit als Australien: Knapp 60 Millionen Tonnen dieses Gemenges aus Tonerdmineralien wurden in diesem Jahr gewonnen.

Die weiterverarbeitende Industrie Queenslands ist relativ gut entwickelt. In der Küstenstadt Gladstone wird Bauxit zu Aluminium veredelt. Auch Kupfer und Zucker werden in Queensland weiterverarbeitet. Als weiterer wichtiger Faktor kommt noch die Textilindustrie hinzu. Eindeutig die führende Branche und wirtschaftlicher Motor in Queensland ist aber der Tourismus. Gesegnet mit einem idealen Klima sowie außergewöhnlichen Naturschönheiten hat sich eine ausgefeilte, touristische Infrastruktur gebildet. Regionen wie die Gold Coast, die Whitsunday Islands oder der tropische Norden locken jährlich Millionen internationaler und nationaler Urlauber nach Queensland. Der Tourismus trägt mit weit über acht Milliarden Dollar jährlich entscheidend zum wirtschaftlichen Wohlstand Queenslands bei. Das entspricht etwa sechs Prozent des Bruttosozialprodukts. Die Tourismusindustrie beschäftigt weit über 136.000 Menschen: Das entspricht etwa 7,3 % der arbeitenden Bevölkerung.

RECHTE SEITE:
Mangroven auf Dunk Island

REGIONEN

FAR NORTH QUEENSLAND

Blick von Norden auf Cairns
(Foto oben);
Hafen von Cairns (Foto unten)

Der hohe Norden von Queensland umfasst die tropischen Gefilde zwischen dem Städtchen Ingham und der Spitze der Cape-York-Halbinsel. Das administrative Zentrum der Region ist Cairns (knapp 129.000 Einwohner). Die Stadt ist ein touristisches Zentrum: Sie bildet den Ausgangspunkt für Exkursionen und Ausflüge zum Great Barrier Reef, den tropischen Regenwäldern der Daintree-Region und auf das Atherton Tableland westlich der Stadt. Entlang des Great Barrier Reef reihen sich zahllose, zum Teil sehr exklusive Resortinseln wie Dunk und Bedarra Island, Green Island oder Lizard Island. Mit den weltbekannten Attraktionen des Riffes und den Regenwälder, die zum überwiegenden Teil in der Wet Tropics World Heritage Area unter dem Protektorat der UNESCO liegen, wundert es nicht, dass der Tourismus in Far North Queensland wirtschaftlich eine überragende Rolle spielt.

Die Nordspitze der Region wird durch die wilde und bis heute wenig erschlossene Cape York Peninsula gebildet. Die Halbinsel umfasst etwa 137.000 Quadratkilometer, ist aber mit einer Bevölkerung von ungefähr 18.000 Menschen, zum Großteil Aborigines, äußerst dünn besiedelt. Die Region teilt sich in Aboriginal-Reservate, riesige Nationalparks und Rinderstationen auf. An der Westküste liegt die Bergbaustadt Weipa, in deren Umfeld im großen Stil Bauxit für die Aluminiumgewinnung abgebaut wird. Die Zeiten des Goldbergbaus, in denen die Entdeckung von Goldfeldern am Palmer River einen Goldrausch ausgelöst hat, sind allerdings vorbei. Die Cape York Pen-

insula ist ein beliebter Spielplatz für Allradenthusiasten: Die Strecke von Cairns zum Kap, dem nördlichsten Punkt des australischen Kontinents, gilt als Muss für abenteuerlustige Besucher. Auf der Cape-York-Halbinsel finden sich bedeutende Naturreservate, wie der Lakefield National Park, der Iron

Range National Park oder der Jardin River National Park. Die Spitze der Halbinsel ist nur noch 140 Kilometer von Neuguinea entfernt. In der Torres Strait, die zwischen der Halbinsel und Neuguinea liegt, befindet sich das Archipel der Torres Strait Islands. Dieses gehört ebenfalls zu Queensland.

Während der Streifen der Ostküste von Far North Queensland, dank der Berge der Great Dividing Range, recht regenreich ist und tropische Üppigkeit besitzt, geht die Region Richtung Westen sehr schnell in trockene, tropische Savanne über. Nur in der Regenzeit fallen hier ergiebige Niederschläge. Diese weite Region, die sich bis zum Gulf of Carpentaria und zur Grenze zum Northern Territorium hinzieht, wird von riesigen Rinderstationen regiert. Der Südwesten allein umfasst nahezu 400.000 Quadratkilometer.

Die wichtigsten Orte in dieser Region sind Normanton (knapp 1500 Einwohner) und Burketown (235 Einwohner), das administrative Zentrum des riesigen Burke-Bezirks. Bereits in der Savannenregion liegt der Undara Volcanic National Park mit dem weltweit größten System an Lavahöhlen. Ganz im Westen befindet sich der wunderschöne Boodjamulla National Park, eine wasserreiche Oase inmitten endloser semi-arider Ebenen.

Südlich von Cairns liegt der Ort Tully (2500 Einwohner) in einer der regenreichsten Regionen Australiens. Die große und gebirgige Tropeninsel Hinchinbrook Island, die in ihrer Gesamtheit zum Hinchinbrook Island National Park erklärt wurde, gehört ebenfalls zum hohen Norden Queenslands.

VORHERIGE DOPPELSEITE:
Taucherparadies Great Barrier Reef

LINKE SEITE:
Staubig und nicht ungefährlich: Aussortieren von Rindern auf der Wrotham Park Station im Norden von Queensland. Die riesige Rinderstation rühmt sich ihrer wertvollen Zucht- und Fleischrinder.

FOLGENDE DOPPELSEITE:
Panoramablick von den Mulligan Falls über die Ostküste der gänzlich als Nationalpark geschützten Hinchinbrook Island. Entlang der Ostseite der gebirgigen Tropeninsel führt der viertägige Weitwanderweg des Thorseborn Trails.

Queensland 145

WIDE BAY BURNETT

Diese Küstenregion zieht sich von dem historischen Städtchen Maryborough (knapp 22.000 Einwohner) über Hervey Bay bis nach Bundaberg (über 50.000 Einwohner). Bundaberg liegt inmitten eines großen Zuckerrohranbaugebietes und ist bekannt für seinen gleichnamigen Rum. Die subtropische Stadt ist der Ausgangspunkt für Lady Elliot Island und Lady Musgrave Island, zwei Koralleninseln am Great Barrier Reef, die vor allem bei Tauchern beliebt sind. Etwa auf der Höhe von Bundaberg liegt das südliche Ende des riesigen Riffsystems, das sich entlang der Ostküste Queenslands bis in das Korallenmeer hinaufzieht.

Noch mehr als Bundaberg verdankt Hervey Bay (52.000 Einwohner) seine Existenz und sein nach wie vor ungebremstes Wachstum dem Tourismus. Gesegnet mit einem idealen subtropischen Klima zieht die Stadt Menschen aus ganz Australien an. Man sieht Hervey Bay allerdings an, dass die Stadt rapide zugenommen hat. Große Teile zeigen sich als formlose Urbanisierung nach amerikanischem Muster.

Die größte Trumpfkarte der Stadt ist Fraser Island, die größte Sandinsel der Welt und eine der touristischen Anziehungspunkte Queenslands. Die riesige Insel umfasst 1630 Quadratkilometer und ist nahezu vollständig aus Sand aufgebaut. Trotzdem hat sich auf der Insel eine dichte Vegetation mit riesigen Wäldern gebildet. Doch leider hat der Abbau von Mineralsanden und das Abholzen der Wälder seine Spuren hinterlassen. Heute ist der überwiegende Teil von Fraser Island als Nationalpark und Weltnaturerbe geschützt. Trotz des Abholzens können Besucher nach wie vor unter Baumriesen wandern – der sechstägige Weitwanderweg des Fraser Island Walks zieht sich über die Insel – und an zahlreichen Süßwasserseen wie dem berühmten Lake McKenzie baden. Am Abend kann man winzige Phosphorspuren im Sand leuchten sehen. Der 120 Kilometer lange Sandstreifen der Ostküste ist offiziell als Highway ausgewiesen. Die Insel, die Naturfreunde, Angler und Allradenthusiasten in Scharen anzieht, wird durch die Great Sandy Strait vom Festland getrennt und regelmäßige Autofähren bringen Besucher mit ihren Allradfahrzeugen auf die Insel.

Maryborough im Süden der Region ist bekannt für das bestens renovierte Stadtviertel des Wharf Precincts und die im Queenslandstil erbauten Häuser, die auf allen vier Seiten von einer überdachten Veranda umgeben sind.

LINKE SEITE:
Holzplankenweg an der Missionary Bay auf Hinchinbrook Island (Foto oben).
Die Region um Hinchinbrook Island zeichnet sich durch große Niederschlagsmengen und tropisches Klima aus. Auf der Insel befinden sich weitläufige Regenwaldgebiete (Foto unten).

Schiffswrack am Strand von Fraser Island

GLADSTONE-REGION

Die Region um die Küstenstadt Gladstone (29.000 Einwohner) liegt gerade noch südlich des Wendekreises des Steinbocks. Gladstone wird dominiert von der Schwerindustrie und ist Queenslands wichtigster Erzhafen. Über diesen Hafen verlassen etwa 30% der Gesamtexportgüter Queenslands den Bundesstaat. Riesige Aluminiumschmelzen und Raffinerien prägen das Bild der Industriestadt. Doch neben dieser industriellen Seite gibt es eine weitere: Gladstone ist Ausgangspunkt für eine der schönsten Inseln entlang des Great Barrier Reefs: Heron Island. Entweder mit dem Boot oder dem Hubschrauber werden Besucher zum Urlaubsresort gebracht. Heron Island ist bekannt für seinen Vogelreichtum. Sturmtaucher und Seeschwalben nisten in großen Kolonien auf der Insel. Meeresschildkröten kommen jedes Jahr hierher, um an den sandigen Stränden ihre Eier abzulegen. Es überrascht daher nicht, dass Heron Island mit Ausnahme des Resortgeländes zum Nationalpark erklärt wurde. Und der Naturreichtum zu Lande setzt sich überdies auch unter Wasser fort: Die Koralleninsel gilt deshalb als ideales Ziel für Taucher und Schnorchler.

Das Hinterland von Gladstone wird für Rinderzucht genutzt. Drei kleine Nationalparks, der Kroombit Tops National Park, der Castle Tower National Park und der Cania Gorge National Park, schützen einzigartige Naturenklaven.

MACKAY-REGION

Die Region um die Universitätsstadt Mackay (über 82.000 Einwohner) wird durch Zuckerrohranbau, Regenwald-Nationalparks und die einzigartige Inselwelt der Whitsunday Islands geprägt. Mackay wird in Queensland gerne als die Zuckerhauptstadt bezeichnet, denn etwa ein Drittel von Australiens Rohrzucker wird hier produziert. Die Stadt ist zudem der wichtigste Kohleverladehafen für die riesigen Kohlebergwerke im Hinterland. Etwa 80 Kilometer von Mackay liegt der berühmte Eungalla National Park, der tropische und subtropische Regenwälder schützt und eine wichtige Touristenattraktion der Region darstellt.

Absolutes touristisches Glanzlicht der Mackay-Region ist allerdings der nördlich der Stadt gelegene Archipel Whit-

VORHERIGE DOPPELSEITE:
Wharf Street in Maryborough (Foto links);
Nostalgischer Fliar im Brennan&Geraghty's Store in Maryborough (Foto rechts)

FOTO LINKS:
„The Cathedrals" – Sandklippen in wunderschönen Farben – auf Fraser Island

FOTO RECHTS OBEN:
Traumhafte Kulisse am Whitehaven beach auf Whitsunday Island

FOTO RECHTS UNTEN:
Die andere Art der Fortbewegung: Wasserflugzeug am Whitehaven Beach

Poolrestaurant auf Hamilton Island. Die touristische Hauptinsel der Whitsunday Islands hat einen Flughafen und zahllose Resorts sowie Hotelburgen.

sunday Islands. Über die geografischen Grenzen der großen Inselgruppe wird immer noch debattiert. Laut moderner Karten umfasst die Whitsundaygruppe nur Hayman Island mit seinem Luxusresort, die große Whitsunday Island, Hamilton Island, das touristische Zentrum der Inseln, die Resortinseln South Molle Island und Long Island sowie ein paar kleine Inseln. Heutzutage wird allerdings die Bezeichnung Whitsunday allgemein im Zusammenhang mit den Cumberland Islands benutzt. Diese umfassen insgesamt etwa 150 Inseln, einschließlich der Whitsunday-Gruppe.

Ohne Zweifel stellt der große Archipel eines der schönsten und bedeutendsten Ferienziele Australiens dar. Eine ausgeklügelte Infrastruktur mit zahllosen Resorts, Segelbootverleihen, Kreuzfahrten sowie Veranstaltern, die die verschiedensten Aktivitäten, wie zum Beispiel Angeln anbieten, machen die Inselregion touristisch äußerst attraktiv. Trotz der Orientierung in Richtung Tourismus haben die allermeisten Inseln ihre einzigartige Natur erhalten. Bis auf wenige Ausnahmen sind alle Inseln, abgesehen von dem unmittelbaren Resortgelände, als Nationalparks geschützt. Ein weiteres Plus der Inseln ist die Nähe zum Great Barrier Reef. Vor allem Hardy und Hook Reef sind Ziel von Ausflugsbooten und Tauchunternehmen.

VORHERIGE DOPPELSEITE:
Känguruh am Strand des
Whitsunday Wilderness Lodge
auf Long Island

FOTO RECHTS:
Peppers Resort auf Long Island

RECHTE SEITE:
Glaskuppel im Botanischen
Garten von Brisbane

Glockenturm der
City Hall in Brisbane

DER NORDEN

Die Hafen- und Universitätsstadt Townsville spielt die zentrale Rolle in der Region. Obwohl sie an der tropischen Küste Queenslands liegt, erfreut sich Townsville eines relativ trockenen Klimas. Die ständig wachsende Stadt (etwa 165.000 Einwohner) wird dominiert von dem Granithügel des Castle Hill, der eine Höhe von 292 Metern hat. Townsville besitzt einen wichtigen Industriehafen über den unter anderem Erze, landwirtschaftliche Produkte und Düngemittel exportiert werden. Townsville ist darüber hinaus ein wichtiger Standort des australischen Militärss.

Vor Townsville liegt Magnetic Island. Der Name der Insel rührt daher, dass Captain James Cooks Kompass verrückt spielte, als er die Insel entdeckte. Magnet Island umfasst 52 Quadratkilometer und ist Heimat für etwa 2000 dauerhaft dort lebende Einwohner. Die Insel ist ein beliebtes Ferienziel für Familien, die durch günstige Preise und wunderschöne Strände angelockt werden. Ein Großteil der Insel ist als Magnetic Island National Park geschützt. Das Bild vom tropischen Paradies bekommt allerdings Risse aufgrund der Tatsache, dass die Insel die größte Dichte an äußerst giftigen Todesottern in ganz Australien besitzt. Und dennoch: In jüngster Zeit wurden ein neuer Hafen und neue Resorts auf der Insel gebaut.

DER NORDWESTEN

Der riesige Nordwesten des Bundesstaates Queensland ist etwa doppelt so groß wie Großbritannien und es leben über 40.000 Menschen in dieser sonnendurchglühten Region. Mehr als die Hälfte davon leben in der Bergwerkstadt Mt. Isa. Hier wird eine riesige Zink- und Bleilagerstätte abgebaut, die etwa 28% der bekannten Reserven der Welt umfasst. Im semi-ariden Outback Queenslands haben sich zudem große Rinderstationen etabliert.

SÜDOST-QUEENSLAND

Die Südostecke Queenslands wird durch mehrere große Bevölkerungszentren geprägt. Abgesehen von Brisbane, der Hauptstadt Queenslands, sind dies in erster Linie die Gold Coast – ein etwa 50 Kilometer langer Küstenstreifen zwischen Coolangatta und Southport. Hier leben weit über eine halbe Million Menschen. Die Orte und Städte entlang der Gold Coast sind in der City of Gold Coast zusammengefasst. Die wichtigsten sind Coolangatta (4000 Einwohner) an der Grenze zu New South Wales, Burleigh Heads, Surfers Paradise (24.000 Einwohner) und Southport. Die Gold Coast formt Queenslands beliebteste Ferienregion, die jährlich Millionen Menschen anzieht. Neben den endlosen

Stränden und dem wilden Nachtleben bilden die sogenannten „Theme Parks" wie Movie World, Dream World oder Sea World große Attraktionen. Das gebirgige Hinterland der Gold Coast ist eine weitere touristische Trumpfkarte. Vor allem der Springbrook National Park und der Lamington National Park, in denen subtropische Regenwälder geschützt sind, locken zahlreiche Wanderer und Naturfreunde an.

Die Küste vor Brisbane wird von vier großen Sandinseln dominiert: South und North Stradbroke Island, Moreton Island und Bribie Island. Moreton Island ist bis auf einen schmalen Küstenstreifen an der Ostküste als Nationalpark geschützt.

Nördlich von Brisbane schließt sich die Sunshine Coast an. Hier leben und arbeiten weit über 280.000 Menschen. Die wichtigsten Städte entlang dieses Küstenstreifens sind Calundra (ca. 23.000 Einwohner), Maroochydore (29.000 Einwohner) und Noosa (18.000 Einwohner). Vor allem Noosa hat sich zu einem wichtigen Ferienzentrum entwickelt.

FOTO LINKS OBEN:
Wolkenkratzer in Brisbane

FOTO LINKS UNTEN:
ANZAC War Memorial in Brisbane wurde 1934 zum Andenken an die Australier, die im Ersten Weltkrieg ihr Leben verloren haben, errichtet.

Berühmtes Wahrzeichen von Brisbane: die Story Bridge

BRISBANE

Im Jahr 1823 beauftragte der damalige Gouverneur von New South Wales den Vermesser John Oxley, das so gut wie unbekannte Land nördlich der Liverpool Plains zu erforschen. Oxleys Aufgabe war es in erster Linie, einen geeigneten Standort für ein neues Straflager zu finden. Seine Wahl fiel auf die Moreton Bay, und bereits 1824 kamen die ersten Soldaten und Strafgefangenen hier an.

Die anhaltenden Feindseligkeiten der Aborigines und der Mangel an Trinkwasser zwang sie jedoch dazu, weiter nach Süden zu ziehen. Schließlich gründeten sie das Strafgefangenenlager am Ufer des Brisbane Rivers und schufen so die Keimzelle für die heutige Stadt Brisbane. Mit der Ankunft freier Siedler im Jahre 1842 begann sich die Siedlung allmählich von New South Wales loszusagen und am 10. Dezember 1859 wurde der Staat Queensland proklamiert.

Spazierweg am Ufer des Brisbane River, der in einem weiten Bogen durch die Stadt fließt

Aus dem einstigen Straflager hat sich eine moderne, lebenswerte und lebendige Stadt entwickelt. Brisbane ist nicht nur die Hauptstadt Queenslands, sondern auch das Finanz- und Wirtschaftszentrum des Bundesstaates. Sie besitzt einen internationalen Flughafen und ist das Einfallstor zum touristisch wichtigen Bundesstaat Queensland. Lange Zeit nur Durchgangsstation zu der südlich der Stadt gelegenen Gold Coast oder der nördlich gelegenen Sunshine Coast, entdecken heute immer mehr Besucher den Reiz von Queenslands Hauptstadt selbst.

In der von der Sonne verwöhnten Stadt am Brisbane River wurden – begünstigt durch das feuchte, subtropische Klima – üppige Parks und Gärten angelegt, die dazu beitragen, dass Brisbane so lebenswert ist. Auch das Freizeit- und Unterhaltungsprogramm der 1,8-Millionen-Metropole lässt nichts zu wünschen übrig.

Tor zu einer der Fähren, die den Verkehr über den Brisbane River bewerkstelligen.

VORHERIGE DOPPELSEITE:
Der Eagle Street Pier mit seinen Restaurants in der Innenstadt von Brisbane. Hier legen die Ausflugsdampfer und Fähren, die auf dem Brisbane River verkehren, an.

South Bank ist Brisbanes lebendiges und quirliges Szeneviertel.

Einen guten Überblick über die Lage der Stadt bekommt man vom 284 Meter hohen Gipfel des Mount Coot-tha, acht Kilometer westlich des Stadtzentrums. Von dort schaut man auf die City mit ihren Hochhäusern und die umliegenden Vorstädte.

Das Zentrum von Brisbane liegt auf einer Halbinsel, die von einer mächtigen Flussschleife des Brisbane Rivers begrenzt wird. Die Spitze dieser Halbinsel nehmen der Botanische Garten und das Gelände der Queensland University of Technology ein.

Hier steht auch das 1868 im französischen Renaissancestil erbaute Parliament House. Dahinter ragen die Wolkenkratzer der Banken und Geschäftszentren auf. Direkt gegenüber, auf der anderen Seite des Flusses, erstreckt sich das Gelände der Weltausstellung Expo 1988. Die großzügigen Gartenanlagen und Pavillons bereichern heute noch das Stadtbild.

Wie alle australischen Städte ist Brisbane eine junge Stadt, in der sich historische Gebäude mit modernen mischen. Unweit des Parlaments, an der George Street, befinden sich The Manisons, ein Gebäudekomplex mit zahlreichen Restaurants und Boutiquen im neoklassizistischen Stil. Die liebevoll restaurierten Commissariat Stores liegen in einer Parallelstraße, der William Street. Sie gelten als das

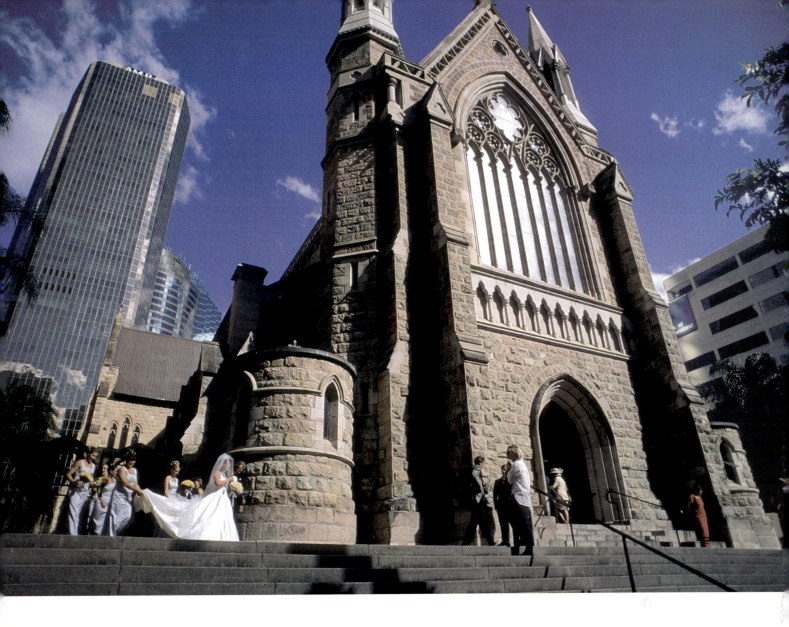

erste Steingebäude der Stadt und wurden von Strafgefangenen errichtet. Heute beherbergen sie die Royal Historical Society of Queensland. Nur wenige Schritte weiter bilden die Queens Gardens eine grüne Oase inmitten der geschäftigen City.

Die Williams Street mündet in die Queens Street, die sich stadteinwärts in eine Fußgängerzone verwandelt. Zahlreiche Palmen, Sonnenschirme und Straßencafés verleihen der Einkaufsmeile eine angenehme Atmosphäre. Das sechsstöckige Myer Centre ist der größte Geschäftskomplex der Stadt. Folgt man der Queens Street Mall im Herzen der City weiter, erreicht man am anderen Ende das Main Post Office ein imposantes, neoklassizistisches Gebäude.

Schräg gegenüber steht das mächtige St. Stephen's Cathedral. Der Bau der ältesten Kirche Brisbanes begann 1850, die Einweihung des im neugotischen Stil erbauten Gotteshauses erfolgte allerdings erst 24 Jahre später.

Der durch die Stadt fließende Brisbane River ist in den Tagsablauf der Stadt eingebunden. Fähren überqueren das mächtige Gewässer und Ausflugsfahrten werden angeboten.

Hochzeitsgesellschaft vor der St. Stephen's Cathedral, der ältesten Kirche in Brisbane

CAPRICORN-REGION

Diese abwechslungsreiche und wohlhabende Region erstreckt sich von der Stadt Rockhampton ins Landesinnere. In Rockhampton (knapp 60.000 Einwohner) dreht sich fast alles um die behörnten Fleischlieferanten, daher nennt sie sich gerne Australiens Rinderhauptstadt. Mehrere lebensgroße Statuen von Bullen in der Stadt unterstreichen diesen Anspruch. Rockhampton erstreckt sich entlang des Fitzroy River und befindet sich damit gerade nördlich des Wendekreises des Steinbocks. Sie liegt damit offiziell in den Tropen.

Rockhampton bildet eine wichtige Versorgungsstadt für die umliegenden Rinderstationen. Die Region wurde ursprünglich besiedelt, nachdem Gold, Kupfer und große Vorkommen von Saphiren in der Nähe der Stadt Emerald und dem Ort Anakie entdeckt wurden. Heutzutage spielen im Bergbau vor allem die Kohlevorkommen der Region bei Blackwater eine wichtige Rolle, während die Edelsteinfelder Touristen anlocken, die hier ihr Glück versuchen wollen. Seit Beginn der europäischen Besiedlung ist die Rinderhaltung dominierend. Dazu wurden weite Teile der Region entwaldet und in Weiden umgewandelt. Von der ursprünglichen Natur ist nur noch wenig erhalten. Die Ausnahme bildet der Blackdown Tableland National Park.

Südwestlich davon, bereits in den trockenen Weiten Zentralqueenslands, befindet sich eines der schönsten und dramatischsten Naturreservate des Bundesstaates: der Carnarvon Gorge National Park. Das riesige Reservat, bereits 1932 zum Nationalpark erklärt, umfasst 298.000 Hektar des Consuelo Tablelands, ein gewaltiges Sandsteinplateau. Es ist in sieben Sektoren gegliedert: Goodliffe, Salvator Rosa, Ka Ka Mundi, Buckland Tableland, Mount Moffat, Moolayember und Carnarvon Gorge. Die Carnarvon Gorge bildet den bekanntesten Sektor des Parks und stiehlt den anderen, nur mit Allrad zugänglichen Bereichen des Parks eindeutig die Schau. Neben der außergewöhnlichen Schönheit der Schlucht sind es vor allem die relativ einfache Zufahrt und die bestehende Infrastruktur, die die Carnarvon Gorge zum Kernpunkt und Aushängeschild des Parks werden ließ. In der geschützten Carnarvon Gorge hat sich eine außergewöhnliche Reliktvegetation erhalten und an verschiednen Stellen sind die Sandsteinwände mit Ritzzeichnungen und Felsmalereien der Aborigines übersät.

DER SÜDWESTEN

Oft auch als Queenslands Outback bezeichnet, zeigt sich die Region südlich von Mount Isa bis zur Grenze zu Südaustralien arid oder semi-arid. Im Westen fügt sich das Northern Territory an. Im Osten bildet der Matilda Highway mit dem Ort Winton – berühmt wegen zahlreicher Dinosaurierfossilien, die in der Umgebung gefunden wurden – und Longreach (3700 Einwohner) die Grenze. In Longreach zieht die Stockman's Hall of Fame und das Qantas Founders Outback Museum Besucher an. Im menschenleeren Inneren der Region dagegen gibt es nur zwei nennenswerte Orte: Boulia (unter 300 Einwohner), berühmt für das einmal im Jahr stattfindende Kamelrennen, und Birdsville (102 Einwohner). Der winzige Ort schwillt einmal im Jahr auf etwa 6000 Menschen an. Dann finden die berühmten Birdsville Races statt. Birdsville war einst der Ausgangspunkt für den berüchtigten Birdsville Track, über den die Viehherden von den Rinderstationen Südwest-Queenslands durch die Wüsten Südaustraliens nach Marree getrieben wurden. Birdsville liegt am östlichen Ende der Simpson Desert, eine gewaltige Wüste mit parallel verlaufenden Sanddünen, die sich ins Northern Territory und nach Südaustralien hineinzieht.

Ein wichtiges geografisches Merkmal der Region ist das sogenannte Channel Country. Hier ziehen sich die zahllosen, meist trockenen Flussarme des Cooper Creek und des Diamantian River Richtung Lake Eyre in Südaustralien. Diese gewaltigen Flusssysteme fluten, wenn es wegen eines tropischen Wirbelsturms in den Einzugsgebieten zu schweren Niederschlägen kommt. Die Wassermassen fließen dann zum Lake Eyre ab und füllen diesen teilweise oder – ganz selten – völlig. Ein Teil des Diamantine-Flusssystems ist als Diamantina National Park geschützt. Ganz in der Nähe liegt auch der Astrebla Downs National Park. Der abgelegene Nationalpark hat keinen Straßenzugang und ist für die Öffentlichkeit gesperrt. In dem riesigen Reservat lebt der vom Aussterben bedrohte Bilby (Kaninchennasenbeutler). Über das Outback Queensland verstreut liegen zahllose Rinderstationen.

Das trockene Innere Queenslands wird in erster Linie landwirtschaftlich genutzt. Hier haben sich große Farmen und Rinderzuchtstationen angesiedelt.

Queensland 171

SÜDAUSTRALIEN

GEOGRAFIE

Mit einer Fläche von knapp unter einer Million Quadratkilometern bildet Südaustralien den viertgrößten Bundesstaat des Antipodenkontinents. Südaustralien liegt, wie der Name schon erahnen lässt, im Süden Australiens. Im Osten wird der Bundesstaat von Victoria, New South Wales und Queensland begrenzt, im Westen gänzlich durch Westaustralien. Die nördliche Abgrenzung teilen sich Queensland und das Northern Territory. Im Süden bildet der Südliche Ozean die Grenze des Bundesstaates. Die Hauptstadt Südaustraliens ist Adelaide, in der mit über einer Million Einwohner ein Großteil der knapp 1,5 Millionen Südaustralier lebt. Weitere erwähnenswerte Städte sind Port Pirie, Port Augusta und Whyalla, die sich alle drei um das obere Ende des Spencer Gulfs gruppieren, sowie die reiche Thunfischstadt Port Lincoln an der Südspitze der Eyre Peninsula.

Trotz seiner Lage in den eher gemäßigten Klimazonen im Süden des Kontinents, ist ein Großteil des Staates arid oder semi-arid. Nur einige Gebiete ganz im Süden – um Adelaide und der Fleurieu Peninsula sowie Kangaroo Island und die südlichen Teile der Yorke- und Eyre-Halbinseln – verzeichnen nennenswerte Niederschläge und landwirtschaftliche Nutzflächen auf.

Ein wichtiges geografisches Schaustück Südaustraliens sind die Flinders Ranges. Das Wüstengebirge beginnt etwa auf der Höhe von Crystal Brook und zieht sich in einem weiten Bogen in die ariden Weiten zwischen den Salzseen Lake Torrens und Lake Frome hinauf. Mit dem 1165 Meter

Blick von der Morphett Street Bridge über den Torrens River auf Adelaide

hohen St. Mary Peak im Flinders Ranges National Park erreicht das Gebirge seinen Kulminationspunkt. Der höchste Gipfel des Landes jedoch, der Mount Woodroffe (1435 m), liegt in den Musgrave Ranges im äußersten Nordwesten Südaustraliens. Dieser Gebirgszug zusammen mit der Mann Range liegt in dem riesigen Anangu Pitjantjatjara Aboriginal Reservat.

LINKE SEITE:
Flinders Ranges nahe Glass Gorge (Foto oben);
Red Barred Dragon (Ctenophorus vadnappa) im Flinders Ranges Nationalpark

Abgesehen von den Flinders Ranges und den Gebirgszügen im Nordwesten weist die Topografie Südaustraliens kaum nennenswerte Erhöhungen auf. Ein Großteil der Staatsfläche besteht aus Wüsten mit riesigen Salzseen. Der Lake Eyre ist mit 9500 Quadratkilometern nicht nur der größte Salzsee, sondern stellt mit seinen gigantischen Ausmaßen Australiens größten See überhaupt dar. Meist ist der Lake Eyre trocken, überzogen von einer schimmernden Salzschicht. Nur gelegentlich, nach Wirbelstürmen in Queensland, füllt sich das Becken, in dem sich auch mit 15 Metern unter dem Meeresspiegel Australiens tiefster Punkt befindet.

Der überwiegende Teil Südaustraliens wird durch folgende Wüsten gebildet: Im Osten ist es die Strzelecki Desert, die dann Richtung Westen in die Sturt Stony Desert übergeht. Der zentrale Bereich im Norden des Bundesstaates wird durch die Sandwüste der Simpson Desert, der Tirari Desert, der Pedirka Desert sowie den ausgeschlachteten und öden Weiten um die Opalstadt Coober Pedy und Woomera gebildet. Im Westen dann setzen die Great Victoria Desert und die Nullabor-Ebene das Thema Wüste und Outback fort.

Südaustralien zeichnet sich durch semi-arides bis arides Klima aus. Große Trockenheit im Sommer mit Temperaturen weit über 40 °C sind keine Seltenheit.

KLIMA

Südaustralien ist mit wenigen Ausnahmen semi-arid oder arid. Nur im Süden, vor allem in den Adelaide Hills um Adelaide und Kangaroo Island, ist das Klima relativ gemäßigt. Adelaide ist die trockenste Stadt Australiens, daher sind Hitzewellen im Sommer, aber auch relativ kalte Perioden im Winter normal. Die jährlichen Durchschnittstemperaturen Südaustraliens pendeln zwischen 29 Grad im Sommer und 15 Grad im Winter. Im wüstenhaften Inneren Südaustraliens erreichen die Temperaturen im Sommer oft weit über 40 Grad. Den Rekord hält der Ort Oodnadatta mit 50,7 Grad. Die niedrigsten Temperaturen werden dagegen regelmäßig in dem knapp 200 Kilometer nördlich von Adelaide gelegenen 80-Seelen-Dorf Yongala gemessen. Dort fiel das Thermometer im Juli 1976 auf −8,2 Grad.

GESCHICHTE

Im Gegensatz zu den meisten anderen Bundesstaaten Australiens begann die europäische Geschichte Südaustraliens nicht als Strafkolonie, sondern als eine britische Provinz, die von freien Siedlern gegründet würde. Basierend auf den Theorien von Edward Gibbon Wakefield, einem dubiosen Engländer, standen Bürgerrechte und religiöse Toleranz im Zentrum seiner Vorstellung von einem Zivilisationszentrum, das von freien Einwanderern gegründet wurde. Dieses liberale Gedankengut hat sich bis in das heutige Südaustralien erhalten.

Am Montefiore Hill hat man ein Monument zum Gedenken an den Verrmesser Colonel William Light errichtet. Von dieser Anhöhe aus hat man einen schönen Blick über Adelaide.

Die ersten 636 Siedler, die Südaustralien erreichten, gründeten eine vorübergehende Siedlung auf Kangaroo Island, um dort abzuwarten, bis der endgültige Standort der Kolonie festgelegt wurde. Diese Aufgabe fiel dem Vermesser Colonel William Light zu, der dann die Region, in der das heutige Adelaide liegt, als Standpunkt der Kolonie wählte.

Im November 1836 landeten die ersten Siedler von Kangaroo Island aus in der Holdfast Bay von Glenelg, dem heutigen Küstenvorort Adelaides. Ein Monument erinnert dort an dieses wichtige Ereignis.

Die junge Kolonie tat sich anfangs allerdings schwer, auf die Beine zu kommen. In den ersten Jahren stützte sich die südaustralische Wirtschaft auf nur ein Produkt: Wolle. Der Aufbau einer produktiven Landwirtschaft wurde behindert, weil unvermessenes Land an sogenannte „Squatters" (Landbesetzer) vermietet wurde, mit der Option, dass sie das Land nach der Vermessung kaufen. Die meisten nahmen diese Option wahr, mit der Folge, dass für die in die Kolonie kommenden Bauern kaum noch produktives Land vorhanden war.

Um die Landwirtschaft dennoch voranzubringen, wurde vor allem der Anbau von Weizen gefördert. Diese Maßnahme entwickelte sich trotz aller anfänglichen Hürden schnell zu einem großen Erfolg. Bereits gegen Ende des 19. Jahrhunderts galt Südaustralien als die Kornkammer des gesamten Kontinents. Parallel dazu wurde früh der Grundstock für die heute weltbekannte, südaustralische Weinindustrie gelegt. Das berühmte Barossa Valley, nordöstlich von Adelaide, und das McLaren Vale auf der Fleurieu Peninsula südlich von Adelaide waren die ersten Standorte für den Weinanbau. Parallel zur Einrichtung einer blühenden Landwirtschaft fand die Suche nach Rohstoffen statt. Kapunda nördlich von Adelaide und später Burra weiter im Norden waren 1842 und 1845 Schauplätze der ersten Kupferfunde. Später wurde Kupfer in Wallaroo und Monta auf der Yorke Peninsula westlich von Adelaide entdeckt. Die Goldfunde im benachbarten Victoria entpuppten sich allerdings erst einmal als ein zweischneidiges Schwert für Südaustralien. Zum einen lockten die Goldfelder zahllose Südaustralier in den Nachbarstaat – mit der Folge, dass Arbeitskräfte knapp wurden. Zum anderen stieg der Bedarf an Weizen deutlich an, und als die erfolgreichen Glücksritter mit ihren Reichtümern nach Südaustralien zurückkehrten, gab dies der Wirtschaft Aufschwung.

Das Jahr 1856 war ein wichtiges Jahr in der Geschichte Südaustraliens und führte zu einer Änderung im Status der Kolonie. Mit der Unterzeichnung einer neuen Verfassung konnte sich die Kolonie von nun an selbst verwalten. 1857 wurde ein Zweikammern-Parlament gewählt.

In den 1890er-Jahren kam es zu einem zweifachen Rückschlag für Südaustralien. Zum einen erlebte der Bundesstaat – wie auch New South Wales und Victoria – eine schwere wirtschaftliche Depression. Zum anderen sorgte eine lang anhaltende Dürre für große Probleme in der Landwirtschaft.

Das Barossa Valley war einer der ersten Standorte für Weinanbau in Südaustralien. Heute wird der Wein aus dieser Gegend in alle Welt exportiert.

Der Ausbruch des Ersten Weltkrieges bildete auch für Südaustralien ein einschneidendes Ereignis. Zwischen den Weltkriegen wurde, wie auch in anderen Staaten Australiens, der Nachkriegsboom abrupt von der Großen Depression in den dreißiger Jahren unterbrochen.

In den fünfziger Jahren testete die britische Regierung im desolaten Westen Südaustraliens Atombomben. 1953 fand der erste Atomtest auf australischem Boden bei Emu Junction statt, weitere Tests folgten bei Maralinga.

Um das zögernden Bevölkerungswachstum Südaustraliens zu beschleunigen und die Wirtschaft anzukurbeln, wurden zwischen 1947 und 1973 weit über 200.000 Immigranten nach Südaustralien geholt. Trotzdem blieb der Bundesstaat wegen seiner begrenzten wirtschaftlichen Möglichkeiten und der harschen Umwelt einer der am dünnsten besiedelten Staaten des Antipodenkontinents.

GESELLSCHAFT

Neben britischen Einwanderern spielten unter anderem deutsche Einwanderer aus Schlesien in der jungen Kolonie ein wichtige Rolle. Im Baroosa Valley, heute eines der bekanntesten Weinanbaugebiete, kamen die beiden Volksgruppen zusammen. Während die Engländer in den Hügeln große Gestüte errichteten, begannen die Deutschen – die aus religiösen Erwägungen ihre Heimat verlassen mussten – mit dem Weinanbau. Deutsche Aussiedler gründeten nicht nur im Baroosa Valley, sondern auch in den Hügeln um Adelaide neue Existenzen. Während viele Dörfer in den Jahren des Ersten Weltkrieges ihre deutschen Namen aufgaben und Aboriginalnamen annahmen, zeugen Orte mit Namen wie Hahndorf oder Lobenthal nach wie vor von der Existenz deutscher Siedler und der wichtigen Rolle, die sie bei der Entwicklung Südaustraliens spielten.

LINKE SEITE:
Cliff Coulthart, ein Ältester des Adnyamathanha-Volkes in den Flinders Ranges, wurde im Pitjantjatjara Reservat im Nordwesten Südaustraliens initiiert. Hier leben die Aborigines des Bundesstaates noch am traditionellsten.

Der Winzer der Skillogalee Winery im Clare Valley entnimmt eine Probe. Neben dem Barossa Valley nimmt das Clare Valley einen Spitzenrang unter den südaustralischen Anbaugebieten ein.

Die Obst- und Gemüseregion nördlich von Adelaide dagegen ist fest in der Hand von Australiern mit italienischer oder griechischer Abstammung. Trotz dieser Verbindungen nach Europa zeigt sich Südaustralien weit weniger multikulturell als vergleichsweise New South Wales oder Victoria.

Die Südaustralier gelten, wie die meisten Australier, als sportbegeistert, wobei Australian Rules Football die beliebteste Sportart in dem Bundesstaat ist. Trotz der Begeisterung für diese und andere Körperertüchtigungen hat Südaustralien statistisch die älteste Bevölkerung des Landes. Zudem muss sich der Bundesstaat mit einem Bevölkerungsschwund herumschlagen: In den letzten Jahren überstieg die Zahl der „Auswanderer" die Anzahl der „Immigranten".

Einstige Einwanderer aus Italien und Griechenland haben heute fast den gesamten Obst- und Gemüseanbau in Südaustralien unter ihrer Kontrolle.

Mit dem Anangu Pitjantjara Aboriginal Land in der wüstenhaften Nordwestecke von Südaustralien besitzt Südaustralien ein Reservat, in dem australische Ureinwohner noch relativ traditionell leben können.

POLITIK

Wie alle anderen australischen Bundesstaaten ist Südaustralien eine konstitutionelle Monarchie mit der englischen Königin als Staatsoberhaupt. Die politische Macht liegt aber im Parlament, das aus zwei Kammern besteht: dem Ober- und dem Unterhaus. Alle vier Jahre finden Wahlen statt. Premier wird der Parteiführer jener Partei, die bei den Wahlen die Stimmenmehrheit erhält.

Was heute auf soliden demokratischen Füßen steht, hatte recht undemokratische Anfänge: Einst besaß der Gouverneur von Südaustralien uneingeschränkte Macht. Er war nur der British Colonial Office rechenschaftspflichtig. Das änderte sich auch nicht, als 1843 der sogenannte Legislative Councel gegründet wurde, der aus drei Vertretern der britischen Regierung und vier vom Gouverneur bestimmten Kolonisten bestand. Deren Hauptaufgabe war es, eine neue Verfassung zu erarbeiten. Dies markierte den Beginn einer mündigen Regierung in Südaustralien. Allerdings blieb das Wahlrecht für die 16 Mitglieder des 24 Mitglieder umfassenden gesetzgebenden

Organs erst einmal auf reiche männliche Kolonisten beschränkt. Die restlichen acht Mitglieder wurden nach wie vor vom Gouverneur bestimmt. Der von den 24 Mitgliedern erarbeitete Verfassungsentwurf entpuppte sich dann als der demokratischste innerhalb des britischen Weltreichs: Er enthielt das Wahlrecht für Männer und kreierte das Zweikammernparlament. Zum ersten Mal in der Geschichte des Bundesstaates wurde die Führung vom Volk gewählt. 1894 gestand Südaustralien als erste australische Kolonie auch den Frauen das Stimmrecht zu.

WIRTSCHAFT

Die wichtigsten Stützen der südaustralischen Wirtschaft sind, wie in praktisch allen anderen Staaten und Territorien Australiens, in erster Linie die Landwirtschaft und der Bergbau. In Südaustralien kommt jedoch noch eine starke herstellende Industrie dazu. Vor allem in Adelaide liegt der Schwerpunkt auf der australischen Autoindustrie, einem wirtschaftlichen Sektor, der allerdings von konstanten Problemen geplagt wird und bisher nur durch großzügige Subventionen seitens der australischen Regierung überleben konnte. Das Damoklesschwert der Entlassung zahlloser Angestellter hängt ständig über den Werken. In Adelaide montiert zum Beispiel der nun zum amerikanischen Autokonzern General Motors gehörende australische Autohersteller Holden seine Fahrzeuge. Insgesamt findet etwa 44% der australischen Autoproduktion in Südaustralien statt. Auch Mitsubishi, Toyota und Ford sind vertreten. Gemeinsamkeit aller ist, dass sie mehr oder weniger regelmäßig daran denken, aus dem immer unrentabler werdenden australischen Automarkt auszutreten. Wirt-

Die Opalfelder von Coober Pedy, in denen ein Großteil der Opale Australiens gewonnen werden.

schaftlich wäre das für Südaustralien, aber auch für ganz Australien ein schwerer Schlag. Mit einem möglichen Verlust von bis zu 80.000 Arbeitsplätzen könnte dies auch politisch für Zündstoff sorgen. Denn die weiteren Stützen der herstellenden Industrie – Pharmaindustrie und Verteidigungstechnologie – werden diese Einbußen nicht auffangen können.

Obgleich Südaustralien ist wie kein anderer Bundesstaat vom Export abhängig ist, kann er dennoch auf eine relativ gesunde Wirtschaft blicken. Dies hat der Bundesstaat vor allem dem Bergbau zu verdanken. In jüngster Zeit sorgten gewaltige Erzfunde bei Roxby Downs, 550 Kilometer nördlich von Adelaide, für einen Boom. Die riesige Olympic Dam Mine dort gilt als das größte Kupfer-Uran-Bergwerk der Welt.

Die Landwirtschaft stützt sich vor allem auf Weizen, Wein, Fleisch (Rind und Schaf) sowie Wollprodukte. Auch die Fischerei trägt das ihre zum Bruttosozialprodukt bei.

REGIONEN

ADELAIDE UND UMGEBUNG

Nach Osten hin wird Adelaide von den Adelaide Hills, die zu den Mount Lofty Rangens zählen, begrenzt. Mehrere kleine Conservation Parks und der Belair National Park schützen die letzten Naturenklaven des Gebirgszuges. Die Mount Lofty Ranges ziehen sich südlich von Adelaide entlang

Leuchtturm von Robe, einem kleinen Küstenort südöstlich von Adelaide

der anschließenden Fleurieu Peninsula. Auf der Halbinsel liegt das bekannte Weinanbaugebiet des McLaren Vale. Die landwirtschaftlich intensiv genutzte Region wird wilder, je weiter man nach Süden vordringt. Dort, ganz im Süden, liegt der große Deep Creek Conservation Park. Von Cape Jervis an der äußersten Südspitze der Halbinsel verkehren die Autofähren nach Kangaroo Island.

Die Südostecke des Bundesstaates wird durch das Mündungsgebiet des Murray Rivers geprägt. Hinter dem Dünenstreifen der Younghusband Peninsula, die als Coorong National Park geschützt ist, staut sich das Wasser in den beiden großen Seen Lake Alexandrina und Lake Albert sowie der Lagune The Coorong. Der Südostzipfel des Bundesstaates wird oft wegen des vorherrschenden Gesteins als Limestone Coast (Kalkstein-Küste) bezeichnet. Erwähnenswerte Orte in dieser Region sind Naracoorte, berühmt wegen des fossilienreichen und als Weltnaturerbe geschützten Naracoorte Caves National Parks und Mount Gambier. Die Stadt mit etwa 22.000 Einwohnern liegt an den Hängen eines erloschenen Vulkans. Kraterseen wie der Blue Lake ziehen dort etliche Besucher an. Die Limestone Coast beginnt zudem, sich als Weinregion einen Namen zu machen.

Mit dem Kajak im Coorong National Park unterwegs. Das Schutzgebiet besteht aus der Younghusband Peninsula, einem Dünenwall, der vor den geschützten Binnengewässern liegt.

Lebenswertes Adelaide: Die Rundle Street (oben links) ist bekannt für die zahlreichen Restaurants. Paul's on Parade im Vorort Norwood gilt als das beste Fish 'n Chips Restaurant in Südaustraliens Hauptstadt (unten links). Der Strandvorort Glenelg (rechts)

ADELAIDE

RECHTE SEITE:
Die Adelaide Arcade gehört zu den schönsten Einkaufspassagen der Stadt am Torrens River.

Adelaide hat es im Schatten der beiden großen Schwestern Sydney und Melbourne schon immer schwer gehabt. Australiens fünftgrößte Stadt – über 1,1 Millionen Menschen leben in der Hauptstadt Südaustraliens – wird den Ruf einer langweiligen Provinzstadt nicht los. Ein genauerer Blick auf die Stadt jedoch zeigt, dass dieses Vorurteil nicht gerechtfertigt ist.

Adelaide erstreckt sich entlang eines schmalen, flachen Küstenstreifens am Gulf St. Vincent. Im Hinterland erheben sich die sanften Hügel der Mount Lofty Ranges. Zwischen Meer und Gebirge entwarf Colonel William Light 1836 den großzügigen, schachbrettartigen Grundriss der Stadt.

Adelaide wurde im Gegensatz zu vielen anderen australischen Städten von freien, streng religiösen Siedlern gegründet und wird wegen seiner zahlreichen Gotteshäuser oft auch als Stadt der Kirchen bezeichnet. Die sehenswertesten unter ihnen sind die St. Peter's Cathedral, eine der schönsten Kathedralen Australiens, im Stadtteil North Adelaide und die Holy Trinity Church am Nordrand der City. Sie stammt aus dem Jahr 1836 und gilt als die älteste Kirche Südaustraliens.

Der Strandvorort Glenelg liegt nur knapp zehn Kilometer vom Stadtzentrum entfernt. Hier kamen 1836 die ersten Siedler Adelaides an.

Aber es sind nicht die Kirchen, die das Stadtbild Adelaides prägen, sondern die Parks und Gärten. Ein Blick auf den Stadtplan zeigt, dass die City und ihr kleinerer Trabant North Adelaide von einem ausgedehnten, lückenlosen Grüngürtel umgeben sind.

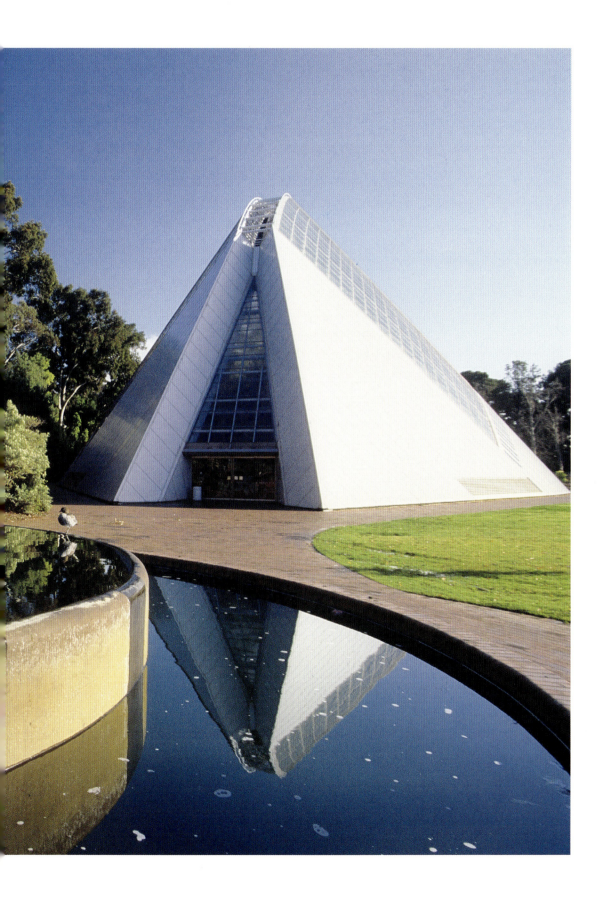

Der Botanische Garten Adelaides mit dem Bicentennial Conservatory. Es ist Australiens größtes Glashaus und beherbergt eine Vielzahl tropischer Pflanzen.

RECHTE SEITE:
Symmetrie moderner Architektur: Wie alle australische Städte weist auch Adelaide eine Mischung aus alten und modernen Gebäuden auf.

FOLGENDE DOPPELSEITE:
St. Peter's Cathedral in North Adelaide: Der Grundstein für die beeindruckende Kathedrale wurde 1869 gelegt.

Besonders sehenswert in dieser stadtumspannenden Parklandschaft ist der Botanische Garten nordöstlich des Zentrums. Das dortige Palmenhaus wurde 1871 aus Deutschland importiert und beheimatet eine Vielzahl der Pflanzen mit dem charakteristischen Blattschopf. 1988 wurde im Botanischen Garten das pyramidenförmige Bicentennial Conservatory – Australiens größtes Glashaus – eröffnet. Unter dessen schützendem Glasdach gedeiht eine üppige, tropische Pflanzenwelt.

Die Veale Gardens im Süden der City sind für ihre ausgedehnten Rosenbeete bekannt. Schön sind auch die japanischen Himeji Gardens. Der Adelaide Zoo liegt nördlich der Stadt am Torrens River. Hier leben über 1500 fremde und einheimische Tierarten.

Viele Sehenswürdigkeiten befinden sich entlang der North Terrace, einem breiten, von Bäumen gesäumten Boulevard im Norden der City. Hier befinden sich das neue Parliament House und das Gouvernment House. Das Tate Museum kann eine international anerkannte Mineralien- und Fossiliensammlung sein eigen nennen. Im South Australian Museum, ebenfalls an der North Terrace gelegen, ist vor allem die einzigartige Sammlung von Kunstwerken und Gebrauchsgegenständen der Aborigines sehenswert. Auch die 1871 gegründete Gallery of South Australia hat eine umfangreiche Sammlung von Aboriginalkunst. Am Rande des Botanischen Gartens steht das Ayers House. Die Villa aus dem 19. Jahrhundert war einst Wohnsitz des südaustralischen Premierministers Sir Henry Ayers (1855–1897).

Die King William Street kreuzt die North Terrace auf halber Strecke im rechten Winkel. An ihr liegt das Adelaide Festival Centre. Hier finden Konzerte, Theateraufführungen und andere kulturelle Veranstaltungen statt. Ein Stückchen weiter in Richtung Victoria Square steht das Edmund Wright House mit seiner beeindruckenden Renaissance-Fassade. Es wurde 1878 ursprünglich für die Bank of South Autralia gebaut. Nahe dem Victoria Square, im Herzen der City, befindet sich das historische Rathaus.

Angeblich gibt es in Adelaide mehr Restaurants pro Kopf als in irgendeiner anderen Stadt Australiens. In der Rundle Street zum Beispiel, einer Parallelstraße der North Terrace, reihen sich zahlreiche Restaurants, Bars und Cafés aneinander. Weitere Restaurantzentren sind die O'Connell und Melbourne Street, die beiden Hauptstraßen im Stadtteil North Adelaide. Der Central Market, der einen wesentlichen Anteil zur kulinarischen Vielfalt Adelaides beiträgt, liegt zentral in der City.

Adelaide gilt als Stadt der Festivals – ein weiteres Indiz für die hohe Lebensqualität in Südaustraliens Hauptstadt. Die größte Veranstaltung ist das Adelaide Festival. Während des dreiwöchigen Kulturspektakels im Februar/März verwandelt sich die Stadt in eine große Bühne.

Nur etwa 10 Kilometer südlich der City liegt der schmucke Küstenvorort Glenelg. 1836 landeten hier die ersten südaustralischen Siedler. Mit der City ist Glenelg durch eine historische Straßenbahn verbunden.

Port Adelaide, ebenfalls etwa eine halbe Stunde vom Stadtzentrum entfernt, liegt an der breiten Mündung des Port Adelaide Rivers. Hier stehen die meisten Gebäude unter Denkmalschutz. In den 1880er-Jahren war Port Adelaide ein geschäftiger Handelshafen.

KANGAROO ISLAND

Kangaroo Island ist mit 4409 Quadratkilometern Fläche nach Tasmanien und Melville Island Australiens drittgrößte Insel. Sie ist 150 Kilometer lang und misst an ihrer breitesten Stelle 57 Kilometer. Die 4405 Quadratkilometer umfassende Insel präsentiert sich dem Besucher als eine Miniaturausgabe Australiens: Grandiose Steilküsten mit dramatischen Felsabstürzen entlang der Nordküste, im Flinders Chase National Park oder im Bereich der Hanson Bay an der Südküste; feinsandige Traumstrände an der D'Estrees Bay, Seal Bay oder Snelling Bay; weitläufiges, nahezu undurchdringliches Mallee-Buschland im Cape Gantheaume Conservation Park; Lagunen, Salzseen und Moore vor allem im Ostteil der Insel; ausgedehnte Dünensysteme wie in der Little Sahara nahe Vivionne Bay an der Südküste sowie ein reich dekoriertes Höhlensystem im Kelly Hill Conservation Park formen einen faszinierenden Landschaftsmix.

Die nur 120 Kilometer Luftlinie südwestlich von Adelaide gelegene Insel ist heute ein Urlaubsparadies allererster Ranges – besonders für Naturliebhaber. Die Vergangenheit der Insel ist dagegen in einem blutigen Kapitel niedergeschrieben. Offiziell wurde die Insel von Kapitän Matthew Flinders

im Jahre 1802 entdeckt, der ihr auch den Namen verlieh. Doch die Insel wurde schon früher von entflohenen Sträflingen und Schiffbrüchigen besiedelt. Sie funktionierten das Eiland zu einem Piratenstützpunkt um und terrorisierten von dort aus die nahe gelegenen Küstenorte des Festlandes. Als das gesetzlose Treiben unerträgliche Ausmaße annahm, hoben britische Soldaten das Piratennest im Jahre 1827 aus. Neun Jahre später trafen dann die ersten offiziellen Siedler auf Kangaroo Island ein.

Noch ungeklärt ist das Schicksal der Aborigines. Funde belegen, dass die Ureinwohner seit mindestens 10.000 Jahren auf der Insel lebten. Warum sie noch lange vor der Ankunft der weißen Siedler von der Insel verschwanden, bleibt ein Rätsel.

Die landwirtschaftliche Nutzung der Insel beschränkt sich – bedingt durch die nährstoffarmen Böden und den ständigen Wassermangel – auf Schafzucht und den Anbau von Gerste und anderen Getreidesorten. Die älteste Eukalyptusöl-Destillerie Australiens befindet sich ebenfalls hier. Ein weiteres wichtiges landwirtschaftliches Erzeugnis der Insel ist der Honig: Die dafür nötigen Honigbienen wurden 1881 aus Ligurien in Italien hier eingeführt.

FOLGENDE DOPPELSEITE:

Eine der großen Attraktionen Südaustraliens ist Kangaroo Island südwestlich von Adelaide. Die Insel ist ein Natur- und Tierparadies: Seelöwen im Seal Bay Conservation Park (links oben); die Granitfelsen der Remarkable Rocks im Flinders Chase National Park (links unten); Cape du Couedic Lighthouse nahe Admirality Arch (rechts oben); Hühnergänse nahe dem Visitor Centre im Flinders Chase National Park (rechts unten)

Vivonne Bay auf Kangaroo Island

RECHTE SEITE:
Die Küste der Nordseite von Kangaroo Island ist wild und unzugänglich.

YORKE PENINSULA

Die wie ein Stiefel geformte Yorke-Halbinsel liegt Adelaide gegenüber und wird im Osten durch den Gulf St. Vincent begrenzt. Auf der Westseite der Halbinsel befindet sich der Spencer Gulf. Die „Sohle" des „Stiefels" wiederum erstreckt sich an der Investigator Strait, die die Yorke Peninsula von Kangaroo Island trennt.

Wie die westlich liegende Eyre Peninsula, ist auch die Yorke Peninsula eine landwirtschaftlich intensiv genutzte Region. Der Getreideanbau, vor allem Gerste, steht dabei im Vordergrund. Die Halbinsel spielte in der geschichtlichen Entwicklung Südaustraliens eine wichtige Rolle, einmal als Kornkammer, zum anderen als Standort mehrerer Kupferbergwerke. Zentrum des inzwischen eingestellten Kupferbergbaus war das gerne als Litte Cornwall bezeichnete Dreieck zwischen Kadina, Moonta und dem Fährhafen Wallaroo. Von dort verbindet seit Anfang 2007 eine Autofähre die Yorke-Halbinsel mit der Eyre-Halbinsel. Aufgrund der nahezu totalen Urbarmachung der Halbinsel konnten sich nur noch an der äußersten Westspitze der Halbinsel zwei Naturenklaven halten, das beliebte Küstenreservat des Innes National Park und der Warrenben Conservation Park.

EYRE PENINSULA

Wie ein gewaltiges Dreieck ragt die Eyre Peninsula in den Südlichen Ozean. Im Westen begrenzt die Great Australian Bight die Region, im Osten der Spencer Gulf. Die Nordgrenze kann durch eine imaginäre Linie zwischen Port Augusta an der Spitze des Spencer Gulfs und dem Ort Ceduna ganz im Westen der Halbinsel definiert werden. Die Insel ist eine der Kornkammern Südaustraliens; darüber hinaus spielt Rinder- und Schafzucht eine Rolle. Die Gewässer um die Halbinsel sind fischreich, sodass sich in Port Lincoln an der Südspitze eine gewaltige Fischfangflotte stationiert hat, die vor allem auf Thunfisch Jagd macht. An den Küsten der Halbinsel haben sich mehrere erfolgreiche Aquakulturen etabliert, die den begehrten Thunfisch und Königsfisch in großen Mengen züchten. Austern- und Seeohr (Abalone)-Zuchtanlagen sind hier ebenfalls zu finden. Vor den wilden Küsten der Halbinsel werden Langusten gefangen. Wie Port Lincoln, besitzen auch die beiden Küstenorte Streaky Bay und Ceduna Fischfangflotten.

Große Gebiete der Region wurden für den Anbau von Getreide urbar gemacht. Doch auch die Natur hat auf der Eyre Peninsula noch ihre Standorte. Den Norden der Halbinsel bilden die Gawler Ranges, ein uraltes, stark verwittertes Gebirge. Ein großer Teil dieser niedrigen, semi-ariden Bergketten ist im Gawler Ranges National Park und im anschließenden Pinkawillinie Conservation Park geschützt. Bekannt und beliebt sind aber vor allem die beiden Küstenschutzgebiete des Lincoln National Parks und des Coffin Bay National Parks an der Südspitze

der Eyre Peninsula. In der Baird Bay an der Westküste der Halbinsel können Besucher mit Seelöwen und Delfinen schwimmen.

Die Bodenschätze der Region beschränken sich auf die Eisenerzvorkommen in der Nähe des Ortes Iron Knob. Das gewonnen Erz wird in Zügen zu den etwa 50 Kilometer entfernten Stahlwerken der großen Küstenstadt Whyalla transportiert. Bei Cowell an der Ostküste der Halbinsel wird Jade abgebaut.

FLINDERS RANGES

Die Flinders Ranges gehören zu dem riesigen Outback Südaustraliens. Das Wüstengebirge stellt eine der großartigsten Landschaften in Südaustralien dar. Zerklüftete Bergketten, tiefe Schluchten, liebliche Täler und von mächtigen Flusseukalypten gesäumte Wasserläufe prägen das Landschaftsbild.

LINKE SEITE:
Immer wieder werden die Flinders Ranges von langen Dürreperioden heimgesucht. Dann sind die Zeiten hart für Pflanzen, Tiere und Menschen.

Vom Gipfel des St. Mary Peak in den Flinders Ranges aus gesehen, erinnern die erodierten Kämme der ABC Range an den Rückenpanzer eines Krokodils. Im Vordergrund steht ein Grasbaum.

Luftaufnahme der zentralen Flinders Ranges. Das uralte, einst wesentlich höhere Wüstengebirge ist bis auf den Kern erodiert.

Die Flinders Ranges beginnen in Crystal Brook etwa 200 Kilometer nördlich von Adelaide und ziehen sich von dort 400 Kilometer weit nach Norden, bis tief in das südaustralische Outback hinein. Inmitten der mächtigen Bergketten liegt der 949 Quadratkilometer umfassende Flinders Ranges National Park. Die Hauptattraktion des Nationalparks ist der Wilpena Pound, ein gigantisches, natürliches Amphitheater aus Fels. Der einzige Zugang zu dieser geschlossenen Gebirgsschüssel ist die Schlucht des Wilpena Creek.

Der St. Mary Peak, mit 1165 Metern Höhe der höchste Berg der Flinders Ranges, ist Teil des Gebirgsrundes. Die Flinders Ranges sind reich an geologischen Schaustücken. In der Brachina Gorge nördlich des Nationalparks kann man auf nur 20 Kilometer Länge eine geologische Zeitreise durch 150 Millionen Jahren Erdgeschichte unternehmen.

Schaffarmer Ian Fargher betreibt die Angorichina Station in den zentralen Flinders Ranges. Die Fargher-Familie gehört zu den Pionierfamilien der Region.

Auch der nördliche Teil der Flinders Ranges ist geschützt. Der Vulkathuna-Gammon Ranges National Park schützt die spektakulären, von tiefen Schluchten durchzogenen, nördlichen Flinders Ranges. Während touristisch in den südlichen Flinders Ranges der Ferienort Wilpena Besucher anzieht, bildet der Ort Arkaroola am Rande des Vulkathuna-Gammon Ranges National Park den Ausgangspunkt für Exkursionen in die Bergwildnis der nördlichen Flinders Ranges. Das Wüstengebirge der Flinders Ranges ist eine der großen touristischen Trumpfkarten Südaustraliens.

Der Vulkathuna-Gammon Ranges National Park formt zudem einen weiten Korridor zum großen Salzsee des Lake Frome im Osten des Gebirges. Im Westen begrenzt der Lake Torrens das Gebirge. Am Westrand der Flinders Ranges liegt der Ort Leigh Creek. Hier befinden sich riesige Kohlebergwerke, in denen im Tagebau das schwarze Gold abgebaut wird.

Ruhepause während eines Viehtriebs auf der Cowarie Station. Die Rinderstation spezialisiert sich auf Biofleisch.

OUTBACK SÜDAUSTRALIEN

Diese riesige Region umfasst mehr als Zweidrittel der Fläche des Bundesstaates und wird aus mehreren Wüsten gebildet. Allein die großen Wüsten Great Victoria Desert, Pedirka Desert, Simpson Desert, Sturt Stony Desert und Strzelecki Desert formen zusammen fast die Hälfte des Bundesstaates. Südlich der Great Victoria Desert schließt sich die desolate Nullabor Ebene an, östlich davon liegt eine riesige, militärische Sperrzone – die Woomera Prohibited Area –, in deren Gebiet einst Raketen- und Atombombentests stattfanden.

Mit zu den gewaltigen ariden und semi-ariden Weiten Südaustraliens gehört der riesige Gürtel an Salzseen, die nördlich der Gawler Ranges mit dem Lake Everard und dem Lake Gairdner – beide als Lake Gairner National Park geschützt – beginnen. Im Osten schließen sich der Lake MacFarlane, der boomerangförmige Lake Torrens und der Lake Frome an. Der größte und bekannteste Salzsee Australiens, der Lake Eyre, liegt nördlich dieses Salzseengürtels und gehört zur Tiari Desert. Zwischen Lake Torrens und Lake Frome zieht sich das Wüstengebirge der Flinders Ranges entlang.

LINKE SEITE:

Über die ariden und semiariden Weiten des südaustralischen Outbacks verteilen sich große Rinderstationen, hier die Cowarie Station am Birdsville Track.

Der Besitzer einer Opalmine in Coober Pedy bereitet eine Sprengung vor.

Südaustralien 207

Sonnenaufgang am Lake Eyre, dem größten Salzsee Australiens. Hier liegt auch der tiefste Punkt des Kontinents mit 15 Metern unter dem Meeresspiegel.

Weite Teile dieser Wüstenregionen sind als Nationalparks, Conservation Parks und Regional Reserves geschützt. Die wichtigsten sind der Nullabor National Park im Westen des Bundesstaates, die Simpson Desert Regional Reserve und der Lake Eyre National Park. Außerhalb der Schutzgebiete liegen verstreut riesige Rinderstationen. Durch den Wüstengürtel führt der Sturt Highway, der Port Augusta mit Alice Springs und Darwin verbindet. An der durchgehend geteerten Straße liegt der Militärort Woomera und der berühmte Opalort Coober Pedy. Durch die Strzelecki Desert, die Sturt Stony Desert und die Tirari Desert führt der berühmte Birdsville Track. Heute eine Outback-Aben-

teuerroute, verbindet der Birdsville Track den 106-Seelen-Ort Birdsville gleich hinter der Grenze in Queensland mit Marree. Früher wurden über diese mehr als 500 Kilometer lange Route Rinder in riesigen Viehtrieben zum Bahnhof in Marre getrieben.

Gewaltige Bereiche des südaustralischen Outbacks sind zudem zu Aboriginal Reservaten erklärt worden, darunter das Maralinga Tjarutja Aboriginal Land und das Anangu Pitjantatjara Aboriginal Land, die zusammen nahezu den gesamten Nordwesten des Bundesstaates einnehmen.

Die Stadt Port Augusta liegt am Nordende des Spenzer Gulf. Hier wendet sich der Eyre Highway Richtung Westen nach Westaustralien und der Stuart Highway führt nach Norden durch den Kontinent bis Darwin im Northern Territory.

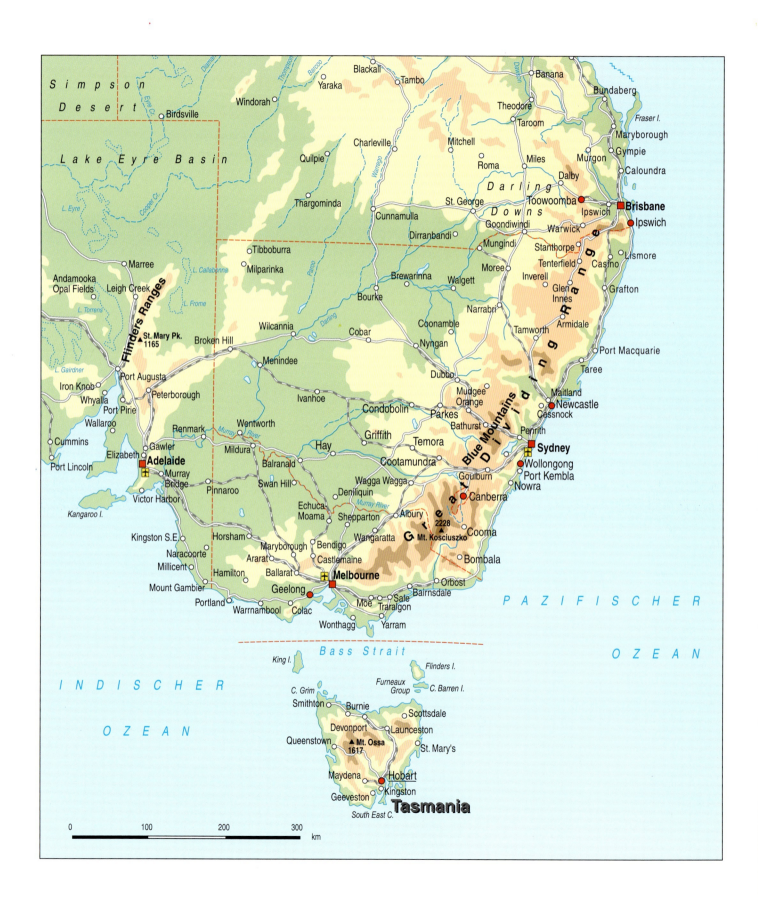

TASMANIEN
ÜBERBLICK

Der Inselstaat Tasmanien ist durch die oft stürmische Meeresstraße der Bass Strait vom australischen Kontinent getrennt. Mit einer Fläche von 68.332 Quadratkilometern entspricht die Inselgröße etwa der Fläche von Bayern. Nach dem letzten Zensus leben etwa 500.000 Menschen in Tasmanien, davon ungefähr 200.000 in der Hauptstadt Hobart. Über ein Drittel der Staatsfläche Tasmaniens ist als Nationalpark geschützt und/oder als Weltnaturerbe aufgelistet. Begrenzt wird Tasmanien im Norden von der Bass Strait, im Osten von der Tasman See im Süden und Westen vom Südlichen Ozean.

Die Inseln und Archipele in der rauen Bass Strait gehören ebenfalls zu Tasmanien. Erwähnenswert ist vor allem die Furneaux-Gruppe mit der großen Hauptinsel Flinders Island, King Island im Westen der Meeresstraße und die unbewohnten Inseln Three Hummock Island, Hunter Island und Robbins Island im Nordwesten von Tasmanien. Auch die subarktische Insel Macquarrie Island, 1500 Kilometer südöstlich von Tasmanien, gehört verwaltungstechnisch zum Inselstaat.

Tasmanien ist eine gebirgige Insel. Der Mount Ossa (1617 m) im Cradle Mountain-Lake St. Clair National Park bildet die höchste Erhebung. Vor allem in den Central Highlands – sie umfassen den

FOLGENDE DOPPELSEITE:
Gipfelblick vom Mount Ossa, mit 1616 Metern der höchste Berg Tasmaniens. Gut erkennbar ist die geologische Struktur der Region, geprägt von dem säulenförmigen Gestein Dolerit.

Die Landschaft um den Cradle Mountain aus der Luft gesehen: Rechts der Karsee des Cirque Lake, dahinter der Cradle Mountain und der markante Felspfropfen des Barn Bluff. Links das Seen-Trio Lake Dove, Lake Lilla und der winzige Wombat Pool.

In der historischen Du Cane Hut dürfen Trekker entlang des Overland Tracks im Cradle Mountain-Lake St. Clair National Park nur noch im Notfall übernachten.

Cradle Mountain-Lake St. Clair National Park, den Walls of Jerusalem National Park, den Mount Field National Park sowie die Great Western Tiers, die wilde Arthur Range mit der 1224 Meter hohen Felszinne des Federation Peak (1224 m) und auf dem ebenfalls als Nationalpark geschützten Ben Lemond Plateau – zeigt sich die Insel wild und gebirgig.

Auffällig sind vor allem die aus Dolerit aufgebauten Berge im Cradle Mountain-Lake St. Clair National Park und im Walls of Jerusalem National Park. Wie mittelalterliche Burgen erheben sich hier die aus dem basaltähnlichen Gestein aufgebauten Berge über weiten Mooren. Die helle Felskuppe des prominenten Frenchmans Cap (1446 m) im Franklin-Gordon Wild Rivers National Park ist dagegen aus Quarzit aufgebaut. Das glänzende Gestein erweckt oft den Eindruck, als ob der Gipfel schneebedeckt wäre.

Entlang der Ostküste sind die Berge zwar weniger hoch, prägen aber dennoch die Landschaften, vor allem im Douglas-Aspley National Park und im Freycinet National Park. Ganz im Nordosten befindet sich der Mount William, der trotz seiner vergleichsweise geringen Höhe von 216 Metern einen fantastischen Blick über die Ebene gewährt. Die Hauptstadt Hobart liegt an den unteren Flanken des 1271 Meter hohen Mt. Wellington.

Der Rest von Tasmanien ist bis auf die flachen, hauptsächlich landwirtschaftlich genutzten Midlands im zentralen Osten der Insel hügelig und zum Teil recht unzugänglich. Was Tasmanien von den anderen Bundesstaaten und Territorien Australiens unterscheidet, sind die zahllosen Süßwasserseen. Sie sind das Ergebnis von Gletschertätigkeit während der letzten Eiszeit. Australiens größter, von einem Gletscher geschaffener See ist der Lake St. Clair. Hinzu kommen zahllose Stauseen oder überstaute Seen, wie der Lake Gordon oder der Lake Pedder im Südwesten der Insel. Diese unzugängliche Region formt eine der letzten temperierten Wildnisse der Erde. In der Tasmanian Wilderness World Heritage Area sind die großen Nationalparks Cradle Mountain-Lake St. Clair National Park, Franklin-Gordon Wild Rivers National Park, Southwest National Park sowie Mt. Field National Park und Hartz Mountains National Park zusammengeschlossen.

Das gebirgige Thema setzt sich auch auf den Inseln in der Bass Strait fort. Während der letzten Eiszeit mit einem wesentlich niedrigeren Meeresspiegel bestand eine Landverbindung zwischen Tasmanien und dem australischen Festland.

Die Inseln der Furneaux-Gruppe mit der gebirgigen Flinders Island, auf der sich die Granitberge im Strzelecki National Park mit dem Mount Strzelecki auf 756 Meter erheben, sind nichts anderes als die Gipfel eines ertrunkenen Gebirges. Als geologisches Thema zieht sich Granit vom Wilsons Promontory in Victoria über diese Inseln bis zum Mount William National Park auf Tasmanien durch.

Tasmanien verfügt über einige Gebiete, die sich durch eine hohe Dichte an Höhlen auszeichnen. Eine besonders interessante Region liegt westlich der Stadt Launceston und umfasst den Mole Creek Karst National Park mit den bekannten Schauhöhlen Marakoopa und King Salamon Cave.

Bootshaus am Dove Lake: Tasmaniens landschaftlicher Reichtum liegt nicht nur in den temperierten (gemäßigt kühlen) Regenwäldern, sondern auch in der Vielzahl an Süßwasserseen, die in dieser Häufigkeit im restlichen Australien nicht vorkommen.

RECHTE SEITE:

Zahlreiche Dämme – wie hier etwa Tasmaniens höchster Staudamm, der Gordon Dam – sammeln den reichhaltigen Niederschlag in riesigen Staubecken. Das dabei wenig Rücksicht auf Naturschutzfragen genommen wird, erzürnt immer wieder Tasmaniens engagierte Umweltschützer.

Eine Gruppe von Trekkern am Overland Track. Die Weitwanderroute durchquert immer wieder kühl-temperierte Regenwälder.

KLIMA

Tasmanien liegt auf dem 42. Breitengrad und dem 147. Längengrad. Damit befindet die Insel direkt im Bereich der sogenannten „Roaring Forties", ein Wind, der den gesamten Planeten umkreist und ein Tiefdruckgebiet nach dem anderen Richtung tasmanischer Westküste schiebt. Dank der Lage und der Topografie ist das Klima in Tasmanien extrem abwechslungsreich. Die Sommertemperaturen erreichen im Durchschnitt 21 Grad, mit gelegentlichen Spitzen von über 30 Grad. Im Winter sinkt die Durchschnittstemperatur auf 12 Grad.

In den höher gelegenen Regionen der gebirgigen Insel sind Schneefall und Frost keine Seltenheit. Aufgrund der Tiefdruckgebiete, die die „Roaring Forties" an die Westküste Tasmaniens bringen, sind dort die jährlichen Niederschlagsmengen am höchsten. Während an der Westküste 2400 Millimeter gemessen werden, ist es in Hobart erstaunlich trocken, weil die Stadt im Regenschatten liegt. Nur 626 Millimeter pro Jahr fallen in der Hauptstadt Tasmaniens. Als Insel sind die Küstengebiete vom Meer beeinflusst und relativ mild. Im Landesinneren dagegen kommt es zu klimatischen Extremen. Dank seiner südlichen Lage hat Tasmanien vier klar definierte Jahreszeiten.

Das regenreiche Klima und die gebirgige Topografie bescheren Tasmanien einen hohen Wasserreichtum. Im Westen und Südwesten, sagt man in Tasmanien, blutet das Land Wasser. Das Resultat

VORHERIGE DOPPELSEITE:
Der Blick von den Flanken des Mount Ossa geht hinüber zu den Steilabstürzen des Hochplateaus, das den seenreichen Walls of Jerusalem National Park beherbergt. Im Vordergrund befinden sich sogenannte Cushion Plants, eine Besonderheit der alpinen Regionen Tasmaniens.

Viel Grün und viel Wasser: der Lauf des Gordon River aus der Luft aufgenommen

sind zahllose wasserreiche Flüsse. Das Juwel unter den tasmanischen Flüssen ist der Franklin River, der seinen Ursprung auf dem Central Plateau hat und dann nach Südwesten abfließt, um dort in den Gordon River zu münden. Dieser wiederum mündet in den riesigen Macquarie Harbour an der Westküste des Inselstaates. Erwähnenswert sind zudem der Derwent River, dessen Mündungsgebiet den Hafen von Hobart bildet, die North und South Esk River, die kombiniert dann den River Tamar bilden, und der Savage River, der sich wie der Gordon River an der Westküste ins Meer ergießt.

GESCHICHTE

Während der letzten Eiszeit vor etwa 10.000 Jahren war das heutige Tasmanien mit dem australischen Festland verbunden. Mit steigendem Meeresspiegel entstand die Bass Strait – und Tasmanien wurde zur Insel. Tasmanien war bereits vor mindestens 29.000 Jahren, eventuell bereits viel früher, durch australische Ureinwohner besiedelt. Funde aus Höhlen entlang des Franklin Rivers im Franklin-Gordon Wild Rivers National Park wurden auf ein Alter von ca. 14.000 Jahren geschätzt.

Als Entdecker Tasmaniens gilt der holländische Seefahrer Abel Tasman, der die Insel Van Diemens Land nannte. Captain James Cook sichtet die Insel und auch französische Seefahrer hinterließen ihre Spuren, die bis heute in Gestalt zahlreicher geografischer Namen zu finden sind. D'Entrecasteaux Channel, Cape Raoul oder Freycinet Peninsula sind nur einige Beispiele dieser französischen Einflussnahme.

Vor der Ankunft der Europäer lebten vermutlich über 5000 Menschen auf der Insel. Die indigene Bevölkerung von Van Diemens Land, wie Tasmanien damals genannt wurde, wurde von den Europäern systematisch ausgerottet; eingeschleppte Krankheiten und spätere Zwangsumsiedlungen trugen ein Weiteres zu diesem Untergang bei. Der letzte Vollblut-Aborigine Tasmaniens, eine Frau namens Truganini, starb 1876. Was in Tasmanien geschah, kann durchaus als versuchter Völkermord bezeichnet werden.

Die erste Siedlung auf der Insel war Risdon Cove, die aber zugunsten der 1804 gegründeten, alternativen Siedlung am Westufer des Derwent Rivers aufgegeben wurde, die anfangs den Namen Sullivan's Cove trug. Diese Siedlung bildete die Keimzelle für das spätere Hobart.

Die ersten Jahre der europäischen Geschichte Tasmaniens waren geprägt durch besonders brutale Straflager, vor allem Port Arthur auf der Tasman Halbinsel und Sarah Island im Macquarrie Harbour an der Westküste. Nach und nach zogen freie Siedler hinzu, und im Dezember 1825 trennte sich Van Diemens Land von New South Wales, sodass es eine eigenständige Kolonie wurde. 1856 wurde die Insel in Tasmania umbenannt. Die Straflager wurden 1877 geschlossen. Wie alle anderen Staaten trat auch Tasmanien 1901 dem Staatenbund des Commonwealth of Australia bei.

Im Vergleich zu anderen australischen Staaten verlief die Entwicklung des Inselstaates langsamer und abseits des öffentlichen Interesses. Der Beginn der Großen Depression 1929 machte auch Tasmanien zu schaffen. Doch unterstützt von neuen Erzfunden entwickelte sich der Staat weiter. 1966 wurde ein riesiges Kupfererzlager im Gebiet des Mount Lyell an der Westküste entdeckt: Die Errichtung der Eisenerzmine Savage River im Jahre 1967 und der Bau des Zinn- und Kupferbergwerks Mount Cleveland ein Jahr später waren die Folge. Im selben Jahr schaffte Tasmanien die Todesstrafe ab.

GESELLSCHAFT

Tasmaniens Gesellschaft ist geprägt vom Zusammenprall zweier Interessengruppen: Jene, die sich das Land untertan machen und seine natürlichen Schätze ausbeuten wollen, und jene, die für den Erhalt der einzigartigen Natur kämpfen. Wie selten in Australien, sind die Meinungen hier polarisiert. Die Bundesstaatsgeschichte ist von Kämpfen zwischen diesen beiden Kräften geprägt – mit wechselhaften Erfolgen. Im Vergleich zu anderen Bundesstaaten ist Tasmanien weniger multikulturell. Die meisten Tasmanier sind angelsächsischen Ursprungs.

(UMWELT-)POLITIK

Tasmanien ist mit ökologisch einzigartigen Wildnisregionen gesegnet, die als Beweis für das „grüne" Image des Inselstaates herhalten und intensiv in der Tourismuswerbung benutzt werden. Hinter dem grünen Aushängeschild verbirgt sich jedoch der Kampf jener, die die in ihrem Umfang bereits stark reduzierten Naturschätze erhalten wollen, und jene, die unter dem Vorwand des wirtschaftlichen Fortschritts Naturschutzinitiativen abblocken. Das Abholzen von Urwäldern ist so aktuell wie eh und je. Der Kampf um das Seenjuwel des Lake Pedder war der Hintergrund, der in den siebziger Jahren die Gründung der ersten grünen Partei der Welt nach sich zog.

Die Natur als Künstler: Entfernt an moderne Skulpturen erinnert dieser Schnee-Eukalyptus nahe dem 1559 Meter hohen Barn Bluff im tasmanischen Bergland.

Damals verloren die Umweltschützer den Kampf gegen die Errichtung eines gewaltigen Systems an Wasserkraftwerken, und der natürliche Lake Pedder versank unter den Fluten eines gewaltigen gleichnamigen Stausees. Zu Beginn der achtziger Jahre kam es dann zu einer erbitterten Auseinandersetzung zwischen Umweltschützern und der Regierung, die den einzigartigen Franklin River aufstauen wollte. Erst als die Bundesregierung Australiens unter der Führung von Premierminister Bob Hawke die Entscheidung der tasmanischen Regierung verwarf und diese zum Rücktritt zwang, war der Fluss mit seinen temperierten Urwäldern und den kulturell wichtigen Höhlen gerettet.

Seit dem Kampf um den Franklin River ist der Fokus der Umweltschützer nun auf das Abholzen der letzten, großen Urwälder gerichtet. Der Zusammenstoß zwischen Umweltschützern und jenen, die die natürlichen Schätze der Insel nur als Profitmöglichkeit sehen, prägt seit jeher die Politik Tasmaniens. Der wirtschaftlich schwächste Staat mit der höchsten Arbeitslosigkeit in Australien scheint traditionell Probleme zu haben, einen gesunden Mittelweg zwischen Fortschritt und Naturschutz zu finden. Man wirft der tasmanischen Politik vor, Scheuklappen zu tragen.

Schon ein Großteil des Regenwaldes – früher Tasmaniens Naturjuwel – ist gedankenlos wirtschaftlichen Interessen geopfert worden.

Die Landwirtschaft gehört noch zu den großen wirtschaftlichen Stützen Tasmaniens.

Das Tasmanische Parlament besteht aus dem House of Assembly, dem Unterhaus, und dem Legislative Council oder Oberhaus. Sitz des Parlaments ist die Hauptstadt Hobart. Das Unterhaus besteht aus 25 Mitgliedern, die sich aus je fünf Mitgliedern der fünf Wahlbezirke zusammensetzen.

Die Partei mit den meisten Sitzen im Unterhaus bildet die Regierung; Premier von Tasmanien ist der Führer der Mehrheitspartei.

Seit 2002 hält die Labor Party die Mehrheit der Sitze im Unterhaus. Die Führungsrolle wurde bei der jüngsten Wahl 2006 bestätigt. Die Grünen und die Liberal Party sind ebenfalls vertreten.

WIRTSCHAFT

Tasmanien ist wirtschaftlich das Schlusslicht Australiens, trotz des nun seit dem Jahre 2001 anhaltenden Aufschwungs. Bis zu diesem Jahr bildete die ständige Abwanderung junger Menschen und qualifizierter Arbeiter – bedingt durch hohe Arbeitslosenzahlen und zu wenig Arbeitsstellen – zum australischen Festland ein Barometer für den Zustand von Tasmaniens unstabiler Wirtschaft. Die Gründe für die wirtschaftlichen Probleme des Inselstaates sind vielseitig: Es gab in Tasmanien keine großen Goldfunde, die die Wirtschaft hätten ankurbeln können; seitens der Bundesregierung wurde der Staat vernachlässigt, was zu einer schlechten Infrastruktur geführt hat; die niedrige Bevölkerungszahl und das Fehlen von Einwanderungsinitiativen sowie die Abhängigkeit von den Weltmarktpreisen und das Fehlen von ausländischen Investoren hielt die Wirtschaft des Staates jahrzehntelang kurz.

Tasmaniens drei große Stützen der Wirtschaft sind Tourismus, Landwirtschaft und Bergbau. Der Bergbau konzentriert sich vor allem um das kleine Städtchen Queenstown im wilden Westen der Insel. Dort wird seit der Entdeckung von Silber und Blei in Zeehan im Jahre 1882 ein riesiger Erzkörper abgebaut. Gewonnen werden dort neben Silber und Blei vor allem Kupfer und, im kleineren Umfang, Gold. Hinzu kommen noch Zink, Zinn und Eisenerz, das im Savage River Bergwerk im Nordwesten des Bundesstaates gewonnen wird.

Dass der Bergbau weiterhin floriert, zeigt die Wiedereröffnung des Ranison Bell Zinn-Bergwerks in Zeehan an der Westküste. In der Umgebung der Bergwerkstadt wurde zudem 2005 eine neue abbauwürdige Nickellagerstätte gefunden.

FOLGENDE DOPPELSEITE:
Eines der kostbarsten Güter Tasmaniens sind die letzten großen temperierten Wildnisse im Westen und Südwesten des Bundesstaates. Besonders grandios ist der als Weltnaturerbe geschützte Cradle Mountain-Lake St. Clair National Park.

Reiches, landwirtschaftlich nutzbares Land findet man vor allem im Nordwesten der Insel. Hier wird bevorzugt Gemüse angebaut. Auch die Milch- und Fleischindustrie ist hier gut vertreten. Mit der Hafenstadt Devonport hat die Region einen idealen Exporthafen.

Der Norden Tasmaniens ist besonders für die Rinderhaltung bekannt, während sich die Schafzucht und Wollproduktion überwiegend im Inneren Tasmaniens abspielt.

In der Region um Hobart wird Hopfen und Obst angebaut. Für seine Äpfel berühmt ist das liebliche Huon Valley südlich von Hobart. Tasmanischer Wein übernimmt in der Angebotspalette landwirtschaftlicher Produkte eine wachsende Bedeutung. Die wichtigsten Weinanbaugebiete liegen im Tamar Valley und um die Stadt Launceston. Im Osten der Insel, in der Nähe des Ortes Swansea, befinden sich ebenfalls Weingüter.

In der Zucht von Wildlachs ist Tasmanien besonders erfolgreich.

Landwirtschaftlich besonders begünstigt ist King Island in der Bass Strait. Berühmt sind die Milchprodukte (vor allem Weich- und Hartkäse) sowie das Rindfleisch von der Insel. Ebenfalls auf der Insel stationiert ist eine Langusten-Fangflotte.

Zu Tasmaniens eher ungewöhnlichen landwirtschaftlichen Pflanzen gehört Schlafmohn, um Opium für die Arzneimittelindustrie zu gewinnen.

RECHTE SEITE:
Tasmaniens Hauptstadt Hobart ist klimatisch begünstigt. Hier fällt nicht so viel Regen wie in den meisten anderen Teilen des Landes. Foto oben: Cascade Brewery; unten: Battery Point

Die Fischerei Tasmaniens ist berühmt für drei Produkte, die zum größten Teil exportiert werden. In riesigen Anlagen, zum Beispiel im Macquarie Harbour an der Westküste Tasmaniens oder an der Westküste im Bereich der Tasman Peninsula und der lang gezogenen Bruny Island, wird atlantischer Lachs gezüchtet. Abalone-Muscheln und Langusten von der West- und Ostküste sowie den Bass-Strait-Inseln werden als Delikatessen überwiegend in asiatische Länder exportiert.

Ein besonders umstrittenes Standbein der tasmanischen Wirtschaft ist die Forstwirtschaft. Ein Großteil der Wälder Tasmaniens, die nicht als Nationalparks geschützt sind, wurden bereits abgeholzt und mit schnell wachsenden Baumarten wie Kiefern und Blue-Gum-Eukalypten aufgeforstet. Ein Großteil der Bäume wird zu Holzschnitzeln verarbeitet und nach Japan exportiert.

Wo Umweltschützer und Holzfäller im Konflikt stehen, ist die hemmungslose Abholzung der letzten Reste von atemberaubend schönen Urwäldern, die nicht geschützt sind, weiter fortgeschritten. Vor allem das größte tasmanische Holzunternehmen sorgt mit einem Verhalten, das mehr in ein korruptes Drittweltland passt, immer wieder für Schlagzeilen. Das Unternehmen gilt als der Erzfeind der Umweltschützer, die zum Beispiel das Abholzen von uralten Baumriesen im Styx Valley, 100 Kilometer nordöstlich von Hobart, heftig kritisierten.

Tourismus spielt im heutigen Tasmanien wirtschaftlich eine wichtige Rolle und die entsprechende Industrie ist diesbezüglich äußerst erfolgreich. Der Inselstaat vermarktet in diesem Zusammenhang vor allem seine einzigartige Natur und präsentiert ein grünes Image, das bei genauerem Hinsehen, vor allem aufgrund der hemmungslosen Abholzung, Risse bekommen hat. Mit mehr als einem Drittel der Landesfläche als geschützten Nationalparks, mit zahllosen Trekkingrouten (darunter der berühmte Overland Track, der als die schönste Trekkingroute Australiens gilt), atemberaubenden Küsten und einem angenehmen temperierten Klima lockt Tasmanien in erster Linie Naturfreunde und Liebhaber von Outdoorsportarten an.

Innerhalb des letzten Jahrzehnts hat sich die touristische Infrastruktur Tasmaniens zum Positiven verändert. Sie ist ausgefeilter und internationaler geworden. Immer mehr wirbt Tasmanien auch mit feinem Essen und einem entspannten, gesunden Lebensstil. Dabei stützt sich der Bundesstaat auf die hervorragenden landwirtschaftlichen Produkte, die in feinen Restaurants zu köstlichen Gerichten verwandelt werden. Hinzu kommen noch Meeresfrüchte wie Langusten, Muscheln und natürlich frischer Fisch. Auch die Geschichte Tasmaniens formt einen wichtigen Teil des touristischen Angebotsmix. Die ehemalige Strafkolonie Port Arthur oder die Hauptstadt Hobart sind in diesem Zusammenhang zu nennen: Sie bilden zwei der größten Attraktionen des Inselstaates.

REGIONEN

DER NORDWESTEN

Der Nordwesten Tasmaniens umfasst eine Region mit reichen, vulkanischen Böden. Es überrascht daher nicht, dass Landwirtschaft vor allem zwischen der Hafenstadt Devonport – hier legt auch die Autofähre an, die Tasmanien mit Melbourne verbindet – und dem schmucken Touristenörtchen Stanley eine wichtige Rolle spielt. Das waldreiche Hinterland ist in der Hand der Forstindustrie. Der

RECHTE SEITE OBEN:
Bluff Lighthouse wacht über der Bass Strait.

RECHTE SEITE UNTEN:
Ländliche Szenerie bei Mole Creek

Nordwesten trägt mit der Eisenlagerstätte am Savage River zum Reichtum der Region bei. Die Zinnmine bei Waratah ist allerdings seit längerem geschlossen.

Große Teile des Nordwestens sind nach wie vor unterentwickelt und wild. Der Savage River National Park im zentralen Bereich der Region schützt die größte, durchgehend mit kühl-temperiertem Regenwald bewachsene Fläche Australiens und gilt als Rückzugsgebiet für eine primitive, anderswo gefährdete Flora. Ein weiteres, wesentlich größeres Wildnisareal zieht sich entlang der Westküste der Region. Geschützt als Arthur Pieman Conservation Area, hat sich diese einzigartige Wildnisregion, die in Tasmanien weithin auch als Trakine Wilderness bekannt ist, zu einem Streitobjekt zwischen Grünen und der lokalen Bevölkerung entwickelt.

Touristisch ist die Region zumindest im Westen noch sehr unterentwickelt. Das historische Örtchen Stanley an der Südküste bildet ein beliebtes Ziel. Weiter im Westen lockt eine Bootsfahrt auf dem Arthur River Besucher an. Die sogenannte Link Road, eine unbefestigte Straße, die trotz heftiger Proteste durch den östlichen Bereich der Arthur Pieman Conservation Area gebaut wurde, verbindet nun die abgelegene Nordwestspitze Tasmaniens mit den Bergbauregionen um Zeehan und Queenstown sowie Strahan, dem touristischen Epizentrum an der Westküste.

Blilck auf den kleinen Hafen von Strahan

Mit dem Mole Creek Karst National Park und den zahlreichen Höhlen der Region sowie dem Städtchen Sheffield mit seinen berühmten Wandmalereien weist die Ostecke der Region noch weitere Attraktionen auf. Die beiden Hafenstädte Burnie und Devonport sind wichtige Exporthäfen für tasmanische Erzeugnisse. Devonport ist zudem ein bedeutendes Einfallstor für Touristen, die Tasmanien besuchen.

Einst eine unmenschliche Strafkolonie, heute eine historische Touristenattraktion: In Port Arthur stehen noch viele Sandsteingebäude aus der Zeit, als Strafgefangene von England nach Tasmanien verschifft wurden.

RECHTE SEITE:
Das Bennett's Wallaby kommt nur auf Tasmanien vor.

DIE INSELN IN DER BASS STRAIT

Die größten der Bass-Strait-Inseln sind Flinders Island und Cape Barren Island aus der Furneaux-Gruppe sowie King Island. Einst waren diese Inseln wichtige Standorte für die Walfänger. Heute dominiert Landwirtschaft und im zunehmenden Maße auch der Tourismus die wirtschaftlichen Geschicke.

King Island ist 64 Kilometer lang und misst an der breitesten Stelle 27 Kilometer. Knapp 1800 Menschen leben auf der Insel, deren natürliche Schätze nahezu ausgebeutet sind. Die einst mächtigen Wälder sind verschwunden, aus der Insel wurde ein landschaftliches Paradies geschaffen, das vielerorts an England erinnert. Die einst großen Robben- und See-Elefantenkolonien gibt es nicht mehr. Nur im Norden der lang gezogenen Insel ist noch ursprüngliche Vegetation zu finden. Der wichtigste Ort auf King Island ist Currie. Hier ist eine große Langusten-Fangflotte beheimatet.

Am gegenüberliegenden, östlichen Ende der Bass Strait befindet sich die größte Insel der Meeresstraße, Flinders Island. Die Insel wurde nach dem Seefahrer Matthew Flinders benannt, der sie als Erster kartografisch erfasst hat. Es ist eine Insel mit zwei Gesichtern. Während die Ostseite durch lang gezogene Strände, große Lagunen – wie Logan Lagoon oder Stellars Lagoon – sowie Moore und Sümpfe geprägt ist, zeigt sich die Westküste schroff und gebirgig.

Die höchsten Gipfel finden sich innerhalb des Strzelecki National Park an der Südspitze der 67 Kilometer langen und 47 Kilometer breiten Insel. Der Granitgipfel des Mount Strzelecki bildet mit 756 Metern den Kulminationspunkt der Insel. Gerade über 500 Meter ragt der Mt. Leventhorpe im zentralen Bereich der Insel auf und an der Nordspitze im Bereich des Dorfes Killiecrankie dominieren der 331 Meter hohe Mt. Tanner und der 316 Meter hohe Mt. Killiecrankie die Landschaft.

Geschichtlich gesehen ist die Insel eng mit dem Niedergang der indigenen Bevölkerung Tasmaniens verbunden. In den dreißiger Jahren des 19. Jahrhunderts wurden zahllose tasmanische Aborigines zwangsweise nach Wybalenna auf Flinders Island umgesiedelt. Nur 47 Aborigines überlebten die grauenhaften Bedingungen in der Siedlung: Heute erinnern nur noch ein kleine Kirche und ein Friedhof an die Tragödie. Auf Flinders Island leben nach wie vor Nachkommen der tasmanischen Aborigines.

DIE WESTKÜSTE

Die Westküste Tasmaniens ist eine äußerst abgelegene und dünn besiedelte Region. Die Schutzgebiete entlang dieser Küste umfassen spektakuläre, unberührte Wildnisregionen. Wegen der extremen Wetterbedingungen und der beständig stürmischen See liegen die meisten größeren Siedlungen abseits der Küste. Die einzige Ausnahme bildet Strahan, das allerdings auch nicht direkt am Meer liegt, sondern geschützt am Ufer des riesigen Naturhafens des Macquarie Harbours. Strahan hat sich zu einem schmucken und viel besuchten Tourismuszentrum an der Westküste gemausert. Von hier brechen Besucher zu Bootsfahrten auf dem Gordon River auf.

Seit ein paar Jahren ist der Küstenort mit dem Bergbauort Queenstown mittels der Apt Railway verbunden. Dieser Touristenzug folgt der ursprünglichen Bahnstrecke für Erzzüge durch eine atembe-

Wer sich die Mühen macht, auf den steilen Granitgipfel des Mount Amos im Freycinet National Park zu klettern, wird mit diesem Paradeblick auf die wunderschöne Wineglass Bay belohnt.

raubend wilde Landschaft. Strahans Vergangenheit als Erzhafen weist auf den Reichtum an Rohstoffen an der Westküste hin. Alle anderen nennenswerten Orte der Region haben deshalb ihren Ursprung auch im Bergbau: Zeehan, einst die führende Silber- und Bleistadt; Rosebery, einst ein Zentrum des Gold-, Blei- und Zinkabbaus. Nur Zink wird dort heute noch gewonnen; Queenstown, wo nach wie vor Gold, Silber und Kupfer am Mt. Lyell abgebaut wird.

Queenstown hat sich zu einer bizarren Touristenattraktion entwickelt. Der Bergbauort liegt in einem Tal, umgeben von Bergen, deren Hänge komplett ohne Vegetation sind. Abholzung, Feuer, vor allem aber die giftigen Abgase der Schmelzöfen, haben die einst dichten Wälder vernichtet und eine Landschaft gestaltet, die im Zentrum einer Atomexplosion gelegen haben könnte.

DIE OSTKÜSTE

Während die Westküste wegen des wechselhaften und rauen Wetters berühmt-berüchtigt ist, erfreut sich die Ostküste Tasmaniens des Rufes einer „Sonnenküste". In der Tat ist das Klima an der Ostküste sonnenreich und trocken. Infolgedessen werden Besucher von den herrlichen Stränden, den wunderschönen Nationalparks und den geschichtsträchtigen Siedlungen angezogen.

Ganz im Nordosten Tasmaniens liegt der Mount William National Park, dessen Traumküste, ein Mix aus blendendweißen Stränden und wilden Granitgestaden der Schauplatz des Bay of Fire Walks ist.

Der Douglas-Aspen National Park, das nächste große Schutzgebiet, liegt etwas von der Küste zurückversetzt und schützt Reste einst weit verbreiteter, trockenerer Küstenwälder.

Das bekannteste Schutzgebiet an der Ostküste Tasmaniens ist aber ohne Zweifel der gebirgige Freycinet National Park mit der berühmten Traumbucht der Wine Glass Bay. Steile Granitberge, wilde Felsgestade, Traumstrände und zahlreiche Wandermöglichkeiten bilden eine attraktive Kombination für viele Besucher.

Von der Topografie sehr ähnlich, zeigt sich der Maria Island National Park. Das Inselreservat weist neben seinen Naturschönheiten eine weitere interessante Komponente auf: Der historische Ort Darlington, nun ein Freilichtmuseum, erzählt von der Vergangenheit Tasmaniens, als sich auf dem Inselstaat in erster Linie Straflager befanden.

LINKE SEITE:
Sanddünen an der Bay of Fire

Die ehemalige Chalmers Church von Launceston

Unter die Sparte Geschichte fällt auch der nächste Höhepunkt entlang der Ostküste: Die Tasman Peninsula. Auf der großen Halbinsel liegt Australiens berühmtestes Straflager, Port Arthur. Das faszinierende Freilichtmuseum kam 1996 in die Schlagzeilen, als dort der 28-jährige Martin Bryant Amok lief und 35 Menschen erschoss.

Die Forester Peninsula und die Tasman Peninsula unterscheiden sich geologisch grundlegend von Maria Island und dem Freycinet National Park. Hier dominieren nicht mehr Granit, sondern Sedimentgesteine und der basaltähnliche Dolerit, der schwindelerregende Klippen und Kaps formt.

DER NORDEN

Launceston, mit knapp 70.000 Einwohnern die zweitgrößte Stadt Tasmaniens, bildet das urbane Zentrum der Region. Die am Zusammenfluss des North Elk und South Elk Rivers gelegene, sogenannte „Garden City of the North" ist zudem Australiens drittälteste Stadt. Die beiden Flüsse bilden den River Tamar, ein breites, durch die Gezeiten beeinflusstes Gewässer, das sich von Launceston noch über 70 Kilometer bis zur Nordküste Tasmaniens hinzieht. Nahe der Mündung des River Tamar befindet sich an der Bell Bay eine Aluminiumschmelze, die von dem Überangebot an billigem Strom in Tasmanien profitiert.

Was den Bergbau selbst anbelangt, sind im Norden Tasmaniens die goldenen Zeiten vorbei. Die Gold- und Zinnbergwerke in der Region sind längst stillgelegt. Heute schöpft Nordtasmanien seinen Reichtum aus der Landwirtschaft, der Viehzucht, dem Weinanbau und der Forstwirtschaft. Dank des kühlen Klimas und der fruchtbaren Böden produziert die Region die Hälfte aller tasmanischen Weine.

Der Ben Lomond National Park im Zentrum Nordtasmaniens schützt ein im Durchschnitt 1300 Meter hohes Plateau, auf dem im Winter regelmäßig Schnee liegt. Mit dem 1572 Meter hohen Legges Tor erstreckt sich Tasmaniens zweithöchster Gipfel innerhalb dieser Parkgrenzen.

DAS ZENTRALE PLATEAU

Berge, Seen und Wasserkraftwerke – so könnte man das Zentrale Plateau Tasmaniens charakterisieren. Hier befinden sich die großen Schutzgebiete und Touristenmagnete Cradle Mountain-Lake St. Clair National Park, Walls of Jerusalem National Park, Franklin-Gordon Wild Rivers National Park sowie der kleine, aber beliebte Mount Field National Park. All diese Reservate stehen zudem als Weltnaturerbe unter dem Protektorat der UNESCO. Auf dieser weitgehend unberührten, temperierten Wildnis basiert Tasmaniens grünes Image.

Unter Forellenanglern sind einige der Seen weltberühmt – man denke nur an die London Lakes und die feine Anglerlodge. Einige Seen der Seenplatte sind in der Central Plateau Conservation Area geschützt. Great Lake, Tasmaniens größter See, liegt gleich nebenan. 1870 wurde erstmals Forellen in dem See ausgesetzt. Viele der Seen in der Lakes Region im zentralen Tasmanien sind gestaut und durch Kanäle verbunden. Sie sind Teil eines riesigen Systems an Wasserkraftwerken. Aufgrund reicher Niederschläge und steiler Täler, die für ein ideales Gefälle sorgen, fanden Ingenieure hier

Weite Moore wechseln auf dem Overland Track mit feuchten Regenwäldern, dunklen Seen und wilden Bergen ab. Der Weitwanderweg gilt als der schönste Australiens.

In der Tasmanian Wilderness World Heritage Area findet man noch uralte Baumriesen der King Billy Pines (Foto unten). Anderswo sind sie längst den Holzfällern zum Opfer gefallen.
Wegweiser im Cradle Mountain-Lake St. Clair National Park (rechts oben).
Herbstliche Laubfärbung der Blätter abwerfenden Südbuche (rechts unten)

einen nahezu idealen „Spielplatz" für die Stromerzeugung durch Wasserkraft. Der erste Damm zur Erzeugung von Strom wurde 1911 am Great Lake errichtet.

Im Osten bricht das Hochplateau in einer Serie von beeindruckenden Steilabstürzen, den Western Tiers, zu den Midlands ab. Hier, am Fuße der Berge, hat sich vor allem Tasmaniens Wollindustrie etabliert. Auf der Winton Estate, nahe dem Landstädtchen Campbell Town zum Beispiel, produziert man die feinste Wolle der Welt. Nicht weit von hier liegt das historische Städtchen Ross, berühmt unter anderem wegen der ältesten Brücke Tasmaniens. Auch das Dorf Bothwell ist geschichtsträchtig: Über 50 Gebäude sind hier unter Denkmalschutz gestellt.

VORHERIGE DOPPELSEITE:
Trekkingtour auf dem schneebedeckten Mount Ossa

HOBART

Hobart, die tasmanische Hauptstadt, liegt – sogar für australische Verhältnisse – am Ende der Welt. Die geografische Randlage der Stadt und ganz Tasmaniens mag bei manchem Festlandaustralier milden Spott hervorrufen, gelegentlich fällt auch der Begriff „hinterwäldlerisch". Es stimmt, dass Tasmanien seinen eigenen, etwas langsameren Rhythmus hat, aber gerade das macht den Charme der Insel und seiner Hauptstadt aus.

Hobart (206.000 Einwohner) liegt an der Mündung des mächtigen Derwent River in die Tasmanische See. Im Rücken der Stadt ragt das breite Bergmassiv des 1271 Meter hohen Mt. Wellington wie ein überdimensionaler Festungswall empor. Allein diese schöne Lage macht die Hauptstadt des Inselstaates zu einer der attraktivsten Städte Australiens.

Hobart, benannt nach Lord Hobart, entstand 1804 aus einer Strafkolonie am Risdon Cove. Ein Jahr später zog das Straflager zu einer besser geeigneten Lokalität am Sullivan's Cove um. Während die Anzahl der lokalen Aborigines aufgrund von Krankheiten und Anwendung von Gewalt stark abnahm, wurden weitere Strafgefangene nach Tasmanien deportiert, denen freie Siedler folgten. Die Tatsache, dass die Siedlung, damals noch Hobart Town genannt, an einem der besten Naturhäfen Australiens liegt, förderte den Aufstieg, und der Ort etablierte sich als Stützpunkt für die Wahl- und Robbenfangflotte im Südlichen Ozean. Hobart Town erhielt 1842 das Stadtrecht und wurde 1875 in Hobart umbenannt.

In Hobart dreht sich alles um den Hafen am Sullivans Cove. Am Victoria Dock finden die Langustenkutter der Fischereiflotte geschützte Ankerplätze. Sie geben vor der Kulisse der historischen, zum Teil liebevoll restaurierten Gebäude entlang der Hunter Street ein malerisches Bild ab. In dem belebten Hafenviertel haben das Centre for Arts, das Kunstzentrum, aber auch feine Restaurants eine Bleibe gefunden. Gleich neben dem Victoria Dock – getrennt durch den Fishermans Market mit dem bekannten Fischrestaurant Mures on the Docks – liegen am Constitution Dock Segeljachten und Ausflugsboote vor Anker.

Vom Hafen aus gelangt man entlang der Piers zum Parliament House und dem vorgelagerten St. Davids Park. Im historischen Stadtteil Battery Point befindet sich der Salamanca Place. Auf der zum Hafen zugewandten Seite des Platzes steht eine Reihe alter gregorianischer Sandsteinhäuser – ehemals wilde Hafenkaschemmen und Lagerhäuser. In den Gebäuden haben sich heute Kunsthandwerksläden, Restaurants, Pubs und Cafés etabliert. Jeden Samstag findet am Salamanca Place der Salamance Market statt: Von Obst und Gemüse, bis hin zu ausgefallenem Kunsthandwerk wird alles angeboten.

Eingezwängt zwischen zwei ehemaligen Lagerhäusern steigen die Kelly Steps hinauf zur McGregor Street. Von dort gelangt man zu der alten Hafengegend am Battery Point. Vor einem Jahrhundert hatte man dort zur Verteidigung der Stadt ein Artilleriebataillon stationiert. Überall im Stadtteil Battery Point – heute ein begehrtes Wohnviertel Hobarts – findet man liebevoll restaurierte Cottages, die noch an diese Zeit erinnern; so auch am Arthur Circus. Von hier lohnt sich ein Abstecher zum Van Diemen's Land Folk Museum in der Hampden Road. In dem Museum werden Ausstellungsstücke aus der Pionierzeit Tasmaniens gezeigt.

Hinter dem Hafen erstreckt sich das Zentrum Hobarts in nordwestlicher Richtung. Der Franklin Square ist von ausladenden Platanen bestanden. Gegenüber der Grünanlage, an der Macquarie Street, steht die Town Hall, das Rathaus von Hobart, gefolgt vom Tasmanian Museum und der Art Gallery. Sie beherbergt eine Ausstellung über die Geschichte und Kultur der tasmanischen Aborigines sowie Gegenstände und Gemälde aus der Kolonialzeit des Bundesstaates. Nicht weit davon befindet sich die eindrucksvolle St. David's Cathedral. Sehenswert ist auch das Theatre Royal in der Sackville Street, ganz in der Nähe der Macquarie Street. Das Theater wurde 1837 erbaut und ist als das älteste Theater Australiens.

Die City von Hobart zwängt sich auf eine relativ flache quadratische Fläche zwischen dem aufragenden Mount Wellington und dem lang gezogenen Hügel der Queens Domain. Dort, inmitten einer großzügigen Parklandschaft, befindet sich der Botanische Garten. An den Südwesthängen liegt der historische Stadtteil Glebe mit schmucken, liebevoll renovierten Häusern und feinen Frühstückspensionen. Die Vorstädte Hobarts ziehen sich entlang des Derwent Rivers nach Norden und Süden. Die am gegenüberliegenden Ufer des Flusses gelegenen Stadtteile sind mittels der Tasman Bridge mit der City verbunden.

Alljährlich wird Hobart zum Ausflugsort vieler Segelbegeisterter, die die Zieleinfahrten der berühmt-berüchtigten Hochsee-Segelregatta, die von Sydney nach Hobart führt, miterleben möchten.

Jeden Samstag findet in Hobart der Salamanca Market statt.

Die Victoria Docks im Hafen von Hobart. Hier liegt die Fischfangflotte mit den Langustenkuttern vor Anker. Die begehrten Meerestiere werden in korbartigen Fallen gefangen.

Tasmanien

VICTORIA
ÜBERBLICK

Der Bundesstaat Victoria liegt in der Südostecke des australischen Kontinents. Im Größenvergleich zu den anderen Bundesstaaten und Territorien auf dem australischen Festland ist Victoria ein Zwerg: Die Fläche von 227.416 Quadratkilometern entspricht weniger als drei Prozent der Gesamtfläche Australiens, womit Victoria im Landesvergleich den sechsten Platz einnimmt. Betrachtet man allerdings die Anzahl der Bewohner, ist Victoria ein Riese: Mit mehr als fünf Millionen Einwohnern wird der Bundesstaat nur noch von New South Wales übertroffen. Damit weist Victoria die größte Bevölkerungsdichte aller Bundesstaaten des Kontinents auf.

Wie auch bei anderen Bundesstaaten, können Statistiken aber ein verzerrtes Bild erzeugen. Die Bevölkerung verteilt sich nicht gleichmäßig über den Bundesstaat. Allein über 3,7 Millionen Menschen leben in der Hauptstadt Melbourne. Das entspricht etwa 70% aller Victorianer. Hinzu kommen mehrere wichtige, regionale Städte wie Lake Entrance, Sale, Wodonga, Echuca, Geelong, Ballerat, Bendigo oder Warnambool, die sich mehr oder weniger den Rest der Bevölkerung teilen. Regionen wie Gippsland im Osten oder die westlichen Distrikte sind dagegen äußerst dünn besiedelt.

FOLGENDE DOPPELSEITE:
Der Great Ocean Walk erschließt die schönsten Küstenlandschaften des Bundesstaates Victoria.

Melbourne, die Hauptstadt Victorias ist eine dynamische, aufstrebende Metropole.

Der winterliche Mt. Feathertop im Alpine National Park. Dieses gewaltige Schutzgebiet beinhaltet nicht nur Victorias höchsten Gipfel, sondern auch zwei Skigebiete: Mount Hotham und Falls Creek.

Blickt man auf eine Karte, stellt Victoria grob gesehen ein Dreieck dar. Der Bundesstaat wird im Süden durch die Bass Strait begrenzt und im Norden besteht in Gestalt des Murray River eine natürliche Grenze zu New South Wales, die lediglich in der äußersten Südostecke um eine künstlich festgelegte Grenzlinie verlängert wird: Diese zieht sich von dem „jungen" Murray River bis zum Cape Howe hinunter. Und im Westen grenzt Victoria an Südaustralien.

Trotz seiner vergleichsweise geringen Größe zeigt sich Victoria topografisch, geologisch und klimatisch äußerst abwechslungsreich. Die Topografie des Bundesstaates reicht von im Winter schneebedeckten Gebirgen über dicht bewaldetes Hügelland bis hin zu wilden Küstenlandschaften, von Flussebenen über Grasländer bis hin zu sonnendurchglühtem semi-ariden Buschland. Der Mount Bogong in den Victorian Alps – sie stellen einen Teil der Great Dividing Range dar – ist mit 1986 Metern der höchste Gipfel des Bundesstaates. In den Victorian Alps, die zum größten Teil als Alpine National Park geschützt sind, sowie dem ebenfalls als Nationalpark geschützten Mount Buffalo Plateau, liegen die höchsten Berge Victorias. Mehrere Skigebiete, wie Mount Hotham, Falls Creek und Mount Buller, ziehen im Winter Schneebegeisterte vor allem aus Melbourne und Sydney an.

Dank der Berge und der relativ hohen Niederschlagsmengen weist Victoria einige nennenswerte Flüsse auf. Abgesehen vom Murray River, der allerdings zu New South Wales gehört, sind dies vor allem der Snowy River und der Mitchell River in Gippsland, des Weiteren der von den Yarra Ranges durch Melbourne in die Port Philip Bay mündende Yarra River, der Ovens River und nicht zuletzt der Goulburn River auf der Nordseite der Victorianischen Alpen.

KLIMA

So unterschiedlich wie die topografischen Regionen ist auch das Klima Victorias. Es reicht von kühlgemäßigten Zonen in den Bergen über gemäßigte in den Küstenbereichen bis hin zu heißen und niederschlagsarmen im semi-ariden Nordwesten des Bundesstaates. Wegen seiner südlichen Lage kann man in Victoria vier Jahreszeiten klar unterscheiden. Auch die Niederschlagsmengen zeigen große Schwankungen. 250 Millimeter oder weniger fallen in der Mallee-Region im Nordwesten, während in Falls Creek in den Victorian Alps 2600 Millimeter gemessen werden. Auch die Otway Ranges südwestlich von Melbourne und die Gippsland-Region sind ebenfalls sehr regenreich.

Damit ist Victoria nach Tasmanien der niederschlagreichste Bundesstaat Australiens. Die Gebiete nördlich der Great Dividing Range haben bereits ein merklich kontinentales Klima, mit heißeren und trockeneren Sommern. Die Winter dagegen sind milder, weil sie durch die Berge vor den Kaltfronten vom Meer geschützt sind. Südlich der Gebirge hält die kühle Meeresluft die Sommertemperaturen dagegen niedriger. Während die kältesten Temperaturen Victorias in den alpinen Gebieten gemessen werden, der Kälterekord liegt bei −12,8 Grad, übersteigen die Maximaltemperaturen im Sommer vor allem in der westlichen Hälfte des Staates immer wieder die 40-Grad-Grenze. Die höchste, jemals in Victoria gemessene Temperatur betrug 47,2 Grad Celsius

Regenwald im Errinundra National Park. Obwohl Victoria im Vergleich zu den anderen eher klein ist, so steht er ihnen in puncto landschaftliche Vielfalt in nichts nach.

RECHTE SEITE:
Im Stadtteil Sovereign Hill in Ballerat hat man die alte Goldgräbergeschichte in Form eines Museumsdorfes wieder aufleben lassen.

Kirche in der Missionsstation Lake Tyler in der Gippsland Region. Der Bundesstaat Victoria hat einen der geringsten Bevölkerungsanteile an australischen Ureinwohnern in Australien.

GESCHICHTE

Aufgrund von archäologischen Funden wird davon ausgegangen, dass Aborigines wahrscheinlich seit mehr als 50.000 Jahren in Victoria gelebt haben. Bei der Ankunft der Europäer fand man 30 bis 40 verschiedenen Gruppen indigener Australier vor, die sich durch Sprache, Gebräuche und Territorien voneinander unterschieden.

Mit der Ankunft des Gefangenenschiffes Calcutta am 9. Oktober 1803 begann die europäische Geschichte Victorias. Allerdings war der erste Siedlungsversuch, nahe dem heutigen Ort Sorrento an der Spitze der Mornington Peninsula, ein Fehlschlag. Nach nur drei Monaten wurde die Strafkolonie aufgegeben und die Gefangenen mit ihren Begleitern nach Hobart auf Tasmanien transportiert. Eine Expedition unter der Leitung von Hamilton Hume und William Hovell in den Jahren 1824/25 kam von New South Wales in das Gebiet des heutigen Victoria und erreichte die Curio Bay nahe der heutigen Stadt Geelong.

Die beiden Forscher äußerten sich nach ihrer Rückkehr begeistert über die entdeckten Regionen. Der Bericht der Forscher, zusammen mit der Sorge, dass sich die Franzosen in diesem Teil Australiens festsetzen könnten, führte dazu, dass 1826 an der Western Port Bay, östlich der Port Philip Bay, eine Strafkolonie gegründet wurde. Nur eineinhalb Jahre später gab man auch diese Siedlung auf.

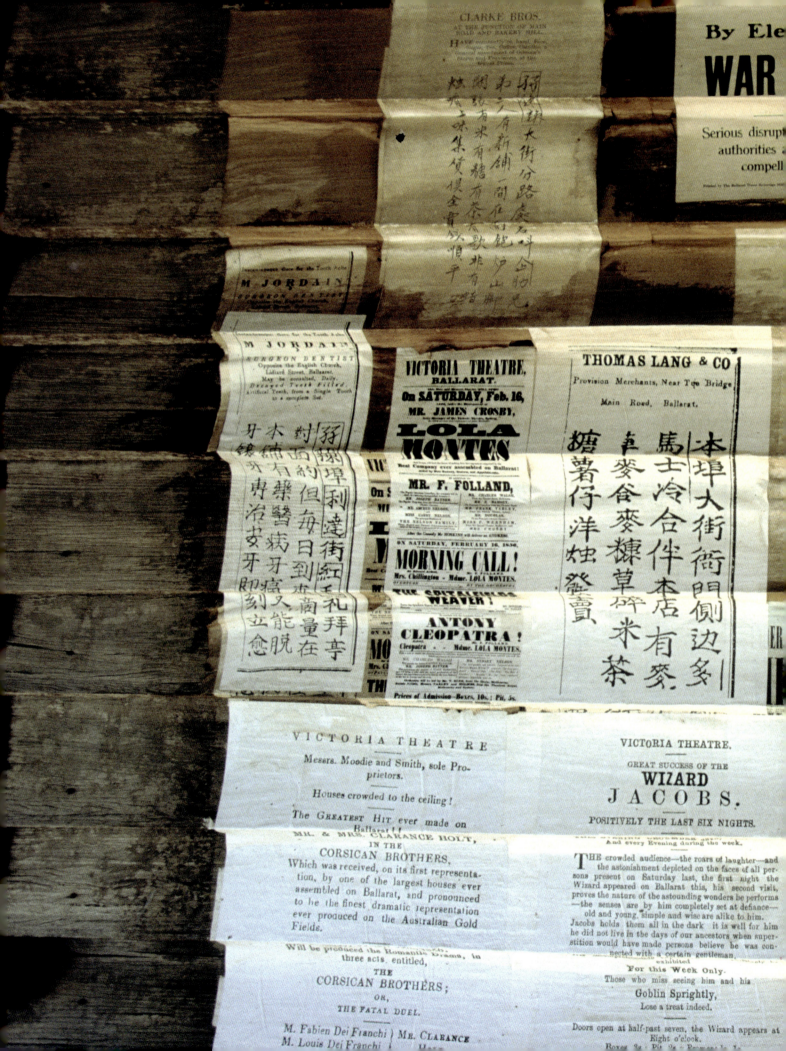

Telegraph

CHINA!!

Melbourne, 20th January, 1857

British and Chinese
Admiral Seymour
ard this town.

Hope Bakery,
Main Road, Ballarat.

Fat pigs for sale.

肥餅大
猪舖街
出肉烘
賣有

者大人新文婦
...

J R GRUNDYS
URNISHING TOBACCO
WAREHO USE
(Opposite Reynolds & English.)
MAIN ROAD, BALLARAT

VICTORIA THEATRE,
BALLARAT.
On SATURDAY, Feb. 16,

LOLA MONTES

MR. F. FOLLAND,

C MORRIS,
Undertaker,
Bakery hill
three doors from St. Paul's Church
(late of Mr. Cook's, 71, Collins street
Melbourne)
Begs most respectfully to inform the
inhabitants of Ballarat and its vic-
inity that he performs Funerals of every
class, on the shortest notice, and most
reasonable terms.
A Splendid Hearse.

C MORRIS,
Undertaker,
Bakery hill
three doors from Mr. Cook's, 71, Collins st.
Melbourne
Begs most respectfully to inform the
inhabitants of Ballarat and its vic-
inity that he performs Funerals of every
class, on the shortest notice, and most
reasonable terms.
A Splendid Hearse.

J R GRUNDYS
URNISHING TOBACCO
WAREHO USE
(Opposite Reynolds & English.)
MAIN ROAD, BALLARAT
Mild Chinese Tobacco

到而伱本
熟連對埠
烟你面大
發有街
客新陳铺

MORNING CALL
Mrs. Chillington — Mdme. LOLA MONTES

SPITALFIELDS WEAVER!

ANTONY CLEOPATRA!
Cleopatra — Mdme. LOLA MONTES

THEATRE ROYAL,
FOR THE BENEFIT OF
MRS. T. A. HETHERINGTON.
Come and see Mrs. T. A. Hetherington
in the RENT DAY.

And a New Farce, written by Mrs. T.

in general, that her Benefit is fixed for the above named
Evening, and hopes that the bill of fare which she has
placed before them, will give general satisfaction.

On MONDAY Evening, October, 30,
Will be presented, for the first time here, Douglas
Jerrold, Esq's admired Drama, in Two Acts, entitled the

RENT DAY!

LATEST INTELLIGENCE FROM ABROAD

AMERICA

LINCOLN inaugurated as

PRESIDENT

in Washington.

4th March, 1861

GRAND TABLEAU!!

Song .... MR. SALOM

To conclude with the NEW FARCE, entitled

STAGE STRUCK

VORHERIGE DOPPELSEITE:
Auch das ist im Museumdorf Sovereign Hill zu besichtigen: alte Nachrichten und Bekanntmachungen.

Beim Melbourne Cup stehen nicht alleine die Rennpferde im Mittelpunkt, auch der gewagtesten Hutkreation wird viel Aufmerksamkeit zuteil.

Obwohl das Interesse an der Region wuchs, kam es erst 1834 zur Gründung der ersten dauerhaften Siedlung an der Portland Bay. Aus der Siedlung entstand die heutige Stadt Portland ganz im Westen von Victoria, unweit der Grenze zu Südaustralien.

Die heutige Hauptstadt Victorias, Melbourne, wurde ein Jahr nach Portland gegründet. Dort, wo sich heute das Immigration Museum am Yarra River befindet, wurde die erste Unterkunft errichtet. 1851 trennte sich Victoria von New South Wales und wurde zu einer eigenständigen Kolonie.

Während der Beginn des Bundesstaates bis dahin von Fehlschlägen begleitet war und eher zögerlich voranschritt, änderte sich dies mit der Entdeckung von Gold noch im selben Jahr der Trennung von New South Wales. Der Schauplatz dieses monumentalen Ereignisses in der Geschichte Victorias – ja ganz Australiens – war die Siedlung Clunes nördlich von Ballerat. Diese und die folgenden Goldentdeckungen lösten einen gigantischen Goldrausch aus.

Die Änderungen, die die Entdeckung des Goldes für Victoria brachte, waren weitreichend. Die Bevölkerung nahm nun rasch zu. Zehn Jahre nach der Entdeckung des ersten Goldes hatte Melbourne bereits eine halbe Million Einwohner und wurde zu einer wohlhabenden Stadt. Die sogenannte Eureka Stockade, bei der sich Goldgräber 1854 gegen die zu hohen Lizenzgebühren auflehnten, und bei der 24 von ihnen getötet wurden, gilt als einer der Schlüsselmomente in der Entwicklung der australischen Demokratie. 1857 dann wurde allen Männern das Wahlrecht gegeben. Die Frauen folgten 1908, sieben Jahre nachdem Victoria ein Staat des Commonwealth von Australien wurde.

Zwischen den beiden Weltkriegen blieb Victoria der reichste Bundesstaat Australiens, mit Melbourne als der einflussreichsten Stadt. Nach dem Zweiten Weltkrieg förderte die Zuwanderung von Immigranten ein weiteres Wachstum der Wirtschaft. Nur ein Konjunkturabschwung in den siebziger und achtziger Jahren schädigte das herstellende Gewerbe. Zwischen 1989 und 1992 verlangsamte sich die Wirtschaft dann weiter. Unter der Führung des damaligen Ministerpräsidenten Premier Jeff Kennett und später Steve Bracks wandelte sich dieser negative Trend zum Positiven.

GESELLSCHAFT

2005 überschritt die Bevölkerung von Victoria die 5-Milionen-Marke. Wie auch in den anderen Staaten und Territorien, entstand aus einer Bevölkerung mit anfangs rein angelsächsischen Ursprüngen in Victoria eine multikulturelle Gesellschaft. Mehrere Einwanderungswellen brachten z.B. aus Europa Italiener und Griechen, aus Asien Vietnamesen. Melbourne hat heute noch den größten griechischen Bevölkerungsanteil aller australischen Städte.

In den multikulturellen Mix kamen in den letzten Jahren vor allem Menschen aus dem mittleren Osten hinzu. Der Anteil der Aboriginees dagegen beträgt weniger als ein Prozent der Gesamtbevölkerung. Die Auswirkungen durch die Europäer hier im Süden des Kontinents auf die Ureinwohner waren wesentlich dramatischer als zum Beispiel im Northern Territory.

Die Victorianer sind wie alle Australier sportbegeistert. AFL, die Australian Football League, hat ihren Ursprung in Victoria. Einmal im Jahr steht Victoria und die ganze Nation still, weil dann Racing Carneval in Melbourne und Melbourne Cup Day ist, in Victoria ein Feiertag, wobei sich bei diesem Ereignis alles ums Pferderennen, um Mode und außergewöhnliche Huttracht, um das Wetten und um Parties dreht. Melbourne führt zudem unangefochten die australische Kunstszene an: Allein die Theaterszene ist beeindruckend.

POLITIK

Die politische Entwicklung Victorias wurde in erster Linie von zwei Strömungen beeinflusst: Zum einen die populäre und weit gestreute Bewegung für die Trennung von New South Wales. Dies wurde 1851 erreicht. Im selben Jahr begann der erste Goldrausch, dem weitere folgten. Die Zeit des

Goldfiebers hatte einen zweiten profunden Einfluss auf die Politik des Staates, denn damals wurde der demokratische Grundstock für Victorias politische Landschaft gelegt, ein Ereignis, das auch gesamtaustralische Auswirkungen hatte: Es entstand eine starke liberale Tradition, die den Aufstieg der Labour Party verzögerte und verlangsamte.

Das Parlament von Victoria residiert im Parliament House in Melbourne. Basierend auf dem englischen Westminster-System, verabschiedet das Parlament die Gesetze für den Bundesstaat. Das Parlament von Victoria besteht aus dem Ober- und Unterhaus. Obwohl Queen Elizabeth II. offiziell das Staatsoberhaupt von Victoria ist, ist ihre Rolle rein zeremoniell. In der Realität wird das Bundesland vom victorianischen Ministerpräsidenten geführt. Wie auch in anderen Bundesstaaten, wird nach den Wahlen der Führer der gewinnenden Partei zum Ministerpräsidenten ernannt.

Säulengang im Parliament House in Melbourne

Das Unterhaus hat 88 Mitglieder, die für vier Jahre gewählt werden. Seit 2006 haben sich die Regeln für das Oberhaus geändert. Victoria wurde von 22 Wahlbezirken in nur noch acht Wahlbezirke unterteilt. Jeder Wahlbezirk wird nun von fünf Personen im Oberhaus repräsentiert. Damit reduzierte sich die Anzahl der Mitglieder des Unterhauses von 44 auf 40. Die Amtsdauer ist, wie im Unterhaus, auf vier Jahre festgelegt. Vor 2006 wurden die Mitglieder des Oberhauses auf acht Jahre gewählt. Wahlen finden in Victoria alle vier Jahre im November statt.

Der große Goldrausch ist längst vorüber, aber mit neuen Abbaumethoden werden auch die aufgelassenen Goldlagerstätten wieder interessant für die Wirtschaft in Victoria.

WIRTSCHAFT

Sowohl in Bezug auf die Bevölkerung als auch in ökonomischer Hinsicht ist Victoria ein Riese: Wie bei den meisten anderen Bundesstaaten und Territorien Australiens sind auch in Victoria Landwirtschaft, Fleischerzeugung, Milchprodukte, Bergbau und die Herstellung von Gütern die Stützen der Wirtschaft, die im großen Stile betrieben werden. Obwohl es in den letzten Jahren eine Wende zugunsten der Serviceindustrie gegeben hat, ist der herstellende Sektor der victorianischen Wirtschaft nach wie vor der größte Arbeitgeber in dem kleinen Bundesstaat, der auch das meiste Einkommen erwirtschaftet.

Neben Getreiden, Gemüse, Obst und Wein wird in Victoria auch Tabak angepflanzt – hier ein Tabakfeld im Owens Valley.

Die Landwirtschaft produziert in erster Linie Weizen, Gerste und Hafer, Raps, Sonnenblumen, Sojabohnen und Saflor für die Herstellung von Speiseölen. Früchte wie Birnen, Äpfel, Orangen, Beeren, Mandeln und Oliven werden ebenfalls im großen Stil angebaut. Der Weinanbau spielt eine zunehmend wichtige Rolle, auch zur Gewinnung von Tafeltrauben und Rosinen. Ein wichtiges Anbauprodukt ist zudem Gemüse, vor allem Kartoffeln, Tomaten, Karotten und Salat.

Hinzu kommen die Fleischproduktion (Schaf und Rind) und die Herstellung von Milchprodukten. Hier führt Victoria den australischen Markt an. Man geht davon aus, dass etwa 60 % aller australischen Milchkühe in Victoria grasen. Gleichermaßen spielt in Victoria traditionell die Wollproduktion eine bedeutende Rolle. Wenn man die Statistik betrachtet, dann ist der Bundesstaat mit geschätzten 32.463 Farmen, deren Ländereien zusammen 60 % der Staatsfläche ausmachen, ohne Zweifel als Agrarstaat zu bezeichnen.

Mit der Wiederbelebung von gewaltigen Goldbergwerken in Bendigo und Ballerat hat für Victorias Bergbauindustrie in den letzten Jahren ein neuer Aufschwung begonnen. Mit neuen Technologien und unterstützt durch den hohen Goldpreis will man unter den beiden traditionellen Goldstädten die nach wie vor vorhandenen riesigen Goldvorkommen abbauen. Mit für den Aufschwung sorgte auch der großflächige Abbau von Mineralsanden. Neben Gold stellt Kohle in Victoria einen traditionellen Bodenschatz dar. Vor allem im Latrobe Valley östlich von Melbourne – hier liegen die größten Braunkohlelager der Welt – wird Kohle im großen Stil abgebaut und zur Befeuerung von Kohlekraftwerken benutzt. In der Bass Strait wurden Öl- und Erdgasfelder entdeckt. Doch obwohl die Bergbauindustrie mit weit über drei Milliarden Dollar jährlich zum Bruttosozialprodukt des Bundesstaates beiträgt, ist in dieser Industrie nur etwa 1% der Arbeiter angestellt. Der Großteil der Arbeiter findet sein Auskommen in der herstellenden Industrie. Ein wirtschaftlicher Riese ist die Serviceindustrie, die nun etwa Dreiviertel des Bruttosozialproduktes des Bundesstaates erwirtschaftet.

FOLGENDE DOPPELSEITE:
Landschaft im Gebiet von Yanakie nahe dem Wilsons Promontory National Park. Ausladende Eukalypten und grüne Weiden schaffen dort eine beeindruckende Parklandschaft.

An der Nordseite der Victorian Alps herrschen hervorragende Bedingungen für den Anbau von Obst. Vor allem Äpfel gedeihen hier bestens.

REGIONEN

MURRAY – OUTBACK

Der Murray River bildet fast die gesamte Nordostgrenze Victorias zu New South Wales. Das Land entlang des Flusses von Yarrawonga im Osten bis zum Städtchen Mildura nennt sich Murray Country. Südlich von Mildura beginnen die semi-ariden Weiten der Big Desert Wilderness. Diese Region ist bekannt als Victorias Outback. Mildura mit knapp 24.000 Einwohnern ist das wichtigste regionale Zentrum entlang des Murray Rivers. In den Ebenen um Mildura hat sich äußerst erfolgreich der Anbau von Obst, vor allem von Zitrusbäumen und Wein, etabliert. Gesegnet mit fruchtbarer Erde, wachsen die Pflanzen auf riesigen Bewässerungsflächen in dem warmen Klima hervorragend.

Swan Hill, nordöstlich von Mildura, wurde von dem Forscher Major Mitchell so benannt, weil er dort erlebte, wie zahlreiche Schwäne lautstark den Morgen begrüßten. Der Ort ist eine wichtige Touristendestination. Im sogenannten Pioneer Settlement, einem Freilichtmuseum, hat man das alte Swan Hill aus den Zeiten der großen Flussboote wieder errichtet. Flussreisen auf dem Murray River sind auch heute noch in Form von Flusskreuzfahrten vor allem aber auf Hausbooten, sehr beliebt.

RECHTE SEITE:
Der gebirge Nordosten Victorias ist landschaftlich besonders reizvoll. Foto oben: Wildblumenblüte in der Umgebung des Mt. Feathertops im Alpine National Park. Foto unten: Uralte Schnee-Eukalypten umstehen die historische Wallace Hut.

In der Umgebung von Swan Hill wird großflächig Wein angebaut. Echuca, ebenfalls am Murray River gelegen, ist in erster Linie eine Touristendestination und bekannt für die weltweit größte Schaufelraddampferflotte.

Abgesehen von den Städten entlang des Murray Rivers, ist die Region relativ dünn besiedelt. Das gilt vor allem für das Outback in der Nordwestecke Victorias. Mehrere Schutzgebiete und Nationalparks sorgen dafür, dass die ursprüngliche Mallee-Vegetation (Mallee sind Eukalyptusarten, die nicht einen einzelnen Stamm bilden, sondern strauchartig mehrere Stämme ausbilden) erhalten blieb und nicht der Rodung zum Opfer fiel. In den Parks konnten sich seltene Tiere und Pflanzen erhalten. Die wichtigsten Schutzgebiete sind der Murray-Sunset National Park, Hattah Kulkyne National Park, der Wyperfield National Park und der Big Desert Wilderness Park, dem drei Conservation Parks und ein Nature Reserve angefügt wurden.

THE HIGH COUNTRY

Der Nordosten Victorias, eine faszinierende Region, umfasst die Berge der Victorian Alps und das Mt. Buffalo Plateau. Ebenso zu dieser Region zählen die historischen Städtchen Beechworth und Yackandandah, die ihre Existenz den Goldfunden verdanken. Zu diesem geschichtsträchtigen Teil Victorias gehört auch Ned Kelly, Australiens bekanntester „bushranger". Der Bandit, der in Australien fast den Status eines Volkshelden hat, trieb sein Unwesen in dieser Region.

Zu Füßen der Berge, in Flusstälern und Ebenen, hat sich eine äußerst reiche Landwirtschaft angesiedelt. Vor allem im Goulburn Valley mit dem Hauptort Shepparton, aber auch im Ovens Valley wird Wein, Obst, Hopfen, Tabak und Gemüse angebaut. Auch die Schafzucht und Rinderhaltung ist sehr erfolgreich. Neben Shepparton (31.000 Einwohner) bilden die Städte Wodonga (knapp 26.000 Einwohner) und Wangarrratta (über 15.000 Einwohner) wichtige regionale Zentren.

Ein Großteil des Berglandes ist in dem riesigen Alpine National Park geschützt. Innerhalb des Parks, der im Winter schneebedeckt ist, liegen die beliebten Skiorte Falls Creek (nahe dem Ort Mount Beauty), Mount Buller (nahe Mansfield) und Mount Hotham (nahe Bright). Diese Bereiche der Victorian Alps sind relativ gut zugänglich und haben eine ausgebaute Infrastruktur. So führt zum Beispiel der Alpine Way, eine Touristenstraße von Omeo im Süden der Berge, über Mt. Hotham nach Bright, dem Ausgangspunkt für den Mount Buffalo National Park. Der große südwestliche Bereich des Parks dagegen ist hauptsächlich als „wilderness area", als Wildnisgebiet, ausgeschrieben. Es gibt keine Straßen oder markierte Wege; die wilden Bergketten, Wälder und Täler stehen nur erfahrenen Wanderern offen. Dies gilt auch für den östlichsten Teil der Victorian Alps, mit der Indi Wilderness Area, der Cobberas Wilderness Area und der Buchan Headwater Wilderness Area.

GIPPSLAND

Gippsland, unterteilt in South Gippsland und East Gippsland, nennt sich jene Region, die den gesamten Südosten des Bundesstaates umfasst. South Gippsland ist durch weitläufige Hügellandschaften und mächtige Wälder gekennzeichnet. Die Region schließt das riesige Braunkohlerevier im

Latrope Valley und einen Küstenabschnitt, der von endlosen Sandstränden wie dem des Ninety Mile Beach geprägt wird, mit ein.

Ein ausgedehntes Seen- und Lagunensystem hinter dem Dünenwall ist zum Teil als Gippsland Lakes Coastal Park und als Lakes National Park geschützt. Mit dem Städtchen Lakes Entrance (über 5000 Einwohner) hat South Gippsland ein beliebtes und bekanntes touristisches Zentrum. Land-

Am besten lässt sich der Errinundra National Park mit dem Allrad-PKW erkunden.

wirtschaft ist ein weiteres ökonomisches Standbein der Region, mit Schwerpunkt auf Milchkuhhaltung. Die Landstädtchen Sale (15.000 Einwohner) sowie Bairnsdale (11.000 Einwohner) bilden die wichtigsten regionalen Zentren von South Gippsland.

Während South Gippsland überwiegend landwirtschaftlich und forstwirtschaftlich genutzt wird, zeigt sich das anschließende East Gippsland wesentlich wilder und unberührter. Wie kaum anderswo in Australien findet man hier eine außergewöhnliche Dichte an Nationalparks: Der gewaltige Snowy River Nationalpark schützt eine wilde Bergwelt mit herrlichen Urwäldern und einen großen Teil des Einzugsgebietes des Snowy Rivers, der im Park durch eine gewaltige, fast 1000 Meter tiefe Schlucht fließt. Nur ein winziger Bereich des Wildnisreservats ist durch eine ungeteerte Straße erschlossen.

Einer der wichtigsten Parks East Gippslands ist der Errinundra National Park, ein hoch liegendes Plateau, das mit hohen Niederschlägen gesegnet ist. Hier sind einzigartige Ur- und Regenwälder vor dem Zugriff der Holzindustrie geschützt. Auch die beiden kleinen Schutzgebiete Lind National Park und Alfred National Park, beide am Princes Highway gelegen, schützen letzte Enklaven von kühlgemäßigten Regenwäldern. Der praktisch unzugängliche Coopracambra National Park, der sich auf der anderen Seite der Grenze in New South Wales im South East Forest National Park fortsetzt, hat den Schutz riesiger Wälder zur Aufgabe.

Die Südostspitze des australischen Kontinents – und vor allem das Gebiet von East Gippsland – ist die waldreichste Region Australiens. Es überrascht deshalb nicht, dass East Gippsland auch eine lange Geschichte der forstwirtschaftlichen Nutzung hat. Endlose Wälder wurden bereits mehrmals abgeholzt und wieder aufgeforstet. Von Umweltschützern und Naturfreunden allerdings als unakzeptabel empfunden wird, dass nach wie vor bisher unberührte Urwälder, sogenannte „old growth

Im Errinundra Nationalpark wird die einzigartige Flora des gemäßigten australischen Regenwaldes geschützt.

Der Snowy River bei Marlo. Auf seinen letzten Kilometern fließt der Fluss, dessen Ursprung nahe dem Mount Kosciuszko in den Snowy Mountains liegt, durch besonders fruchtbare Schwemmebenen. Nahe dem Fischerort Marlo mündet er dann ins Meer.

RECHTE SEITE:
Der einst wilde und unberechenbare Snowy River ist auf dem größten Stück seines Weges zur Tasman See zu einem müden Gewässer verkommen, seit man sein Wasser in New South Wales aufstaut und umleitet. Nur in seinem Unterlauf nahe seiner Mündung erinnert er noch an einen richtigen Fluss.

FOLGENDE DOPPELSEITE:
Die Buchan Caves und das umliegende Karstland in East Gippsland sind geschützt. Während einige der Höhlen für Touristen erschlossen sind, sind andere nur für erfahrene und gut ausgerüstete Späleologen zugänglich.

forests", den Holzfällern zum Opfer fallen. In East Gippsland, wie auch in Tasmanien, treffen Holzfäller, die den Reichtum der Region wirtschaftlich nutzen wollen, auf jene, die die grandiosen, einzigartigen Wälder der Nachwelt erhalten wollen.

Das mit Abstand wichtigste Schutzgebiet East Gippslands allerdings ist der Croajingolong National Park. Er schützt neben endlosen Wäldern eine der letzten Wildnisküsten Australiens. Zusätzlich zur Biosphäre erklärt, umfasst der lang gezogene Park zahlreiche Biotope und Lebensräume, die eine Vielzahl an seltenen Pflanzen und Tieren beheimaten. Eine Sonderstellung innerhalb der zahlreichen Reservate in der äußersten Südostecke Victorias haben die Buchan Caves. In der Buchan Caves Reserve werden Tropfsteinhöhlen und Karstformationen geschützt. Auf dem Kalkstein wächst zudem eine endemische Akazienart.

Der wichtigste Fluss East Gippslands ist der Snowy River, der nahe dem Fischerort Marlo in die Tasman See mündet. In den Herzen vieler Australier hat dieser Fluss einen besonderen Platz. Dies ist vor allem dem Gedicht „The Man from Snowy River" des australischen Poeten Andrew (Banjo) Peterson und dem gleichnamigen australischen Film zu verdanken.

Einst ein mächtiger Fluss, der regelmäßig das Flachland im Unterlauf überschwemmte, ist der Snowy River heute zu einem Rinnsaal verkommen. Das Wasser, das früher von den Snowy Mountains in New South Wales durch den Fluss abfloss, wird nun in Stauseen abgefangen, zur Herstellung von Strom verwendet und dann zum Murray River mit seinen riesigen Bewässerungsgebieten umgeleitet. Der Snowy River, einer der schönsten Wildflüsse Australiens, geht nun nahezu leer aus. Seit Jahren versuchen Umweltschutzorganisationen die Politiker dazu zu bewegen, mehr Wasser über den Snowy River abzulassen – mit wenig Erfolg. Mit dem Snowy River-Delta, das sich von dem Holzfällerort Orbort zur Küste ausdehnt, hat die Region eine der fruchtbarsten Flussebenen der Welt geschaffen. Hier grasen vor allem Milchkühe. Aber auch der Anbau von Mais und anderen Gemüsesorten ist sehr erfolgreich.

DIE GOLDFIELDS

Die Keimzellen der Goldfield-Region sind die beiden reichen Bergbaustädte Ballerat (65.000 Einwohner) und Bendigo (knapp 60.000 Einwohner). Beide Städte haben ihren Ursprung im großen Goldrausch des 19. Jahrhundert. Großartige historische Gebäude und breite, baumgesäumte Straßen zeugen nach wie vor vom Reichtum, der damals aus dem Boden geholt wurde. In dem großartigen Freilichtmuseum Sovereign Hill in Ballerat kann das Leben auf den damaligen Goldfeldern nachvollzogen werden.

Im Umkreis von Bendigo befanden sich damals die reichsten Goldminen des Landes und über 1000 Bergwerksgesellschaften schürften nach dem wertvollen Metall. Das letzte Bergwerk machte 1954 zu. In den letzten Jahren kam es allerdings zu einer Renaissance der goldenen Zeiten. In dem Gestein, tief unter den beiden Städten, liegen nach wie vor große Goldvorkommen, deren Abbau im großen Stil jetzt dank eines beständig hohen Goldpreises und der Entwicklung neuester Technologien wirtschaftlich tragbar geworden ist. Die goldenen Zeiten, so scheint es zum jetzigen Zeitpunkt, sind also noch nicht vorbei.

Wer durch die Goldfield Region reist, wird allerdings von den wilden Zeiten des Goldrausches wenig sehen. Nur gelegentlich, z.B. nahe der kleinen Stadt Maldon oder um das Städtchen Castlemain, finden sich noch vereinzelt Relikte aus der Goldzeit, die vor sich hin rosten. Die Geschichte ist vielmehr in den alten Pubs der Dörfer, den zahlreichen Kirchen und historischen Gebäuden geschrieben. Die alten Tagebaustätten sind längst überwachsen, aufgeforstet oder werden, wie ein Großteil der Region, landwirtschaftlich genutzt.

SOUTH WEST

Wie in keiner anderen Region Victorias dominiert im Südwesten das Meer. Hier befindet sich die berühmte Great Ocean Road, die den Surfort Torquay südlich von Geelong mit Warnambool, die mit über 26.000 Einwohnern Victorias fünftgrößte Stadt ist, verbindet. Der Küstenabschnitt zwischen Point Lonsdale auf der Bellarine Peninsula und Aireys Beach an der Great Ocean Road wird „The Surf Coast" genannt.

Mit Torquay als Zentrum zieht es auch internationale Surfer an diesen Küstenabschnitt. Der bekannteste dieser Strände ist Bells Beach bei Torquay, wo sich jährlich die Surfer der Weltelite zum Easter Bells Beach Surfing Classic in die Wellen stürzen.

Einer der bekanntesten Nationalparks Victorias, der Port Campbell National Park, ist ebenfalls in dieser Region zu finden. Er schützt einen einzigartigen Küstenstreifen, der wegen seiner dramatischen Klippen und Felsformationen bekannt ist. Das berühmteste Naturdenkmal im Park sind die Zwölf Apostel. Trotz des Namens handelt es sich dabei nur um acht Felstürme, die an der Küste der zerstörerischen Gewalt der Wellen ausgesetzt sind. Die Säulen aus weichem Sandgestein sind über Millionen von Jahren durch Wind und Wellen geformt worden und unterliegen bisweilen dem natürlichen Prozess der Erosion. Der neunte Felsturm kollabierte erst 2006. Weitere Höhepunkte des Parks sind die „London Bridge", eine freistehende Felsbrücke, die ebenfalls bis vor ein paar Jahren mit dem Land verbunden war, die „Loch Ard Gorge", benannt nach einem Schiff, das hier Schiffbruch erlitt, „Sentinel Rock" und viele andere. Der Park stellt einen der Höhepunkte entlang der Great Ocean Road dar.

Ebenfalls großartig zeigt sich die Natur in den Otway Ranges, die zum Teil als Otway National Park geschützt sind. Kühl-gemäßigte Regenwälder, wilde, einsame Küstenabschnitte und zahllose Wasserfälle gehören dort zu den Attraktionen. Der Park bildet auch die Bühne zu Australiens neuester Trekkingroute, dem erst im Januar 2006 eröffneten Great Ocean Walk.

LINKE SEITE:
Der Port Campbell National Park dient dem Schutz eines einzigartigen Küstenstreifens.

RECHTE SEITE:
Australiens Küsten – wie hier im Wilson Promontery Nationalpark – sind allesamt ein Paradies für Surfer. Man könnte meinen, Australier kämen schon mit Surfbrettern unter den Füßen zur Welt.

FOLGENDE DOPPELSEITE:
Das Naturdenkmal der (ehemals) Zwölf Apostel wird unweigerlich von den Gezeiten angenagt. Heute sind es nur noch acht.

Warnambool ist das unbestrittene Zentrum dieser Region. Besuchenswert ist das Freilichtmuseum Flagstaff Hill Maritime Museum. Warnambool ist auch bekannt für den jährlichen Walzug, bei dem Glattwale in eine stadtnahe Bucht zum Kalben kommen.

Hinter Portland, der letzten Stadt vor der Grenze zu Südaustralien, regiert in erster Linie die Natur. Ein großartiger und wilder Küstenabschnitt ist im Discovery Bay Coastal Park geschützt. Der Lower Glenelg National Park umfasst die Unterläufe des Glenelg Rivers, der hier durch eine Kalksteinschlucht fließt. Im Park befinden sich zudem Tropfsteinhöhlen.

MELBOURNES UMFELD

Die Umgebung von Melbourne ist vielseitig und abwechslungsreich. Victorias Hauptstadt liegt an der großen Port Philip Bay, die von der Mornington und der Bellarine Peninsula wie durch zwei Klammern umschlossen wird. Die Bellarine Peninsula liegt im Südwesten der Port Philip Bay.

Das Eingangstor zur Halbinsel bildet die Stadt Geelong (über 125.000 Einwohner), einst das Zentrum der australischen Wollindustrie. Der historische Hafen und das Seebad an der Corio Bay wurden liebevoll restauriert, mit Cafés und Läden an den alten Piers. Das schmucke Seebad Queenscliff liegt an der Ostspitze der Halbinsel, direkt am Eingang zur Port Philip Bay. Dominiert von einem alten Fort und grandiosen alten Gebäuden, erinnert Queenscliff an ein Relikt aus der zweiten Hälfte des 19. Jahrhunderts. Der Ort ist sehr beliebt als Wochenendziel für Melbournesen.

Die Mornington Peninsula bildet den südwestlichen Rand der Port Philip Bay und umklammert wie ein Haken die große Meeresbucht, an deren Nordende der Hafen von Melbourne liegt. Die dem offenen Meer der Bass Strait zugewandte Spitze dieses „Hakens" wird als Mornington Peninsula National Park geschützt.

Gegenüber, auf der Buchtseite, liegt Sorrento, bekannt für seine Cafés und Restaurants. Sorrento ist mit Queenscliff durch eine regelmäßige Autofähre verbunden, die den Eingang der Port Philip Bay überbrückt und eine Umrundung der Port Philip Bay mit dem Auto ermöglicht. Die Mornington Peninsula ist vor allem als Weinanbaugebiet bekannt. Die Weingüter, Strände und kleinen, schmucken Orte sind beliebte Ausflugsziele.

Ebenfalls im unmittelbaren Einzugsgebiet von Melbourne liegt die große Bucht des Western Port Bay mit der großen French Island in der Mitte. Große Teile der Insel wurden als French Island National Park unter Schutz gestellt. Am Eingang der Western Port Bay befindet sich eine weitere Insel: Philip Island, die vor allem wegen der allabendlichen Zwergpinguinparade bekannt ist. Für dieses Ereignis wurde eigens eine Arena errichtet, in der 3000 Besucher Platz finden.

UNTEN UND RECHTE SEITE:
Wilde Brandung, traumhafte Surfreviere und romantische Landschaftsszenerien machen den Wilsons Promontery National Park zu einem Besuchermagneten.

Der Wilsons Promontory National Park, etwa drei Fahrstunden südöstlich von Melbourne, ist ohne Zweifel der beliebteste Nationalpark Victorias.

Eines der bekanntesten und meistbesuchtesten Weinanbaugebiete Victorias liegt nordöstlich von Melbourne im Yarra Valley. Mehrere Weingüter produzieren dort feine Tropfen, und die Restaurants und Festivals in dieser Weinregion locken zahllose Besucher an.

Bereits im Bereich der ausufernden Vororte der Hauptstadt Victorias befinden sich die Dandenong Ranges im Osten der Stadt. Die eindrucksvollen Wälder und feuchten, von Farnen dominierten Täler sind als Dandenong Ranges National Park vor weiterer Erschließung geschützt.

VORHERGEHENDE DOPPELSEITE:
Altes Kino im Fischerörtchen Marlo

MELBOURNE

Melbournes empfindliche Psyche bekam 1990 gewaltigen Aufwind, als die Stadt zur lebenswertesten der Welt erklärt wurde. Bei einem groß angelegten Vergleich des renommierten Population Crisis Centre in Washington schlug Melbourne alle seine Konkurrenten. Nicht Sydney – die ständig im Rampenlicht der Welt stehenden Erzrivalin –, sondern Melbourne führte plötzlich die Top Ten der Weltstädte an.

Dabei scheint Melbourne auf den ersten Blick nicht anders zu sein als viele andere, moderne Städte auch: eine von Beton und Glas dominierte Skyline und Asphaltbänder, die den Verkehr kaum bewältigen. Melbourne besitzt nicht Sydneys offensichtliche Schönheit. Melbournes Schönheit und Charme liegen versteckt.

Melbourne, an dem Port Phillip Bay gelegen, hat über 3,7 Millionen Einwohner. Die Stadt wurde 1835 gegründet, aber erst 1847 zur Stadt erhoben. Dann profitierte Melbourne von den reichen Goldfunden in Victoria und absolvierte einen raschen Aufstieg. Bereits 1861 war sie die größte Stadt Australiens und Ende des 19. Jahrhunderts bildete sie das wirtschaftliche und kulturelle Zentrum der Kolonie Victoria. Dann folgte 1891 die Weltwirtschaftskrise und bremste Melbournes Aufstieg. 1901, mit der Gründung der australischen Föderation, wurde Melbourne zum vorübergehenden Regierungssitz der australischen Regierung. Mit dem Ende der Weltwirtschaftskrise nahm das Wachstum der Stadt wieder zu.

Am Yarra River ist nicht nur Melbournes Kunstszene zu Hause. Täglich findet hier auch ein morgendliches Ritual statt, wenn zahlreiche Ruderer auf dem Fluss ihrem Training nachgehen.

Während des Zweiten Weltkrieges bildete Melbourne das Hauptquartier der Alliierten im Pazifik und die Industrie Melbournes profitierte vom Krieg. 1956 richtete die Stadt dann die Olympischen Spiele aus. Anfang der neunziger Jahre des 20. Jahrhunderts begann die Regierung von Victoria eine aggressive und sehr erfolgreiche Kampagne, um Melbourne als wichtigsten Stützpunkt für Großereignisse und damit als Tourismusdestination zu etablieren.

Die Stellung als Finanzmetropole muss sich Melbourne heute zähneknirschend mit Sydney teilen. Was jedoch die Kultur betrifft, ist die Stadt ihrer Rivalin Sydney um Längen voraus. Der Southgate-Komplex am Südufer des Yarra River, gleich gegenüber der City, fungiert dabei als Zentrum der schönen Künste. Hier befinden sich die Melbourne Concert Hall, das Victorian Arts Centre, die National Art Gallery, das Australian Ballet Centre, das Victoria College of Arts sowie etwas weiter südlich der Malthouse Theatre Complex.

Auch was große Sportereignisse anbetrifft, steht die Olympiastadt Melbourne unangefochten auf Platz Eins. Hier finden zum Beispiel der Australian Grand Prix der Formel-1 oder die Australian Open im Tennis statt – Sportveranstaltungen von internationalem Rang. Auch der Melbourne Cup, das große Pferderennen, das einmal im Jahr die ganze Nation zum Stillstand bringt und eines der wichtigsten, gesellschaftlichen Ereignisse des Landes darstellt, darf nicht vergessen werden. Wenn es um das Einkaufen geht, mag Sydney mit dem Queen Victoria Building zwar das schönere Einkaufszentrum haben: Preise und Auswahl jedoch stellen Sydney gegenüber Melbourne in den Schatten.

Das Eingangsportal zur Flinders Street Station

Melbournes Innenstadt ist voller moderner architektonischer Ensembles.

Ein verspielter Glockenturm in der City

Auch nachts wirkt Melbournes Skyline äußerst beeindruckend.

Einen guten Überblick über das Hochhausgebirge der City, dem Central Business District, bietet die Aussichtsplattform des Rialto Towers im 55. Stock von Melbournes höchstem Gebäude. Aus dieser Perspektive erkennt man die schachbrettartige Anlage der City, aufgeteilt in zahllose Planquadrate mit schnurgeraden, rechtwinklig zueinander verlaufenden Straßen. Gut zu erkennen ist die Flinders Street Station mit der neuen, erst im Jahr 2007 fertig gestellten Anlage. Gleich gegenüber, an der zur Fußgängerzone erklärten Swanston Street, liegt die großartige, neugotische St. Paul's Cathedral als neuer Fokussierpunkt der futuristisch anmutende Federation Square.

Zentral in der City gelegen ist China Town in der Little Bourke Street mit seinen zahllosen Restaurants. Doch Melbournes farbige und kosmopolitische Seite erlebt man nicht unbedingt nur in der City. In der Lygon Street nördlich der City, auch bekannt als „Little Italy", reihen sich italienische Restaurants und Spezialitätenläden dicht an dicht. Ein besonderes Erlebnis ist der Queen Victoria Market, wo Melbournes Topköche ihre frischen und exotischen Zutaten kaufen.

Der überdimensionale Crown Casino Complex liegt gegenüber der City am Südufer der Stadt. Spielsalons, Bühnen, Hotels und Restaurants bilden eine weitere Attraktion einer Stadt, die sich ständig verändert und neu erfindet.

Melbourne ist eine erstaunlich grüne Stadt. Das Kronjuwel unter Melbournes Grünanlagen ist zweifelsohne der Royal Botanic Garden am Yarra River. Der 36 Hektar umfassende Botanische Garten gilt als einer der schönsten der Welt. Gleich nebenan erstreckt sich das ausgedehnte Parkgelände der Kings Domain sowie die Alexandra Gardens und die Queen Victoria Gardens mit weiteren 52 Hektar Grünfläche.

Australiens höchster Wolkenkratzer, der Eureka Tower, steht in Melbourne.

Der älteste öffentliche Park Melbournes aber liegt im Westen der Stadt: die Flagstaff Gardens. Im Osten Melbournes findet man die Treasury Gardens und die Fitzroy Gardens mit der Captain Cook's Cottage. Das Gebäude wurde von seinem ursprünglichen Standort im englischen Yorkshire abgetragen und 1934 in den Fitzroy Gardens wieder aufgebaut. Es ist allerdings nicht erwiesen, ob der berühmte Seefahrer und Weltumsegler Captain James Cook tatsächlich jemals in diesem Haus gelebt hat. 1880 wurden die sehenswerten Carlton Gardens anlässlich der Weltausstellung angelegt.

Einer der interessanten citynahen Vororte ist Fitzroy. Entlang der hier verlaufenden sehr belebten Brunswick Street gibt es zahlreiche Cafés, Restaurants und Geschäfte. Im angrenzenden Vorort Parkville liegen die Royal Zoological Gardens.

Ein weiterer, berühmter Stadtteil Melbournes ist St. Kilda an dem Port Phillip Bay, südlich der City. Hier befinden sich der Luna Park und das große Palais Theatre, Relikte aus jener Zeit, als St. Kilda noch Melbournes führendes Seebad war. Vor allem in der Fitzroy Street pulsiert das Leben rund um die Uhr und die Auswahl an stilvollen Cafes, Bistros und Restaurants ist schier unüberschaubar. Jeden Sonntag verwandelt sich die Esplanade in St. Kilda in einen lebendigen Markt für Kunsthandwerk.

Von St. Kilda aus verkehrt mehrmals täglich eine Fähre nach Williamstown. Hier ist der Royal Yacht Club of Victoria zu Hause, hier kann man das Museumsschiff HMS Castlemaine besuchen. Von Williamstown aus genießt man einen wundervollen Blick über das Wasser zur City.

Melbourne hat viele grüne Lungen, wie hier etwa den Fawkner Park in South Yarra

Bunte Strandhäuschen am Brighton Beach in Melbournes Stadtteil St. Kilda

WESTAUSTRALIEN
GEOGRAFIE

Westaustralien ist mit einer gewaltigen Fläche von 2.529.880 Quadratkilometern Australiens größter Staat: Er nimmt das gesamte westliche Drittel des Kontinents ein. Der Bundesstaat wird im Westen vom Indischen Ozean begrenzt, im Osten vom Northern Territory und Südaustralien und im Süden vom Südlichen Ozean. Die Hauptstadt ist Perth, in der über 1,4 der insgesamt knapp 2 Millionen Westaustralier leben. Perth gilt als die abgelegenste Großstadt der Welt und liegt näher an Jakarta (3007 Kilometer) als an Sydney (3284 Kilometer).

Der Großteil von Westaustralien ist geologisch gesehen extrem alt und verwittert. Eine Ausnahme stellt die Stirling Range im Süden von Westaustralien dar, mit steil aufragenden Gipfeln – der Bluff Knoll formt mit 1073 Metern den höchsten Punkt – am ehesten einem Gebirge ähnelt. Im Hinblick auf die Topografie Westaustraliens formt ein im Durchschnitt etwa 400 Meter hohes Plateau einen Großteil des Bundesstaates. Dieses Plateau fällt relativ abrupt zu den Küstenebenen ab. Dieses sogenannte Westliche Tafelland umfasst die stark gefalteten und deformierten Yilgarn- und Pilbarta-Schilde, Reste ehemals mächtiger Gebirge.

FOLGENDE SEITE:

Impressionen aus Perth: Privatgrundstücke mit Villen am Swan River (oben); Teilansicht des Belltowers (unten).

Die moderne Skyline von Perth. Sie gilt als die abgelegenste Großstadt Australiens.

OBEN:
Unendliche Weite – ein Großteil Westaustraliens besteht aus Wüsten, Halbwüsten und tropischen Savannen – wie z. B. in der Kimberleyregion (oben).

VORHERIGE SEITE:
Die Stromatolithen – älteste Fossilien – am Hamlin Pool in der Shark Bay sind eine paläontologische Sensation und gehören zum UNESCO-Weltnaturerbe.

RECHTE SEITE:
Termiten bauen übermannsgroße Burgen in der trockenen Steppenlandschaft (oben). Nur im Südwesten ist das Land so fruchtbar, dass sich der Anbau

Ebenfalls als Teil des Westlichen Tafellandes gelten die farbenprächtigen und eisenerzreichen Hamersley Ranges sowie das Kimberley-Plateau.

Der größte Teil der Staatsfläche Westaustraliens ist semi-arid oder arid und wird durch gewaltige Wüsten geprägt: die Tanami-Wüste östlich der Kimberley-Region, die Great Sandy Desert südlich davon, die Gibson Desert und die Little Sandy Desert im zentralen Bereich des Staates sowie die Great Victoria Desert und die nahezu baumlose Nullabor Plain, die größte Kalksteinebene der Welt, im Südosten des Bundesstaates.

Westaustralien ist geprägt von Klimaextremen. Während im Norden der Monsun regiert und das Klima von zwei Jahreszeiten – der Trockenzeit (Juni bis November) und der Regenzeit (Dezember bis Mai) – bestimmt wird, herrschen im zentralen Bereich Westaustraliens wüstenhafte Bedingungen mit geringen Niederschlägen und großer Hitze vor. Nur im Südwesten des Staates erlauben Winterregen und ein gemäßigtes Klima eine florierende Landwirtschaft. Vor allem Milchwirtschaft und Weinanbau treiben dort die lokale Ökonomie an. Hinzu kommen die Holzwirtschaft – der Südwesten ist berühmt für seine riesigen Karri-Wälder – und der Tourismus.

Wegen des großen geologischen Alters Westaustraliens sind die Böden mit wenigen Ausnahmen extrem nährstoffarm. Trotzdem hat sich vor allem auf den Sandböden um Perth und den wilden Küstenregionen des Südwestens eine erstaunliche Vielfalt an Pflanzenarten entwickelt. Allein in dieser Region wurden über 6000 endemische Pflanzenarten registriert, eine Artenvielfalt, die nur von wenigen Regionen der Erde übertroffen wird.

KLIMA

Dank seiner enormen Größe und der gewaltigen Distanz zwischen dem Süden und dem Norden des Bundesstaates prägen verschiedenste Klimaeinflüsse das Wetter in Westaustralien. Während der Süden von einem mediterranen Klima mit heißen, trockenen Sommern und kühlen, regenreichen Wintern geprägt ist, befindet sich der Norden des Bundesstaates, die Pilbara und die Kimberley, bereits in den Tropen – und damit im Bereich des Monsuns und der tropischen Wirbelstürme. Vor allem die Kimberley sind von einer klimatischen Zweiteilung in Trocken- und Regenzeit geprägt. Das Innere von Westaustralien ist semi-arid oder arid. Lange, heiße Sommer und milde Winter mit wenigen Niederschlägen bestimmen hier das Klima.

GESCHICHTE

Die Kimberley-Region im Norden des Bundesstaates gilt als eines der möglichen Einfallstore für Aborigines in Australien. Man geht heute davon aus, dass die Menschen zwischen 40.000 und 60.000 Jahren, zu Zeiten eines wesentlich niedrigeren Meeresspiegels, die Küsten der Kimberley erreichten. Wie praktisch überall in Australien bildete die Ankunft der Europäer ein einschneidendes Ereignis.

VORHERIGE DOPPELSEITE:
Buschfeuer sind in der trockenen Steppenlandschaft keine Seltenheit.

Der nachweislich erste Seefahrer, der im Jahr 1616 auf der nun nach ihm benannten Dirk Hartog Island vor dem Cape Inscription in der Shark Bay Region anlegte, war der holländische Forscher Dirk Hartog. Es folgten zahlreiche Erkundungsfahrten entlang der Küste durch verschiedenste Seefahrer. Zahlreiche geografische Namen, unter anderem französische, sind Zeugnisse aus der Zeit der Erkundung von Westaustraliens Küsten.

Es war vor allem die Anwesenheit französischer Seefahrer, die die Briten veranlasste, das Land für die Krone in Besitz zu nehmen. Der erste formale Anspruch wurde 1791 im Süden von Westaustralien in der Region des heutigen Städtchens Albany gestellt.

Die Besiedlung des Westens begann aber erst 1829 mit der Gründung der Swan River Kolonie durch James Sterling. Heute liegen hier die Millionenstadt Perth und die wichtige Hafenstadt Fremantle. Von diesen beiden Keimzellen aus begannen Siedler, vor allem auf der Suche nach landwirtschaftlich nutzbaren Böden, das Land zu erkunden.

Während Perth und Freemantle erste Siedlungen an der Küsten bildeten, war York die erste Gründung im Landesinnern.

1831 wurde York gegründet, die erste Siedlung im Inland. Die Ausbreitung der Europäer führte zu blutigen Zusammenstößen mit den Aborigines. Das sogenannte Pinjarra-Massaker 1834 gilt als das schlimmste Beispiel. Die genaue Anzahl an Toten steht nicht genau fest, könnte aber je nach Quelle bis zu 150 Menschen betragen haben.

Die Swan River Colony wurde ursprünglich als freie Kolonie gegründet. Angesichts des langsamen Wachstums und der Schwierigkeiten, denen die Siedler gegenüberstanden, wurde die Kolonie 1850 zur Strafkolonie erklärt. In den folgenden 18 Jahren wurden mehr als 9000 Strafgefangene nach Westaustralien deportiert, die ihren Beitrag zum Aufbau der Kolonie leisteten.

In den frühen Jahren der Kolonie war vor allem die Schafzucht am erfolgreichsten. Wie in vielen anderen Regionen Australiens kam die Wende zum Positiven aber erst mit der Entdeckung von Bodenschätzen. Der erste kurze Goldrausch wurde von den Goldfunden 1885 bei Halls Creek in den Kimberleys ausgelöst. 1892 folgte die Entdeckung von Gold bei Coolgardie und ein Jahr später im nahen Kalgoorlie. Heute hat die Stadt Kalgoorlie über 30.000 Einwohner und Gold spielt nach wie vor eine übergeordnete Rolle in der Stadt. Der sogenannte Superpit ist die größte Tagebaugoldmine Australiens.

Die Entdeckung der verschiedenen Goldfelder lockte zahllose Menschen nach Westaustralien und gab der Wirtschaft, die rein auf landwirtschaftlichen Produkten beruhte, weiteren Aufschwung. Der Goldboom brachte auch weitreichende gesellschaftliche Änderungen mit sich.

Der neu gefundene Reichtum führte 1890 zur Autonomie von den Briten, nachdem frühere Versuche wegen der langsamen Wachstumsraten von London abgelehnt wurden. Wie die anderen fünf britischen Kolonien, trat auch Westaustralien 1901 dem Commonwealth of Australia bei.

Fremantle hatte schon früh eine bedeutende Position wegen seines Hafens.

VORHERIGE DOPPELSEITE:
Bizarr wirken die Kalksteinsäulen der Pinnacles im Nambung National Park.

Ein wichtiger Meilenstein in der Entwicklung des Bundesstaates war die Fertigstellung der transkontinentalen Bahnlinie im Jahre 1917. Perth war nun mit Port Augusta in Südaustralien verbunden. Allerdings war damit der weitere Aufstieg Westaustraliens nicht garantiert.

Als die Goldvorkommen zu schwinden begannen, stürzte der Bundesstaat, kombiniert mit einem schweren Verfall der Preise vor allem für Wolle und Weizen, in eine wirtschaftliche Krise, die erst nach dem Zweiten Weltkrieg ein Ende fand. Während des Krieges sah sich Westaustralien im Visier der Japaner. Die Städte Broome, Wyndham, Derby, Port Headland und Kalumburu, alle in der Kimberley-Region gelegen, wurden von der japanischen Luftwaffe bombardiert.

1952 explodierte die Bombe eines Verbündeten auf den Montebello Islands: Großbritannien unternahm seinen ersten Atombombentest in einer Bucht von Trimoulle Island, eine der Inseln des Archipels vor der Küste der Pilbara Region.

Nach dem zweiten Weltkrieg holte die Entdeckung von weiteren Bodenschätzen die Wirtschaft des Bundesstaates aus der Depression und startete einen Boom, der bis heute anhält.

Broome war einst ein weltweit bekanntes Zentrum des Perlenhandels.

Schon immer hat es Einwanderer der verschiedensten Nationalitäten nach Australien gezogen. In Broome gibt es gar einen eigenen japanischen Friedhof.

GESELLSCHAFT

Man sagt, dass Westaustraliens Hauptstadt Perth im Vergleich mit allen anderen Städten Australiens die meisten Millionäre beheimatet. Und in der Tat ist Perth ohne Zweifel eine reiche Stadt: Hier haben Bergwerksgesellschaften und Banken ihre Hauptquartiere. Der Rohstoffboom und der damit verbundene hohe Bedarf an Arbeitskräften sowie die vergleichsweise hohen Gehälter locken zahllose junge Leute nach Westaustralien, dessen Bevölkerung im Durchschnitt jünger ist als in anderen Bundesstaaten.

Perth ist, wie alle anderen großen australischen Städte, ein multikulturelles Gemisch. Mehrere Einwanderungswellen brachten während der Goldrauschzeiten Chinesen nach Westaustralien. Nach dem Zweiten Weltkrieg waren es vor allem Europäer, darunter viele Deutsche und Italiener, die ins Land kamen. In den siebziger Jahren resiten dann wieder Chinesen und Vietnamesen ein. Auch Menschen japanischer Herkunft zieht es nach Westaustralien. Perth hat heute mehr Japaner mit einer Daueraufenthaltsgenehmigung als andere australische Städte. Etwa 1,5% der Bevölkerung sind indigene Australier.

Westaustralien 313

POLITIK

Westaustralien war die letzte australische Kolonie, die Autonomie erlangte. Ein Unterhaus wurde erst 1890, ein Oberhaus 1893 erstmals gewählt. Wählen durften anfangs nur Landbesitzer, ab 1893 wurde das Wahlrecht auf Männer über 21 Jahren erweitert. Das Wahlrecht für Frauen wurde dann 1899 eingeführt.

Wie in anderen Bundesstaaten Australiens auch hat das Parlament von Westaustralien zwei Kammern, das Unterhaus mit 75 Mitgliedern sowie das Oberhaus mit 34 Mitgliedern. Westaustralien ist seit 1901 Mitglied der Föderation, in der die australische Verfassung die Beziehung mit dem Commonwealth regelt. Westaustralien ist traditionell das zurückhaltendste Mitglied im Staatenverbund und immer wieder wird der Ruf laut, dass sich Westaustralien von Australien trennen und unabhängig sein Glück versuchen sollte. Diese Rufe werden allerdings nicht sehr ernst genommen.

WIRTSCHAFT

Wie schon aus der geschichtlichen Entwicklung des Bundesstaates klar wird, spielen die überaus reichen Bodenschätze Westaustraliens wirtschaftlich eine übergeordnete Rolle. Neben Eisen (Westaustralien ist der drittgrößte Eisenerzproduzent der Welt) spielen vor allem Aluminium (20% der Weltproduktion), Gold, Nickel, Uran, Mineralsande und Erdgas eine wichtige Rolle. Die größte

Die unbefestigte Gibb River Road zieht sich diagonal durch die wilde Kimberleyregion im Norden Westaustraliens. Sie ist allerdings nur in der Trockenzeit passierbar.

Diamantenmine der Welt, die Argyle Diamond Mine in den Kimberley, produziert vor allem Industriediamanten. Berühmt sind die nur hier vorkommenden rosa Schmuckdiamanten.

Gemessen an allen übrigen australischen Bundesstaaten und Territorien profitiert das an Bodenschätzen so reiche Westaustralien am meisten vom Rohstoffhunger Chinas. Trotz der geringen Bevölkerungsdichte erwirtschaftet es ca. 40 % des Exporteinkommens von Australien. Die Folge des Rohstoffbooms ist ein Mangel an Arbeitern und Fachkräften, aber auch ein Bauboom, wie die neue Bahnlinie zwischen Perth und Mandurah, ca. 60 Kilometer südlich der Hauptstadt, zeigt.

In der Landwirtschaft spielen vor allem der Anbau von Weizen und Gerste, aber auch die Schaf- und Rinderzucht wirtschaftlich eine wichtige Rolle. Hinzu kommen die Bereiche Fischerei und Tourismus.

In der herstellenden Industrie reflektieren Raffinerien, Aluminium- und Nickelschmelzen sowie Stahlwerke ebenfalls den Rohstoffreichtum des Bundesstaates. Perth bildet das Finanzzentrum des Staates. Die wichtigsten Banken und Bergbauunternehmen haben hier ihre Stützpunkte.

REGIONEN

DIE KIMBERLEYS

Die Kimberleys im tropischen Norden Westaustraliens bilden eine der faszinierendsten Regionen des riesigen Bundesstaates. Mit einer Fläche von über 424.000 Quadratkilometern sind die Kimberleys allein etwa doppelt so groß wie Großbritannien, haben aber gerade einmal 35.000 Einwohner. Die meisten davon leben in der Stadt Broome (ca. 11.000 Einwohner) am Rand der Region, in Derby (knapp über 3000 Einwohner), Fitzroy Crossing (über 1000 Einwohner), Halls Creek (etwa 1200 Einwohner) und Kununurra (knapp 5000 Einwohner).

Der Rest der riesigen Region ist nahezu menschenleer. Der überwiegende Teil der Kimberleys besteht aus einer abgelegen Outback-Wildnis mit Schluchten und Bergen. Die Region befindet sich im Einflussbereich des Monsuns und kennt eigentlich nur zwei Jahreszeiten: die Trockenzeit zwischen Mai und Dezember und die Regenzeit zwischen Januar und April. In der Regenzeit sind weite Teile von der Außenwelt abgeschnitten.

Die Kimberley-Region ist nach wie vor kaum erschlossen. Der Highway 1 oder Great Northern Highway führt um die Region herum und nur die unbefestigte, in der Regenzeit unpassierbare Gibb River Road führt diagonal durch die Kimberleys. Diese Straße wurde gebaut, um das Vieh von den abgelegenen Rinderstationen zu den Schlachthöfen in Wyndham transportieren zu können. So abgelegen und wild ist die Region, dass bis jetzt nur eine unbefestigte Straße direkt zu dem mehrere hundert Kilometer langen Küstenabschnitt der Kimberleys führt.

Diese grandiose Wildnisküste ist geprägt von den höchsten Gezeiten (bis zu 13 Metern) Australiens, zahllosen Inseln und Archipelen, Mangrovenwäldern, Flussmündungen und Flüssen, in denen die gefürchteten Leistenkrokodile leben. Die Kimberley-Küste gilt als eine der letzten Wildnisküsten der

FOLGENDE DOPPELSEITE:

Steil erheben sich die verwitterten Kalksteinklippen der Napier Range über den Lennard River und formen die Windjana Gorge im gleichnamigen Nationalpark. Bei der Napier Range handelt es sich um ein uraltes Korallenriff aus dem Devon.

Erde. Man kann die zum Teil noch nicht einmal komplett kartografierte, stellenweise äußerst gefährliche Küste nur mit dem Boot erkunden.

Ein Teil der Kimberley-Wildnis ist in Naturreservaten und Nationalparks geschützt. Unter Touristen besonders beliebt sind die kleinen, gut zugänglichen Windjana Gorge und Geikie Gorge National Parks. Berühmt ist auch der Purnululu National Park mit der aus gestreiften Felsdomen bestehenden Bungle Bungle Range. Im Norden der Kimberleys sind gewaltige Parks errichtet worden, die aber keinerlei Infrastruktur besitzen und unzugänglich sind. Dazu zählen der Drysdale River National Park, der Mitchell River National Park und das Prince Regent Nature Reserve. Seit Jahren ist die Einrichtung weiterer großer Nationalparks geplant. Dieses Vorhaben scheitert allerdings immer wieder daran, dass in den Kimberleys gewaltige Bodenschätze liegen. Die westaustralische Regierung will die Chance auf einen ertragreichen Abbau von Bauxit, Diamanten und anderen Schätzen nicht vergeben. Bisher scheiterte der industrielle Abbau der wertvollen Reserven jedoch vor allem an der Abgelegenheit der Region. Große Teile der Kimberleys, vor allem im Norden und auf der Dampier-Halbinsel, sind zudem als Aboriginal-Reservate ausgewiesen.

Die Cathedral Gorge, ein enormer Überhang im Sandstein der Bungle Bungle Range, liegt im Purnululu National Park am Ostrand der Kimberleyregion und lockt zahlreiche Besucher an.

Um den Ort Kununurra, nahe der Grenze zum Northern Territory, wurde mit dem Ord River Scheme ein blühendes Anbaugebiet von Früchten und Gemüse geschaffen. Und mit der Aufstauung des Ord Rivers entstand der Lake Argyle, der zweitgrößte Stausee Australiens. Dank der Bewässerung werden nun in der Region unter anderem Zuckerrohr, Bananen und Melonen in großem Stil angebaut.

PILBARA

Die Pilbara, eine Region von der Größe Frankreichs mit weniger als 40.000 Einwohnern, hat Westaustralien reich gemacht: Der Bergbau regiert in der Pilbara, die südlich der Kimberleys liegt. Riesige Eisenerzvorkommen in der Hammersley Range sowie eine der größten Manganminen Australiens, 400 Kilometer südlich des Erzhafens von Port Headland, erwirtschaften Milliarden. Vor der Küste der Pilbara wurden zudem gewaltige Erdgas- und Ölreserven entdeckt, die nun ausgebeutet werden.

Es überrascht daher nicht, dass alle wichtigen Orte in der Region direkt oder indirekt mit dem Bergbau zusammenhängen: Port Headland (ca. 13.000 Einwohner), der größte Eisenexporthafen Australiens und Standort für Salzgewinnung; Karatha (über 10.000 Einwohner) als Versorgungsstadt für die Eisenminen und die Gasprojekte im Indischen Ozean; die Eisenstadt Tom Price (3800 Einwohner) direkt an den riesigen Tagebaubergwerken in der Hamersley Range; Newman, eine Stadt von fast 5000 Einwohnern, die im Mount Newman Eisenbergwerk arbeiten.

Von Newman führt eine 426 Kilometer lange Bahnlinie nach Port Headland, über die in kilometerlangen Erzzügen das Eisengranulat zur Verschiffung gebracht wird. Wäre die Pilbara nicht so reich an Bodenschätzen, wäre diese heiße, abgelegene und trockene Region vermutlich menschenleer.

Die Versorgungsorte der Bergbauindustrie sind aber auch Ausgangspunkte für Touristen, die die zahlreichen Naturschönheiten der Pilbara erleben wollen. Vor allem die zwei Schutzgebiete – der wasserreiche Millstream Chichester National Park und der fantastische Karijini National Park mit seinen dramatischen Schluchten – locken Besucher an.

FOLGENDE DOPPELSEITE:
In der Trockenzeit hört der Lennard River zu fließen auf und Besucher können entlang tiefer, von Süßwasserkrokodilen bewohnter Wasserlöcher durch die Windjana Gorge wandern.

Wie an vielen Stellen im Outback findet man auch im westaustralischen Niemandsland Felszeichnungen der Aborigines: hier in der Nähe der Gibbson River Road.

RECHTE SEITE:
Für viele eine überraschende Entdeckung: Kamele in Australien! Tatsächlich sind sie nicht endemisch, sondern wurden ins Land gebracht, um die trockenen Weiten des Outbacks zu erkunden. Mitterweile haben sie sich so vermehrt, dass man in Australien schon von einer Plage spricht.

FOLGENDE DOPPELSEITE:
Die einzigartige Küste zwischen Cape Naturaliste und Cape Leeuwin wird durch einen eigens dafür eingerichteten Nationalpark geschützt.

Erwähnenswert ist noch der winzige Ort Marble Bar (ca. 380 Einwohner) ca. 250 Kilometer südöstlich von Port Headland, der den zweifelhaften Ruf hat, der heißeste Ort Australiens zu sein. Es ist nicht ungewöhnlich, dass im Sommer Tagestemperaturen über 40 Grad erreicht werden – und das über mehrere Tage oder sogar Wochen hinweg. In der Nähe von Marble Bar wurde Gold entdeckt; die Vorkommen sind allerdings längst erschöpft. Der Ort ist nach einer Jaspis-Formation benannt, die sich quer über den Coongan River erstreckt.

DER SÜDWESTEN

Die Südwestecke des australischen Kontinents ist mit einem angenehmen mediterranen Klima mit ausgiebigen Winterregen gesegnet. Die Folge ist, dass sich hier gewaltige Wälder gebildet haben und sich die Landwirtschaft ausgezeichneter Bedingungen erfreut. Berühmt ist die Region um das Städtchen Margaret River. Hier fanden Weinbauern ideale Boden- und Klimabedingungen und die hier ansässigen Weingüter produzieren mit die besten Weine Australiens.

Unweit von Margaret River zieht sich der Leeuwin-Naturaliste National Park zwischen den beiden namensgebenden Kaps Cape Naturaliste im Norden und Cape Leeuwin im Süden entlang. Der Park schützt eine dramatische Felsküste, die immer wieder durch lang gezogene Sandbuchten unterbrochen wird. Entlang der Küste des Parks verläuft der mehrtägige Cape to Cape Walk.

Berühmt ist der Park aber wegen seiner außergewöhnlich reichhaltig dekorierten Tropfsteinhöhlen. Mehrere Höhlen, wie zum Beispiel die Juwel Cave, die Mammoth Cave oder die Lake Cave, sind für Touristen erschlossen. Die nur erfahrenen Speläologen zugängliche Easter Cave gilt als eine der schönsten Tropfsteinhöhlen der Welt.

Vor allem die Küstenregionen des Südwestens bieten gute Beispiele für die enorme Artenvielfalt der Region. Zahllose Pflanzen sind endemisch, kommen nur hier vor. Die artenreichen Küstenstreifen sind in mehreren großen Nationalparks geschützt: D'Entrecasteaux National Park, Walpole-Nornalup National Park und Fitzgerald River National Park. Daneben gibt es noch mehrere kleine Parks und Reservate.

Ein wichtiges Schutzgebiet für seltene Pflanzen stellt der Stirling Range National Park dar, der knapp 50 Kilometer nördlich der Küstenstadt Albany liegt. Neben dem Wildblumenreichtum bilden die riesigen Wälder den wahren Reichtum des Südwestens von Westaustralien.

Zum Teil holzwirtschaftlich genutzt, zum Teil in Nationalparks und Naturreservaten geschützt, prägen die Wälder mit den mächtigen Karri-Bäumen die Hügellandschaften der Region um den Holzfällerort Pemberton. Hier ganz in der Nähe steht der berühmte Gloucester Tree, ein riesiger Eukalyptus, auf dem man einen Feueraussichtspunkt gebaut hat.

Im nahen Valley of the Giants können Besucher in einem Wald aus gewaltigen Tingle-Bäumen spazieren gehen und auf Wipfelhöhe über die Hängebrücken des Tree Top Walks wandeln und dabei einen ganz besonderen Einblick in diesen außergewöhnlichen Hain aus sehr seltenen Baumriesen erhalten.

PERTH

Perth, die Hauptstadt Westaustraliens, zählt über 1,4 Millionen Bewohner, womit sie Australiens viertgrößte Stadt ist. Damit lebt Dreiviertel der gesamten Bevölkerung Westaustraliens in der Stadt am Swan River. Perth gilt als eine der isoliertesten Großstädte der Welt. Die nächste Stadt, Adelaide, ist über 2720 Kilometer entfernt. Der amerikanische Astronaut John Glenn bezeichnete die Kapitale Westaustraliens als „Stadt der Lichter". Aus dem Weltall ist das Lichtermeer der fernab anderer Städte gelegenen Millionenstadt und ihre „Insellage" deutlich zu erkennen.

Perth wurde im Jahre 1829 von Kapitän James Stirling gegründet. Am Anfang entwickelte sich die Stadt nur langsam. Doch mit der Entdeckung von Goldvorkommen in den neunziger Jahren des vergangenen Jahrhunderts stieg die Bevölkerung schlagartig auf ein Vielfaches an. In der jüngsten Zeit führten die Erschließung reicher Rohstoffvorkommen und ein Boom in Mineralien zu einem erneuten, fieberhaften Wachstum. Damit ist der Wohlstand der Stadt erklärt: Perth ist das wichtigste Versorgungszentrum für die Bergbauindustrie und zahlreiche große Ingenieursfirmen und Bergbaukonzerne haben Standorte in Perth.

Perth ist eine moderne, überschaubare Großstadt, die sich zwischen dem Indischen Ozean und der Darling Range ausbreitet. Der Swan River, der sich innerhalb der Stadtgrenzen seeartig erweitert, fließt durch die Metropole und mündet bei Fremantle ins Meer. Verwöhnt von einem angenehmen, mediterranen Klima, liegt Perth auf der Favoritenliste australischer Städte ganz vorne.

LINKE SEITE:

Alt und neu vereint – im Vordergrund Säulen und Fries der Commonwealth Bank, im Hintergrund ein modernes Hochhaus

Die Skyline von Perth von der Esplanade aus gesehen. Dank der enormen Rohstoffreserven des Bundesstaates haben vor allem internationale Banken und Bergwerksgesellschaften ihren Sitz im Zentrum der viertgrößten Stadt Australiens.

Wer in Perth Kultur und Unterhaltung sucht, landet früher oder später in Northbridge.

Kleines Bootshaus am Swan River

RECHTE SEITE:
Perth verfügt über weitläufige Strände wie hier der Cottesloe Beach (oben). Die meisten Strände im Stadtbereich werden im Sommer von den Männern und Frauen der Lebensrettergesellschaft bewacht. Immer wieder müssen sie unvorsichtige oder unerfahrene Schwimmer aus dem Wasser fischen.

Die City ist schachbrettartig angelegt und die Hochhäuser der Banken und Bergbaugesellschaften signalisieren den Reichtum der Stadt. In einem Quadrat, das von der St. George's Terrace, der Barrack Street, der Wellington Street und der William Street begrenzt wird, liegt das Einkaufszentrum von Perth. Innerhalb dieses Viertels – zwischen Hay Street Mall und St. George's Terrace – liegt der London Court, eine im elisabethanischen Stil erbaute Einkaufspassage. Ihr Glockenspiel ist ein Nachbau des berühmten Big Ben und wird alle 15 Minuten gespielt.

Entlang der weiten St. George's Terrace – überragt von modernen Wolkenkratzern aus Glas und Beton – sind etliche historische Gebäude erhalten. Am Westende der Straße liegt das Parliament House. An der Ecke zur William Street befindet sich das große und einst extravagante Palace Hotel, dessen historische Fassade heute die Basis von Perths zweithöchstem Gebäude, dem ultramodernen Bankwest Tower, bildet. Das mit 226 Metern höchste Gebäude der Stadt ist Central Park. Direkt gegenüber der Deanery, der Residenz des ersten Dekans von Perth, steht eines der ältesten Gebäude der Stadt, das Old Court House. Das 1836 im gregorianischen Stil erbaute Gerichtshaus ist von den üppigen Sterling Gardens umgeben. Inmitten dieser Grünanlage liegt auch das Government House. Die Perth Mint gilt als die älteste Münzstätte der Welt.

Wenn es abends und nachts in der City ruhig wird, beginnt das Leben im Stadtteil Northbridge. Dort befindet sich das Perth Cultural Centre. Das Kulturzentrum beherbergt die Art Gallery of Western Australia. Nebenan liegen die Alexander Library, die Staatsbibliothek, das 1856 erbaute Gefängnis von Perth, das Perth Goal, und der moderne Gebäudekomplex des Western Australian Museum. Im Museum werden

RECHTE SEITE:
Die Innenstadt von Perth mit Weihnachtsdekoration. Obwohl die Lichter entfernt an europäische Festbeleuchtung erinnern, stimmt das Klima nicht: Zu Weihnachten ist in Australien Hochsommer.

Ausstellungen zur westaustralischen Geschichte und Kultur sowie Kunstgegenstände der Aborigines gezeigt. Northbridge ist aber in erster Linie das Unterhaltungszentrum von Perth. Hier gibt es zahllose Restaurants, Nightclubs and Cafés, in denen das Leben bis in die frühen Morgenstunden pulsiert.

Als Stadt am Indischen Ozean lockt Perth natürlich auch mit Stränden. Eine ganze Reihe an Strandvororten zieht sich an der Küste entlang. Der vielleicht bekannteste und beliebteste Strand ist der Cottesloe Beach, aber auch der Sorrento, Scarborough oder City Beach haben ihre Anhänger.

Eine der – im wahrsten Sinne des Wortes – größten Attraktionen von Perth ist der Kings Park vier Kilometer westlich der City. Hier kann man nach Lust und Laune durch die gepflegten Parkanlagen, aber auch durch unberührtes Buschland spazieren. Im australischen Frühjahr verwandelt sich der Park in ein Blumenmeer und vermittelt einen guten Eindruck von der außergewöhnlichen Pflanzenvielfalt Westaustraliens. Innerhalb des Parks liegt auch der Botanische Garten. Neben zahlreichen „Exoten" wachsen hier weit über 1000 westaustralische Pflanzenarten aus den verschiedenen Regionen des Riesenstaates.

Auch zwischen der City und dem Swan River erstreckt sich ein langer Grüngürtel: die Esplanade und der Langley Park. An der Esplanade mit dem futuristischen Glockenturm liegt der Barrack Street Jetty, an dem die Fähren nach Rottnest Island an- und ablegen. Hier kann man auch eines der zahllosen Ausflugsboote besteigen, die den Swan River flussabwärts Richtung Fremantle befahren.

Fremantle liegt 19 Kilometer südlich der City. Der Ort beherbergt nicht nur den kommerziellen Hafen von Perth, sondern stellt auch eine der beliebtesten Sehenswürdigkeiten der Stadt dar. Im selben Jahr gegründet wie Perth, zieht vor allem die historische und für den America's Cup 1887 liebevoll restaurierte und renovierte Altstadt Besucher an.

Der über 400 Hektar große Kings Park ist eine der Attraktionen von Perth.

RECHTE SEITE:
In der Nähe von Broome – am Gantheaume Point – findet man versteinerte Fußabdrücke eines Dinosauriers.

FOLGENDE DOPPELSEITE:
Wind und Wetter haben am Gantheaume Point nahe des Städtchens Broome eigenwillige Felsskulpturen geschaffen.

DIE GOLDFIELDS

Die Goldfield-Region umfasst die Wüsten und Ebenen nördlich der Great Australian Bight. Diese abgelegene, heiße Region begann ihren Aufstieg zum Ruhm 1893, als drei irische Goldsucher bei dem heutigen Kalgoorlie das wertvolle Metall entdeckten. Es folgte Australiens größter Goldrausch.

Die Region wird dominiert von der Stadt Kalgoorlie-Boulder (30.000 Einwohner). Die beiden Städte Kalgoorlie und Boulder schlossen sich 1989 zusammen und definieren noch heute die sogenannte „Golden Mile", in der nach wie vor Gold im großen Stil abgebaut wird. Der „Super Pit" bei Kalgoorlie ist Australiens größte Tagebaugoldmine.

Während in Kalgoorlie-Boulder der Abbau von Gold nach wie vor in großem Umfang betrieben wird, sind die goldenen Zeiten von Coolgardie (ca. 1400 Einwohner), 40 Kilometer südwestlich davon, längst vorbei. Das gilt auch für das 185 Kilometer westlich von Coolgardie liegende Southern Cross. Der Ort ist benannt nach der bekannten Sternenkonstellation des Kreuzes des Südens. Hier wurde 1888 Gold entdeckt. Heute spielt die Landwirtschaft und Viehhaltung eine wichtige Rolle. Zwischen Coolgardie und Southern Cross liegen der Goldfields Woodland National Park, der Boorabin National Park sowie weitere Schutzgebiete.

Nördlich von Kalgoorlie, um die Orte Lenora, Gwalia und Laverton, befindet sich ein weiteres Goldgebiet, die Northern Goldfields. In Laverton wurde 1896 Gold entdeckt. Auch hier sind die goldenen Zeiten längst vorbei und die Bevölkerung, vor allem von Laverton, nahm drastisch ab. Die Entdeckung eines Nickelvorkommens im nahe gelegenen Windarra hauchte dem Ort allerdings wieder Leben ein.

Ebenfalls noch im Gebiet der Goldfields liegt Norseman. Auch hier wurde Gold entdeckt. Der Ort erstreckt sich entlang von zwei wichtigen Highways, dem Coolgardie Esperance Highway, der eine wichtige Nordsüdverbindung zwischen Kalgoorlie und der Hafenstadt Esperance darstellt, sowie dem Eyre Highway, der Norseman mit Port Augusta in Südaustralien verbindet.

DER MITTLERE WESTEN

Der Mittlere Westen des Bundesstaates erstreckt sich von der Küste etwa 800 Kilometer ins Landesinnere und umfasst über 470.000 Quadratkilometer. Die Küstenstadt Geraldon (20.000 Einwohner) bildet den wichtigsten Ort der Region. Die Provinzstadt bildet das Exportzentrum für die Landwirtschaft, den Bergbau sowie für die Fischerei der Region.

Die Küste vor Geraldon ist besonders fischreich. Berühmt sind die Felsen-Langusten, die in den Gewässern um das 122 Inseln umfassende Archipel der Houtman Abrolhos Islands gefangen werden. In dem Areal um Geraldon wird intensiv Landwirtschaft betrieben.

Je weiter man allerdings in das Inland vordringt, desto geringer werden die Niederschläge. Die trockenen Weiten, vor allem um den Outback-Ort Meekatharra, werden als riesige Schaf- und Rinderstationen genutzt. In Meekatharra am Great Northern Highway haben die Fliegenden Ärzte und die School of the Air ihre Basis.

In mehreren Bergwerken der Region wird vor allem Gold und Nickel gewonnen. Unter Botanikern ist die Region wegen der Wildblumenblüte bekannt.

DIE GASCOYNE

900 Kilometer nördlich von Perth liegt die Gascoyne. Die Region ist dünn besiedelt und von semi-ariden Weiten geprägt. Bekannt ist sie vor allem durch die als Weltnaturerbe registrierte Shark Bay. In diesem riesigen Schutzgebiet finden mehrere, vom Aussterben bedrohte Tierarten ihr Auskommen. In den seichten Meeresbuchten befinden sich ausdehnte Seegrasflächen. Hier lebt eine große Anzahl von Meerestieren, darunter das Dugong, eine Seekuh. Besonders herausragend sind die le-

Es sind immer zahlreiche Zuschauer da, ...

... wenn die zutraulichen Delfine von Monkey Mia ganz nahe ans Ufer kommen und von Rangern gefüttert werden.

benden Stromatoliten, eine der ältesten Lebensformen der Erde, im Hamlin Pool. Touristisches Zugpferd an der Shark Bay ist Monkey Mia mit den berühmten zutraulichen Delfinen.

Im Landesinneren befindet sich der größte Felsmonolith der Welt. Der Mount Augustus erreicht eine Höhe von 1106 Metern, ist aber wegen der Vegetation, die auf ihm wächst, nicht so eindrucksvoll wie der Uluru in Zentralaustralien. Der Berg und seine Umgebung sind als Mount Augustus (Burringurrah) National Park geschützt. Ansonsten regieren im Inneren der Gascoyne Rinderstationen die Weiten.

Es sind aber vor allem die Küsten, die der einsamen Region Bedeutung geben. Im Norden der Region liegt vor der Küste das etwa 300 Kilometer lange Ningaloo Reef, das zum Teil als Ningaloo Reef Marine Park geschützt wird. Vor dem kleinen Urlaubsort Coral Bay (etwa 900 Einwohner) kann man vom Strand aus zu den Korallengärten schnorcheln gehen.

In der Gascoyne gibt es kaum nennenswerte Ortschaften. Die wenigen erwähenswerten liegen alle an der Küste: Denham (über 1000 Einwohner) ist das Versorgungszentrum der Shark-Bay-Region. Carnarvon, mit über 6000 Einwohnern die größte Ortschaft der Region, bildet ein wichtiges landwirtschaftliches Zentrum. Der mächtige Gascoyne River wird zur Bewässerung von Bananen-, Mango- und Papaya-Plantagen genutzt. Der Anbau von Gemüse ist ebenfalls sehr erfolgreich. Im Inneren der Gascoyne dominieren Rinder- und Schafzucht das landwirtschaftliche Geschehen. Der dritte nennenswerte Ort ist Exmouth. Exmouth (über 3000 Einwohner) wurde erst 1967 als Versorgungsort für einen Flottenstützpunkt gegründet.

Die australische Flagge

EINE AUSTRALISCHE BESONDERHEIT

DIE TERRITORIES

Die sechs australischen Bundesstaaten, die sich 1901 zusammentaten, um den Commonwealth of Australia zu bilden, stimmten einer Verfassung zu, die der neuen Commonwealth-Regierung das Recht zusprach, zu bestimmten Belangen Gesetze zu erlassen. Diese Regelung beschneidet nicht das in der Verfassung verankerte Recht der Bundesstaaten, ebenfalls Gesetze durch die Einberufung des Parlament zu verabschieden. Im Falle der Territories verhält es sich anders. Als Territories wird jegliches Land innerhalb der Grenzen Australiens bezeichnet, das nicht von den Bundesstaaten beansprucht wird. Territories haben normalerweise nicht das Recht, ein eigenes Parlament zu berufen und wie die Bundesstaaten Gesetze zu verabschieden. Verfassungsgemäß liegt die Gesetzgebung für die Territories in den Händen des Commonwealth.

Von außen lässt sich zwischen Staat und Territorium schwer unterscheiden, da das Northern Territory und das Australian Capital Territory aufgrund des großen Maßes an Selbstverwaltung, das ihnen zugesprochen wurde, den Status von Bundesstaaten innehaben. Und dennoch besitzen sie laut Verfassung keine Eigenstaatlichkeit.

Dies zeigt sich unter anderem in dem Umstand, dass das Commonwealth befugt ist, Gesetze der Territorien – die diese per Sonderregelung verabschieden dürfen – jederzeit wieder aufzuheben. Auch wenn dieser Fall nur äußerst selten auftritt, gibt es Beispiele für diese Handhabe. So wurde etwa im Northern Territory ein 1996 beschlossenes Gesetz zur Legalisierung der Sterbehilfe wenige Monate nach der Verabschiedung seitens des Commonwealth wieder aufgehoben.

FOLGENDE DOPPELSEITE:
Aborigine-Kunst in der National Art Gallery in Canberra

Thorny Devil (Dornenteufel) nennt sich das stachelige, aber harmlose Reptil. Die Echse, die sich in erster Linie von Ameisen ernährt, lebt in den Wüsten des Northern Territory.

AUSTRALIAN CAPITAL TERRITORY (ACT)

1908 wurde, etwa drei Autostunden südwestlich von Sydney, Land für das Australian Capital Territory ausgewählt. Das ACT liegt zwischen den beiden Rivalen Melbourne und Sydney und bildet nun mit Canberra die Hauptstadt Australiens. Das ACT ist von allen Seiten von New South Wales umgeben. Die Fläche des Territoriums beträgt 2432 Quadratkilometer und beinhaltet das Jervis Bay Territory an der Südküste von New South Wales.

Das Jervis Bay Territory wurde 1915 von der Commonwealth-Regierung von New South Wales abgekauft, um der Hauptstadt Canberra Zugang zum Meer zu gewähren. Die kleine Küstenenklave mit ihrem Hafen gehörte bis 1989 zum AC. In diesem Jahr erlangte das ACT Autonomie und das Jervis Bay Territory wurde ein eigenständiges Territorium. Aus Bundeswahlzwecken blieb das Territorium allerdings Teil der Bundeshauptstadt Canberra.

Blick über den Lake Burley Griffin in Canberra. Wie die australische Hauptstadt ist der See auf dem Reißbrett enstanden. Da man sich nicht einigen konnte, ob nun Sydney oder Melbourne zur Hauptstadt genacht werden sollte, ging man einen Kompromiss ein und schuf eine künstliche Hauptstadt zwischen den beiden Rivalinen.

Das ACT hat heute über 330.000 Einwohner. Davon lebt der überwiegende Anteil in der Hauptstadt Canberra mit ihren Satellitenwohnsiedlungen. Etwa die Hälfte aller Arbeitskräfte im ACT ist von der Regierung angestellt. Der Tourismus ist ein ständig wachsendes, wirtschaftliches Standbein des Territoriums.

Geografisch zeigt sich das kleinste autonome Territorium Australiens sehr vielseitig. Fast die Hälfte der Fläche wird von dem Namadgi National Park eingenommen, der die Brindabella Range umfasst. Dieser Gebirgszug gehört zu den Australischen Alpen und erreicht mit dem Mount Bimberi (1910 m) seinen höchsten Punkt.

Die zwei wichtigsten Flüsse im Territorium sind der Molonglo River, der durch Canberra fließt, und der Murrumbidgee River, der seinen Ursprung in den Snowy Mountains hat. Fruchtbare Flussebenen und hügeliges Buschland bilden weitere geografische Einheiten. Das Tidbinbilla Nature Reserve, das sich an den Nationalpark anfügt, umfasst 5450 Hektar. In riesigen Gehegen können Besucher in-

Der modern gestaltete Eingangsbereich des Parlamentsgebäudes von Canberra, der Hauptstadt von Australien

mitten von Kängurus und den etwas kleineren Wallabies spazieren gehen und zahlreiche andere, typisch australische Tiere erleben.

In der Hauptstadt Canberra scheint alles auf das Parlamentgebäude hin zuzulaufen.

DIE HAUPTSTADT AUSTRALIENS: CANBERRA

Canberra ist das Produkt eines Streits: Da sich die alten Rivalinnen Sydney und Melbourne nicht einigen konnten, welche der beiden Städte nun die Hauptstadt Australiens sein sollte, entschloss sich die australische Regierung, eine künstliche Kapitale zu schaffen. Der Standort wurde 1908 festgelegt und nach der Ausschreibung eines internationalen Wettbewerbs wurde 1913 mit dem Bau der Stadt begonnen. Die Pläne für die neue Hauptstadt entwarf der amerikanische Architekt Walter Burley Griffin. Er integrierte große Areale von Buschland in den Plan von Canberra, eine Tatsache, die der australischen Hauptstadt den Spitznamen „bush capital" eingebracht hat.

Heute ist Canberra mit über 330.000 Einwohnern die größte Inlandsstadt Australiens. Die gänzlich geplante Kapitale liegt 300 Kilometer südwestlich von Sydney und 650 Kilometer nordöstlich von Melbourne. Der Standort zwischen den beiden Metropolen gilt als Kompromiss. Die Stadt hat eine Fläche von 805 Quadratkilometern und liegt am Fuße der Brindabella Ranges in einer Höhe, die zwischen 550 Metern und 700 Metern über dem Meeresspiegel schwankt.

Das Old Parliament House wurde 1927 eröffnet und die australische Regierung zog im selben Jahr vom provisorischen Regierungssitz in Melbourne nach Canberra um. Die beiden Weltkriege und die

Große Depression dazwischen behinderten aber erst einmal den raschen Aufstieg der neu geformten Kapitale. Erst nach dem Zweiten Weltkrieg begann der Aufstieg Canberras richtig.

Canberra ist der Sitz der australischen Regierung und der verschiedenen Behörden. Es überrascht deshalb nicht, dass die Regierung der größte Arbeitgeber in der Stadt ist und einen Großteil des Bruttosozialprodukts der Stadt erwirtschaftet. Die Regierung tagt seit Mai 1988 in dem neuen Parliament House. Geschaffen von dem Architekten Romaldo Giurgola, ist ein Großteil des Gebäudes unter dem Hügel des Capital Hill begraben.

Überragt wird das außergewöhnliche Parlamentsgebäude von einem 81 Meter hohen Flaggenmast. Das Parliament House, mit Baukosten von über 1,1 Milliarden Dollar gilt es als das teuerste Gebäude Australiens, überblickt den künstlichen Lake Burley Griffith. Der See entstand, als man den Molonglo River aufstaute. Grünanlagen mit dem Old Parliament House ziehen in nordöstlicher Richtung direkt zum Ufer hinunter und führen auf der anderen Seite des Sees weiter zum Australian War Memorial hinauf.

Blick über Canberra von Westen nach Osten

Das Zentrum von Canberra selbst liegt dem Capital Hill gegenüber, auf der Nordseite des Sees. Am Ufer des von Parks umgebenen Sees stehen auf der Seite des Parlamentsgebäudes unter anderem die National Gallery, der oberste Gerichtshof Australiens, das Science und Tech Centre und die Nationalbibliothek. Am Westufer befindet sich das auffällige Gebäude des National Museums.

Um diese zwei Zentren am Lake Burley Griffin entstanden im Laufe der Zeit zahlreiche Satellitensiedlungen, die Wohnviertel der Stadt. Canberra liegt auf dem Gebiet des Australian Capital Territory (ACT), das eigens geschaffen wurde. Das ACT umfasst zudem den gebirgigen Namadgi National Park, an den sich der Kosciuszko National Park anschließt. Der Namadgi National Park kumuliert im 1910 Meter hohen Bimberi Peak und formt Teile der Australischen Alpen.

Die Idee zum Australian War Museum entstand schon während des Ersten Weltkrieges, eröffnet wurde es aber erst 1941.

NORTHERN TERRITORY

ÜBERBLICK

Das Northern Territory, Australiens größtes autonomes Territorium, umfasst mit über 1,3 Millionen Quadratkilometern nahezu ein Sechstel der gesamten Landesfläche, das entspricht einem Areal der Größe Spaniens, Frankreichs und Italiens zusammen. Allerdings wird die Gesamtbevölkerung auf nur etwa 203.000 Menschen geschätzt. Begrenzt wird das Territorium im Westen von Westaustralien, im Süden von Südaustralien, im Osten von Queensland und im Norden von der Timor- und der Arafura See sowie dem Gulf of Carpentaria.

Das Territorium reicht von den Subtropen in die Tropen und lässt sich klimatisch, geografisch und topografisch zweiteilen: in das Top End – die im Bereich des Monsuns liegende nördliche Hälfte des Territoriums – und das Red Centre, das wüstenhafte Zentralaustralien. Diese südliche Hälfte des Territoriums bildet gleichzeitig das Zentrum des australischen Kontinents. Diese Region ist charakterisiert durch die dramatischen Bergketten der MacDonnell Ranges, der MacPherson Ranges oder der Petersmann Ranges.

FOLGENDE DOPPELSEITE:
Trotz des Wunsches der ansässigen Aborigines, den für sie heiligen Uluru (früher: Ayers Rock) nicht mehr zu besteigen, klettern nach wie vor zahllose Besucher entlang einer Eisenkette auf den Gipfel des Monolithen.

Road Trains werden sie genannt; lange Sattelschlepperzüge mit drei oder oft noch mehr Anhängern, die in den Weiten des Outbacks wichtige Versorgungsfunktionen sichern.

Den Uluru aus der Sicht des Anangu-Volkes sowie Einblicke in deren Kultur erleben Besucher auf Touren, die von Ältesten des Stammes im Uluru-Kata Tjuta National Park geführt werden.

RECHTE SEITE:
Von Alice Springs aus lässt sich das Outback auch durch Ballontouren erkunden.

Die West MacDonnell Ranges, die sich von Alice Springs über etwa 200 Kilometer Richtung Westen ziehen, sind als West MacDonnell National Park geschützt. Das aus mehreren parallel verlaufenden Bergketten bestehende Wüstengebirge weist eine Vielzahl von Biotopen und ökologischen Nischen auf und ist die Heimat seltener Pflanzen und Tiere. Zahlreiche Schluchten und Canyons wie die Standley Chasm, Ormiston Gorge oder Serpentine Gorge ziehen Besucher an.

Das Gebirge weist zwei herausragende Gipfel auf: der Mount Sonder (1380 m), der zweithöchste Gipfel des Northern Territory, und der Mount Ziel (1510 m). Der Mount Ziel ist nicht nur der höchste Berg der MacDonnell Ranges, sondern des gesamten Territoriums. Beide Berge sind im Westen des Gebirges zu finden

Die berühmtesten Berggestalten der Region aber sind eindeutig der Uluru (früher Ayers Rock) und die Kata Tjuta (früher die Olgas). Beide Felsmonumente liegen in dem als Welterbe registrierten Uluru Kata Tjuta National Park und bilden die beiden wohl bekanntesten Ikonen Australiens.

Die Stadt Alice Springs (weit über 26.000 Einwohner) ist das wichtigste Versorgungszentrum der Region. Die Stadt ist gleichzeitig auch das touristisch wichtigste Einfallstor des Roten Zentrums. Die meisten Besucher zieht es zum Uluru, aber auch zum grandiosen Kings Canyon im Watarrka National Park, zum Finke Gorge National Park nahe des alten, von Lutheranern gegründetem Missionsort Hermannsburg.

OBEN:
Nicht überall ist das Northern Territory so grün wie hier am Katherine River im Nitmiluk Nationalpark.

VORHERIGE DOPPELSEITE:
Die Felszinne des Chambers Pillar ist eine weithin sichtbare Landmarke, die schon frühe Entdecker zur Orientierung nutzten. Der Entdecker John Ross ritzte sogar seinen Namen in den weichen Sandstein des Felsturms.

Im Finke Gorge National Park hat sich im Palm Valley eine Reliktvegetation mit Livistonia-Palmen erhalten. Das nahe Amphitheater ist ein grandioses Felsmonument. Westlich von Alice Springs beginnt der West MacDonnell National Park mit seinen zahlreichen Sehenswürdigkeiten. Durch das Wüstengebirge zieht sich die Trekkingroute des Larapinta Trails.

Die East MacDonnell Ranges östlich von Alice Springs sind wegen der Felsgemälde im Emily Gap Nature Park und den Ritzzeichnungen der Aborigines im N'Dhala Gorge Nature Park berühmt. Südlich von Alice Springs liegen die berühmten Ritzzeichnungen der Ewaninga Rock Carvings, das Rainbow Valley Conservation Reserve und die allein stehende Felsrinne des Chambers Pillar, in dessen weichem Gestein sich früher Forscher verewigt haben, die den weithin sichtbaren Steinturm als Orientierungspunkt benutzten.

Die Südhälfte des Northern Territoriums besteht zum überwiegenden Teil aus gewaltigen Wüsten und Halbwüsten. Östlich von Alice Springs liegt die durch zahllose, parallel verlaufende Sanddünen charakterisierte Simpson Desert, die bis in die Bundesstaaten Queensland und Südaustralien hineinreicht. Nordwestlich von Alice Springs zieht sich die Tanami Desert Richtung Westaustralien.

Nur die unbefestigte Tanami Road, ein beliebtes Ziel für Allrad-Enthusiasten, dringt in diese nahezu menschenleere Region ein und verbindet Alice Springs mit Halls Creek in Westaustralien. Trotz des harschen Wüstenklimas werden weite Landstriche in Zentralaustralien als Rinderstationen mit zum Teil riesigen Ausmaßen genutzt. Für diese Rinderstationen, wie für das gesamte Territorium, bildet der durchwegs geteerte Stuart Highway, benannt nach dem berühmten Forscher John McDouall Stuart, eine überaus wichtige Lebensader.

Folgt man dieser Straße Richtung Norden, erreicht man die als Top End bekannte Nordhälfte des Territoriums. Hier übernimmt die Hafenstadt Darwin nicht nur die Rolle als Versorgungszentrum und Einfallstor, sondern fungiert zugleich als Hauptstadt des Northern Territoriums.

In Darwin leben weit über 100.000 Einwohner. Als wichtiges Exportzentrum, vor allem dank der Nähe zu Asien, boomt die Stadt auch aufgrund ihrer Funktion als Versorgungsstadt für die riesigen Rinderstationen und die Bergbauindustrie (Bauxit, Mangan, Uran, Eisen und Gold). Darwin kommt zudem eine wichtige strategische Rolle zu: Hier befinden sich neben einem Luftwaffenstützpunkt auch Marine und Zoll.

Ein weiteres ökonomisches Standbein neben Bergbau und Landwirtschaft (hauptsächlich Viehzucht) ist im Northern Territory der Tourismus. Während Besucher aus aller Welt von Alice Springs aus die Wunder des ariden Zentrums – in erster Linie Uluru und Kata Tjuta – erkunden, bildet Darwin zum Beispiel den Ausgangspunkt für Exkursionen in den als Welterbe registrierten Kakadu National Park, zu den nördlich der Stadt gelegenen Tiwi Islands sowie zu zahlreichen anderen Attraktionen in der Region.

Ähnlich wie der Strauß kann auch der Emu zwar nicht fliegen, aber sehr schnell rennen.

Eine attraktive Alternative zur Besteigung ist die abwechslungsreiche, neun Kilometer lange Umrundung des Uluru.

Beliebt ist der kleine, kompakte Litchfield National Park mit seinen zahlreichen Wasserfällen und der Nitmiluk National Park nahe der Stadt Katherine. Der Park schützt einen Teil des Arnhem Land Plateaus um die wilden Schluchten des Katherine Rivers.

Die etwa 80 Kilometer nördlich der Stadt Darwin gelegenen Tiwi Islands bestehen aus Bathurst Island und der riesigen Melville Island. Letztere gilt mit 5786 Quadratkilometern Fläche nach Tasmanien als die zweitgrößte Insel Australiens. Zusammen mit Bathurst Island bilden die Inseln eine Fläche von 8320 Quadratkilometern. Die Inseln sind ein Aboriginalreservat mit einer eigenständigen Verwaltung. Die meisten Menschen leben in den drei Siedlungen Nguiu auf Bathurst Island sowie Pirlangimpi und Milikapiti auf Melville Island. Berühmt sind die Menschen der Tiwi Islands vor allem wegen ihrer Kunst. Gemälde, Schnitzereien und Töpfereien finden heute ihren Weg in Kunstgalerien, Sammlungen und Museen auf der ganzen Welt.

Nahezu ein Drittel der Bevölkerung des Northern Territory, mehr als in jedem anderen Staat und Territorium Australiens, besteht aus indigenen Australiern. Riesige Teil des Northern Territories sind als Aboriginal-Reservate ausgewiesen. Das größte Reservat ganz Australiens, das Arnhem Land im Osten von Darwin, umfasst etwa 80.000 Quadratkilometer. Fast 50 % der Landesfläche des Northern Territoriy ist in Besitz von Aborigines. Das Northern Territory hat von allen Bundesstaaten und Territorien Australiens mit 29% den größten Anteil an indigenen Australiern.

Arnhem Land, das die gesamte Osthälfte des Northern Territory umfasst, ist dank der Isoliertheit und des Status als Reservat – man kann nur mit einer Genehmigung einreisen - sowie der geringen Bevölkerung eines der letzten nahezu unberührten tropischen Naturparadise Australiens. Geografisch wird Arnhem Land von dem riesigen Sandsteinplateau des Arnhem Land Plateaus dominiert. Nach

Aboriginal-Kunst, hier ein Künstler von der zu den Tiwi Islands gehörenden Melville Island mit einem seiner Werke, hat mittlerweile ihren Weg in Galerien und Museen gefunden und wird dort zum Teil hochpreisig gehandelt.

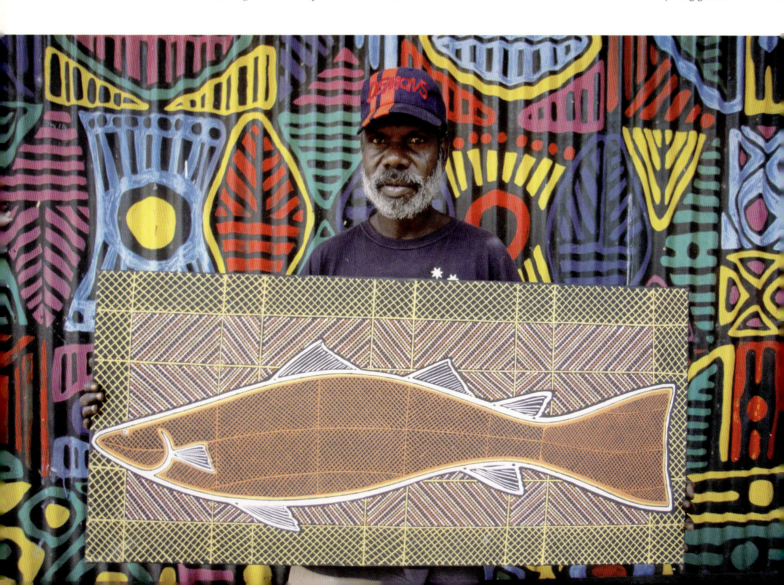

Norden hin ziehen sich endlose tropische Wälder bis an die Küste. Flüsse winden sich durch enorme Feuchtgebiete, die sich während der Regenzeit in gewaltige Seen verwandeln. An den Küsten haben sich ausgedehnte Mangrovenwälder gebildet und die Gewässer um Arnhem Land und den vergelagerten Inseln gelten als besonders fischreich.

Arnhem Land ist die vielleicht letzte Bastion einer noch relativ authentischen Aboriginal-Kultur in Australien. Dank des Landrechts, das den Menschen Arnhem Lands die Kontrolle über ihr Land gegeben hat, hat sich hier eine indigene Hochburg etabliert, die ihresgleichen in Australien sucht.

Neben einer überaus reichen Natur und Kultur ist Arneham Land auch mit gewaltigen Rohstoffen gesegnet. Außer den riesigen Bauxitminen um die Stadt Nhulunbuy an der Nordostspitze der Region werden diese aber zurzeit nicht ausgebeutet. Bergwerksgesellschaften müssen die Zustimmung der ansässigen Ureinwohner bekommen, bevor sie mit dem industriellen Abbau beginnen können. Die meisten Gemeinden haben diese Zustimmung bis jetzt nicht gegeben. Diese faszinierende Region beginnt sich nun langsam zu öffnen und ein zaghafter Tourismus erlaubt Besuchern eingeschränkte Einblicke in diese abgelegenen Urwelt.

Geschichtlich gesehen war das Northern Territorium immer eine Hochburg der Aborigines und die Arnhem Land Region gilt als eine der möglichen Ankunftsregionen für die ersten Einwanderungs-

Versorgungsstation im Outback: Daly Waters am Stuart Highway ist ein berühmtes und vielbesuchtes Pub. Dort können Reisende ihren Durst stillen und an der angegliederten Tankstelle Treibstoff aufstocken.

wellen. Über lange Zeit hinweg bestand eine enge Verbindung zwischen den Aborigines in Arnhem Land und Makassen, Seegurken-Fischer aus Indonesien: Sie besuchten die Küsten Arnhem Lands und hinterliesen kulturelle Spuren aus dieser Periode. So finden sich verschiedenste Worte in den Dialekten Arnhem Lands, die aus Indonesioen stammen. Die Fischer pflanzen Tamarindbäume entlang der Küste, die heute noch stehen.

Der kulturelle Austausch zwischen Makassen und Aborigines verlief friedlich – im Gegensatz zu der kulturellen Konfrontation mit den Europäern. Allerdings verhinderte das harte Klima eine schnelle, erfolgreiche Besiedlung. Die ersten Versuche der Briten, Stützpunkte im Northern Territorium zu etablieren, scheiterten. Politisch war das Territorium zwischen 1825 und 1863 Teil von New South Wales, zwischen 1863 und 1911 beanspruchte Südaustralien das Land des heutigen Territoriums. Erst zehn Jahre nach der Bildung der australischen Föderation trennte sich das Territorium von Südaustralien.

Der Bau der Telegrafenlinie zwischen 1870 und 1872 durch das Gebiet des Territoriums verband Australien mit dem Rest der Welt. Eine der wichtigsten Telegrafenstationen wurde dort, wo sich heute Alice Springs befindet, etabliert. Gold- und später Kupferfunde führten zu einem Anwachsen der Bevölkerung und der Ausbildung einer eigenständigen Wirtschaft. Neben dem Bergbau setzte man im Northern Territory vor allem auf die Viehzucht, ein wirtschaftliches Konzept, an dem sich bis heute nicht viel geändert hat.

Wasser hat im Outback eine enorme Anzieghungskraft: Besucher genießen die Abendsonne an den Edith Falls im Nitmiluk National Park.

Der erste Ghan, der legendäre Überlandzug, erreicht am 3. Februar 2004 Darwin, die Hauptstadt des Northern Territory. Weit über 100 Jahre dauerte es insgesamt, bis die transkontinentale Bahnlinie fertiggestellt wurde. Bis 2004 verkehrte der Ghan nur zwischen Adelaide und Alice Springs.

Trotzdem verlief die Entwicklung des riesigen Gebietes langsam. Während des Zweiten Weltkrieges kam es dann zu größeren Änderungen in der Infrastruktur. Aus Furcht vor einer Invasion durch die Japaner wurde das gesamte Top End unter eine Militärregierung gestellt. Diese Bedrohung führte dazu, dass der Stuart Highway, bis dato eine kaum befahrbare Trasse, ausgebaut wurde. Entlang des Highway, der erst in den 1980er-Jahren durchgehend geteert wurde, wurden im Top End zahlreiche Militärflughäfen und -basen errichtet. 1978 bekam das Norhern Territory eine eigenständige Regierung, die durch den Chief Minister angeführt wird.

Mit der Eröffnung des Abschnitts Alice Springs–Darwin der 2979 Kilometer langen Central Australian Railway 2004 ist die Hauptstadt des Northern Territories auch per Bahn von Adelaide in Südaustralien zu erreichen. Die Bahnlinie stellt einer Verlängerung der bereits existierenden Verbindung von Adelaide nach Alice Springs dar. Konzipiert in erster Linie als Frachtstrecke, verkehrt auf der Route mehrmals wöchentlich auch der Ghan, der berühmteste Passagierzug Australiens.

Während die Frachtzüge die Bedeutung Darwins als Export- und Importhafen verstärken, hat sich auch die Zahl der Besucher des Northern Territory mit der Eröffnung der neuen Bahnlinien erhöht. Tourismus, zusammen mit der Bergbauindustrie – vor allem Bauxit, Mangan und Uran – sowie die Rinderhaltung für die Fleischproduktion bilden die wichtigsten wirtschaftlichen Standbeine des Territoriums.

DARWIN

Der erste Versuch schlug fehl: Bereits ein Jahr nach der Gründung von Palmerston – so der erste Name der Siedlung – an der Mündung des Adelaide River 1869 musste die Siedlung wegen katastrophaler Überschwemmungen aufgegeben werden. Man fand einen neuen Standort am Port Darwin – benannt nach dem berühmten Naturforscher Charles Darwin. Obwohl der Ort ursprünglich ja Palmerston hieß, setzte sich der Name Port Darwin immer mehr durch und 1911 wurde offiziell der Name Darwin eingeführt. Palmerston nennt sich heute nur noch ein Vorort der Hauptstadt des Northern Territory.

Die abgelegene Siedlung im hohen Norden Australiens wuchs anfangs nur sehr langsam. Erst die Fertigstellung des Stuart Highway, der Verbindung nach Alice Springs im Zentrum und weiter nach Adelaide, während des Zweiten Weltkriegs änderte diese Situation ein wenig. Doch das Unglück verfolgte Darwin weiter: Während des Krieges wurde die Stadt von japanischen Kampfflugzeugen bombardiert und im Jahr 1974 von dem Wirbelsturm „Tracy" fast völlig zerstört.

Heute ist Darwin eine moderne Stadt mit weit über 100.000 Einwohnern. Die rasche Entwicklung in den letzten 25 Jahren basiert vor allem auf den reichen Bodenschätzen des Territoriums und der strategischen Bedeutung der Stadt. Auch der Tourismus spielt eine wichtige Rolle. Dennoch ist Darwin in gewisser Weise eine Grenzstadt geblieben, eine letzte Bastion der Zivilisation vor der tropischen Wildnis des Top Ends vom Northern Territory.

Sehen und gesehen werden: Hübsche Kleider und schicke Hüte sind beim alljährlichen Pferderennen des Darwin Cup Pflicht für junge Damen.

Das abgelegene Darwin hat sich in den letzten Jahren zu einer lebendigen und modernen Stadt gemausert.

Darwin liegt auf einer Halbinsel, die die weite Bucht des Port Darwin vom Hope Inlet trennt. Die schachbrettartig angelegte City residiert erhöht im Norden der Halbinsel. Westlich davon liegt eine Landspitze, die vom Militär belegt ist. Diese Landspitze bildet zusammen mit dem nördlich gelegenem East Point eine Klammer um die weit geschwungene Bucht der Fanny Bay. Grünanlagen, wie der Botanische Garten und der Golfkurs, ziehen sich entlang der Bucht. Hier liegen auch das Casino, der berühmte Mindil Beach mit seinem wöchentlichen Markt und der Segelclub von Darwin.

Aus touristischen Gesichtspunkten hat Darwin im Vergleich zu anderen australischen Städten recht wenig zu bieten. Die Stadt ist dank des internationalen Flughafens in erster Linie das nördliche Einfallstor Australiens und viele Besucher wählen Darwin primär als Start- oder Endpunkt.

Von der „alten" Bausubstanz ist wegen der starken Zerstörung im Zweiten Weltkrieg und durch den tropischen Wirbelsturm „Tracy" nicht mehr viel übrig. Einige der wenigen historischen Gebäude, die erhalten blieben, ist das im eleganten Kolonialstil erbaute Government House am südlichen Ende der Esplanade. Nicht weit davon steht das Old Admirality House. Direkt gegenüber der Esplanade erstreckt sich der Bicentennial Park, beliebt vor allem abends zum Sonnenuntergang.

Am Bullocky Point, hinter den Botanischen Gärten, befindet sich das Museum and Art Gallery of the Northern Territory. Das Museum beherbergt eine ausgezeichnete Sammlung von Kunstgegenständen der Aborigines, der Balinesen und aus Neuguinea. Ebenso sind hier Werke berühmter australischer Maler zu bewundern.

Im Süden der Stadt liegt der sogenannte Wharf Precinkt. Dort bildet der Stokes Hill Wharf den Mittelpunkt des Geschehens. Einst Teil des kommerziellen Hafens, wurde der Kai renoviert und ausgebaut. Heute befinden sich hier mehrere Restaurants.

Im Norden der Stadt liegt das East Point Reserve, eine große Halbinsel, die als Naturreservat geschützt ist. Von Interesse ist hier auch das Artillery War Museum. Vom East Point aus kann man herrliche Sonnenuntergänge bewundern, für die Darwin zu Recht berühmt ist.

Darwin ist in erster Linie eine Versorgungs- und Garnisonsstadt. Für Besucher ist sie der Ausgangspunkt für Touren zum Kakadu National Park, dem Litchfiel National Park, den Tiwi Islands und zahlreichen anderen Attraktionen. Darwin ist die Endstation des Ghan, der transkontinentalen Eisenbahnlinie von Adelaide durch Zentralaustralien bis in den hohen Norden des australischen Kontinents. Hier endet auch der Stuart Highway, der Darwin mit Alice Springs und Adelaide verbindet.

Entspannt lässt sich am Abend der Sonnenuntergang am Mindil Beach genießen.

DIE GROSSEN NATIONALPARKS

LINKE SEITE:
Abendstimmung über dem Kakadu River

FOLGENDE DOPPELSEITE:
Tropischer Sonnenuntergang am Yellow Water, einem der Altwasser des Jim Jim Creek im als Weltnaturerbe geschützten Kakadu National Park.

KAKADU NATIONAL PARK/NORTHERN TERRITORY

Der Kakadu National Park ist ein Reservat der Superlative: Er umfasst 20.000 Quadratkilometer und ist damit der größte Nationalpark Australiens. Er gilt als eines der wichtigsten Feuchtgebiete der Erde und bildet mit seinen riesigen Überschwemmungsebenen, die während der Regenzeit unter Wasser stehen, ein einzigartiges Rückzugsgebiet für Wasservögel. Der Kakadu National Park ist zudem das einzige Gebiet der Erde, in dem ein tropisches Flusssystem – das des South Alligator Rivers mit seinen Zuflüssen – von den Quellen bis hin zur Mündung ins Meer vollständig geschützt ist.

Neben der einzigartigen tropischen Natur fördert vor allem seine kulturelle Bedeutung die internationale Reputation des Parks. Der Park beherbergt Zeugnisse einer jahrtausendealten, nach wie vor lebendigen Aboriginalkultur. Diese Kombination aus außergewöhnlicher Natur und herausragenden kulturellen Werten führte dazu, dass das Reservat 1987 von der UNESCO zum Weltpark erklärt wurde und nun den Status „Erbe der Menschheit" tragen darf.

Man unterscheidet im Park fünf unterschiedliche, topografische Zonen und Regionen. Weit ab von den üblichen, touristischen Routen im Park, aber von verschiedenen Punkten aus sichtbar, erhebt sich die zeitlose Landschaft des Arnhem Land Plateaus. Es handelt sich um ein unzugängliches, stark zerklüftetes Sandsteinplateau, das überwiegend menschenleer ist.

Es ist von Schluchten, Spalten und Klammen durchzogen. Das Plateau bricht in einer spektakulären Abbruchkante, das sogenannte „Escarpment", in die tiefer gelegenen Regionen des Parks ab. Die

Während des sogenannten »built up« am Ende der Trockenzeit bilden sich fast täglich gewaltige Kumuluswolken und Gewitter – wie hier über dem Felsmassiv des Nourlangie Rock im Kakadu National Park.

RECHTE SEITE:
Krokodilwarnschild am Arnhem Highway im Kakadu National Park. Der Hinweis sollte ernst genommen werden: Immer wieder werden unvorsichtige Touristen von großen Salzwasserkrokodilen getötet. Das Schwimmen in den meisten Gewässern des riesigen Reservates ist tabu.

Abbruchkante zieht sich quer durch die Südwestecke des riesigen Schutzgebietes und enthält bedeutende heilige Stätten für die Aborigines. Eine der wichtigsten Kultstätten ist die Lightning Dreaming, eine Reihe von gewaltigen Felstürmen. Nach Ansicht der lokalen Ureinwohner wohnt hier die wichtige spirituelle Figur des Namarrgon (Lighting Man).

Der nährstoffarme Boden des felsigen Plateaus ermöglicht hauptsächlich Pflanzengemeinden, die in ähnlicher Ausprägung in ariden oder semiariden Gebieten vorkommen, ein Auskommen. Nur in den geschützten Gründen der Schluchten hält sich tropische Vegetation. Hier gedeihen Palmen, Schraubenpalmen, Orchideen, Farne und es bilden sich kleine Regenwaldenklaven.

Auf den Höhen des Arnhem Land Plateaus haben die meisten Flüsse der Parks ihren Ursprung. Während der Regenzeit, wenn sich die Schleusen des Himmels öffnen, rinnt das Wasser auf dem felsigen Plateau schnell ab und stürzt in Gestalt gewaltiger Wasserfälle – hier seien vor allem die Jim Jim Falls und die Twin Falls erwähnt – in die Tiefe. Am Fuße der Felsabstürze beginnt die nächste topografische und ökologische Einheit des vielseitigen Parks, das Waldland. Endlose, lichte Eukalyptuswälder überziehen die trockenen Hügel und Höhenzüge.

Für Uneingeweihte präsentiert sich das tropische Waldland als monoton und uniform. Dabei handelt es sich aber um eines der artenreichsten Gebiete Nordaustraliens, ja ganz Australiens. Eine eigenständige topografische Region stellen die Southern Hills im Süden des Parks dar. Die geologisch unterschiedliche Struktur – die Hügel sind aus Granit aufgebaut – sorgt für eine außergewöhnliche und vielseitige Flora und Fauna.

Auf das Waldland folgen die Feuchtgebiete, für die das Reservat berühmt ist. Die Fließgeschwindigkeit der Flüsse nimmt ab und sie mäandrieren nun durch die weiten Ebenen auf das Meer zu. Das Jim Jim Billabong, das Besucher des Parks auf Bootstouren erkunden können, ist ein gutes Beispiel für diese fast amphibischen Landschaften.

Stellvertretend für die riesigen abgelegenen Feuchtgebiete, die zum großen Teil für Touristen unzugänglich sind, kann hier der Tierreichtum dieser topografischen Einheit hautnah erlebt werden. Folgt man den Flüssen Richtung Meer, zeigen Mangroven und Schlickflächen, dass die Gewässer bis zu 80 Kilometer in das Inland hinein von den Gezeiten beeinflusst werden und das Salzwasser tief in den Park vordringt. In der Regenzeit verwandeln sich die Ebenen in einen mehrere hundert Quadratkilometer großen See.

Dort wo sich die Flüsse in den Van Diemen's Gulf ergießen, befindet sich die letzte topografische Zone des Parks, der Küstensaum. Mangrovenwälder und Küsten-Monsumregenwälder prägen die Küste. Hier liegen wichtige Fischbrutstätten, und Field Island, eine flache Insel, die zum Park gehört, ist ein bedeutender Nestplatz für Meeresschildkröten. Bis an die einsamen, wilden Küstenregionen dringen Menschen bis heute äußerst selten vor.

Nur etwa zehn Prozent der gesamten Parkfläche ist für Touristen zugänglich. Die Küste und das Meer, wie auch alle anderen Lebensräume des Reservats, bilden allerdings den traditionellen Lebensraum der australischen Ureinwohner. Von frühester Zeit an hinterließen die Aborigines auf dem

Nur zehn Prozent der Gesamtfläche des Kakadu National Parks sind für Besucher zugänglich. Eines der wenigen erschlossenen Feuchtgebiete im Park ist Yellow Water. Hier kommen vor allem Vogelfreunde auf ihre Kosten.

Pelikane sind nur eine der Vogelarten, die die Feuchtgebiete des Kakadu-Nationalparks bevölkern.

Gebiet des heutigen Nationalparks Felsmalereien, die die Jahrtausende überstanden. Das genaue Alter dieser Malereien lässt sich nicht präzise feststellen. Man geht aber heute davon aus, dass die ältesten Felsenbilder etwa 23.000, eventuell sogar 35.000 Jahre alt sind. Ungefähr 7000 Fundplätze von Felsmalereien dokumentieren im Park die Kultur der Aborigines über einen Zeitraum von Jahrtausenden hinweg. Für Besucher des Parks wurden einige wenige Felsenbilder-Galerien zugänglich gemacht. Sie stehen stellvertretend für alle anderen. Vor allem die großen Galerien von Ubirr und am Nourlangie Rock faszinieren jährlich Tausende von Besuchern.

Ursprünglich bewohnten Aborigines von nicht weniger als dreißig Clans mit unterschiedlichen Sprachen das Gebiet. Aus einer der Sprachen, Gagudju, entstand die Bezeichnung Kakadu. Nach wie vor spielen die traditionellen Besitzer des Parks eine Rolle. Sie sind im Entscheidungsprozess des Parks involviert und es ist ihnen erlaubt, innerhalb der Parkgrenzen bis zu einem gewissen Grad ihrer traditionellen Lebensweise nachzugehen. Inzwischen hat der Aboriginal-Tourismus im Park eine wichtige Bedeutung. Aborigines arbeiten auch als Ranger und sind vor allem für das kontrollierte Abbrennen der Vegetation innerhalb des Parks verantwortlich. Dies geschieht nach jahrtausendalter Tradition.

Klima, Nahrungsangebot und Vegetation bestimmen die Fauna im Park. Aufgrund der harten, klimatischen Bedingungen in der lebensfeindlichen Steinwelt des Arnhem Land Plateaus findet man dort, außer dem scheuen Kurzohr-Felswallaby, keine größeren Säugetiere. Ringtail-Possums, Northern Quoll, ein etwa katzengroßes Raubtier, Sugar Glider und Fledermäuse leben in den Schluchten und Canyons des zerklüfteten Steinmassivs. Unterhalb des Plateaus sind die Lebensbedingungen völlig anders. Hier verstecken sich Raritäten wie der Hooded Parrot, ein Sittich, der in aufgelassenen Termitenbauten nistet, oder der farbenprächtige, vom Aussterben bedrohte Gouldian Finch.

Die Feuchtgebiete, Wasserläufe und Überschwemmungsebenen sind fest in der Hand der Vögel. Magpie-Gänse, Kraniche, Schwarzkopfstörche, Pelikane, Enten und Reiher kommen in großer Zahl vor. Seeadler, Keilschwanzadler und andere Raubvögel patrouillieren die Lüfte. Die Lagunen und Billabongs (Altwasser) sind äußerst fischreich. Ein Viertel aller Süßwasserfischarten Australiens, darunter der begehrte Speisefisch Barramundi, lebt im Park. Reptilien spielen eine wichtige Rolle in den verschiedenen Ökosystemen. Die Flüsse und Billabongs in den Ebenen sind das Reich der größten Reptilien überhaupt: Die gefürchteten Salzwasser- bzw. Leistenkrokodile sind hier ebenso beheimatet wie die harmlosen Süßwasserkrokodile im Kakadu National Park.

Schon fast ein Ritual ist das Erleben des Sonnenuntergangs über den Schwemmebenen des East Alligator Rivers von den Felsen des Nourlangie Rocks aus.

ULURU-KATA TJUTA NATIONAL PARK / NORTHERN TERRITORY

Den Titel des bekanntesten und meistbesuchten Nationalparks Australiens darf der Uluru-Kata Tjuta National Park im trocken-heißen Zentrum Australiens für sich beanspruchen. Innerhalb seiner Grenzen liegen zwei der bekanntesten Naturmonumente des gesamten Kontinents: die Kata Tjuta (ehemals die Olgas), eine Ansammlung beeindruckender Felsdome, und natürlich der Uluru (ehemals Ayers Rock).

Dieser gewaltige rote Felsklotz, der nahe des geografischen Zentrums Australiens ohne Vorwarnung aus den endlosen Weiten wächst, hat sich zu einem Symbol für den fünften Kontinent entwickelt und schlägt – zumindest was den Bekanntheitsgrad betrifft – sämtliche Sehenswürdigkeiten des Landes. Obwohl er nicht der größte Monolith der Erde ist – diesen Superlativ darf der Mt. Augustus in den Weiten Westaustraliens für sich beanspruchen –, prägt der charakteristische Felsbrocken für viele das landschaftliche Bild Australiens und verschafft ihm den Stellenwert eines Wallfahrtsortes.

Um den Uluru zu sehen, strömen jährlich Zehntausende von Besuchern in den Park. Nach wie vor steigen viele Besucher auf den Gipfel des Monolithen, ein Umstand, der bei den Ureinwohnern Unmut auslöst: Für sie ist der Uluru ein heiliger Berg und sie bitten Besucher, ihn nicht zu besteigen. Von einem Besteigungsverbot hat man bisher abgesehen. Alternativ kann man den Felsen auf einem neun Kilometer langen Rundweg umwandern.

LINKE SEITE:

Schönheit im Detail: Überall am Uluru findet man außergewöhnliche Felsformationen, die zum Teil eine wichtige spirituelle Bedeutung für die ansässigen Aborigines haben. Während der seltenen Regenschauer rauscht das Wasser über diese Rillen in die Tiefe.

FOLGENDE DOPPELSEITE:

Oxidation von im Gestein enthaltenen Eisenpartikel färbt die Felsen in der Olga Gorge in den Kata Tjuta (Olgas) rot.

UNTEN:

Mitten im Outback befindet sich das – zumindest nachts – futuristisch anmutende Ayers Rock Resort.

Höhepunkt für die meisten Parkbesucher ist allerdings das Spektakel des Sonnenuntergangs am Uluru. Treffpunkt aller Fotografen, Romantiker und Neugierigen ist die Sunset Viewing Area. Frühaufsteher können den Sonnenaufgang am Felsen bewundern. Wer dem großen Rummel entgehen will, kann den Sonnenuntergang auch an den Kata Tjutas erleben. Populär ist dort auch die kurze Wanderung in die Olga Gorge oder die fantastische Runde durch das Valley of the Winds.

Nationalparkranger bieten im Uluru National Park geführte Touren an.

Die Entstehung der beiden großen Schaustücke des Parks liegt etwa 500 Millionen Jahre zurück, als die kilometerdicken Sedimente des sogenannten Amadeus-Beckens zu einem Gebirge hochgedrückt und aufgefaltet wurden. Verwitterung setzte ein und am Fuß des Gebirges bildeten sich riesige Schuttfächer, aus deren verfestigten Ablagerungen schließlich der Uluru und die Kata Tjutas entstanden.

Fest steht heute, dass die beiden Naturmonumente ihren Ursprung in zwei getrennten Schuttfächern haben. Dies erklärt deutlich die Zusammensetzung der Gesteine der beiden Felsburgen. Die mit Sand und Geröll angereicherten Muren, die den Uluru-Schuttfächer aufbauten, ergossen sich über einen schwach nach Nord geneigten Hang und erreichten eine Dicke von bis zu 2,2 Kilometern. Das Konglomerat, aus dem die vielköpfigen Olgas aufgebaut sind, war sogar noch mächtiger und vermutlich an die sechs Kilometer dick. Die Größe der Kiesel – einige haben einen Durchmesser bis zu 1,5 Metern – belegt, dass sich diese Schuttfächer näher an dem Gebirge befanden, denn grobes Material lagert sich wegen seines Gewichts früher ab als feiner Kiesel und Sand.

Die Bildung der Schuttfächer verebbte, als das Gebirge schließlich verwittert war. Vor etwa 500 Millionen Jahren begann sich in diesem Bereich ein fla-

Wegen ihm kommen sie alle – wohl eines der bekanntesten Wahrzeichen Australiens – der Ayers Rock, der heute politisch korrekt Uluru genannt wird.

ches Meer auszubreiten und im Lauf der Jahrmillionen lagerten sich riesige Mengen an Sand und Schlamm sowie kalkhaltige Sedimente über die Schuttfächer ab. Vor etwa 450 Millionen Jahren zog sich das Meer wieder zurück und vom Wind verfrachteter Sand begann sich über die Sedimente aufzutürmen. Unruhige Zeiten begannen dann vor etwa 400 Millionen Jahren, als die Sedimente, darunter die ehemaligen Schuttfächer, gefaltet und hochgedrückt wurden. 300 Millionen Jahre dauerte der anschließende Erosionsprozess, in dessen Verlauf die weltbekannten Felsformationen und Touristenmagnete Uluru und Kata Tjutas herausmodelliert wurden.

Seit Jahrtausenden war die Uluru-Kata-Tjuta-Region Brennpunkt religiöser, kultureller und wirtschaftlicher Beziehungen zwischen den Völkerschaften der Western Desert. Ein Netzwerk enger Beziehungen verband die Region mit weitläufigen Gebieten des Northern Territory, dem Nordwesten Südaustraliens und den zentralen sowie südöstlichen Bereichen Westaustraliens. Seit Jahrtausenden gilt der Uluru für die Ureinwohner Australiens als zentrales Heiligtum. Zahlreiche Details des großen Felsens haben ihre mythologische Bedeutung und gelten für die Aborigines als heilige Orte. Sie dürfen weder betreten noch fotografiert werden. Am Uluru treffen zahlreiche Traumpfade der mythologischen Vorfahren zusammen.

Mit der Ankunft der Weißen begann eine weniger friedvolle Zeit für die Anangu – wie sich die in der Region ansässigen Aborigines selbst nennen. Bald sahen sie ihr Land von Schafen und Rindern

Unwirtlich oder spektakulär – die Landschaft im Uluru National Park hinterlässt Spuren in der Seele des Besuchers.

überrannt. Überweidung und zwei Dürrekatastrophen in den dreißiger und fünfziger Jahren zerstörten ihre Nahrungsgrundlagen und zwangen sie, in Missionen, Rinderfarmen und von der Regierung errichteten Siedlungen Zuflucht zu suchen. Trotzdem blieb die starke Bindung zum Land bestehen; die traditionellen Fertigkeiten und Vorstellungen wurden weitergegeben, die Kultur der Anangu blieb lebendig.

Nach einem langen Kampf wurde 1985 das Land, auf dem sich der heutige Nationalpark befindet, im Zuge der Landrechtsbewegung an die Anangu zurückgegeben. Gleichzeitig wurde das Land zum Nationalpark erklärt und an die Nationalparkbehörde auf 99 Jahre verpachtet. Seit 1987 zählt der Wüstenpark wegen seiner überragend kulturellen Bedeutung sowie seiner einzigartigen Natur zum Weltkulturerbe.

Die Olgas gaben dem Nationalpark den zweiten Teil seines Namens (Kata Tjuta).

KOSCIUSZKO NATIONAL PARK / NEW SOUTH WALES

Australien – mit einer durchschnittlichen Höhe von 300 Metern der flachste Kontinent der Erde – verfügt über keine Gebirgslandschaft mit alpinen Dimensionen. Zwar kommen die Snowy Mountains im Südosten von New South Wales einem „richtigen" Gebirge am nächsten, doch angesichts ihrer abgerundeten, weichen Kuppen sind die Unterschiede zu der schroffen, kantigen Alpenlandschaft nur allzu offensichtlich.

In den Snowy Mountains befinden sich die höchsten Gipfel des australischen Kontinents, darunter der Kumulationspunkt, der 2228 Meter hohe Mount Kosciuszko. Dieser Berg, benannt nach einem polnischen Freiheitshelden, ist der Namensgeber für den grandiosen Kosciuszko National Park, ein riesiger Gebirgspark, der mit über 690.000 Hektar Fläche praktisch die gesamten Snowy Mountains umfasst. Baumlose Höhen, blumenreiche Matten, ungestüme Flüsse und endlose Wälder bilden die Komponenten einer für Australien einzigartigen Landschaft – die sich zudem im Winter in eine Zauberwelt aus Schnee und Eis verwandelt. Innerhalb seiner Grenzen haben sich mehrere Skigebiete etabliert, darunter der Skiverbund von Parisher Valley mit insgesamt 90 Kilometer Pisten.

LINKE SEITE:

Nur einer von vielen stillen Höhepunkten im Kosciuszko Nationalpark – ein friedlicher Bachlauf

Skilaufen ist in Australien nur in wenigen Regionen möglich. Eine davon sind die Snowy Mountains.

Die großen Nationalparks

Der Kosciuszko National Park ist ein Reservat, dem nicht nur die Natur einen Stempel aufgedrückt hat. Auch der Mensch mit seiner Profitsucht trug das Seine dazu bei, die Landschaft zu gestalten. 1859 fand man Gold bei Kiandra, und innerhalb kürzester Zeit schnellte die Anzahl der Einwohner des hochgelegenen Ortes auf 10.000.

Von dem einstigen Boom ist heute nicht mehr viel zu sehen. Der Ort, Schauplatz menschlichen Glücks und Unglücks, ist längst verschwunden. Nur die verrosteten Reste von Maschinen, die zur Gewinnung des Goldes verwendet wurden, ein paar Grabsteine und Fundamente von Häusern liegen in den baumlosen Weiten verstreut. In den dreißiger Jahren desselben Jahrhunderts zwang ei-

Nur noch verrostete Maschinen zeugen vom einstigen Goldrausch in Kiandra.

ne katastrophale Dürre die Viehzüchter, die ihre Weiden zu Füßen der Snowy Mountains hatten, ihre Tiere zum Grasen in die Hochlagen zu treiben; in den sechziger Jahren war die Sommerweide bereits gängige Praxis. Erst 1972, fünf Jahre nach seiner Gründung, wurde – erzwungen durch die verheerenden Auswirkungen der Sommerweide auf die empfindliche, alpine Vegetation – der Weidebetrieb eingestellt. Heute noch findet man im Bereich der alpinen Matten die Reste von Weidezäunen.

Weitaus größer – und in ihren Dimensionen kaum überschaubar – war jedoch die Einrichtung des Snowy Mountain Hydro-Electric Scheme. Das ehrgeizigste Projekt in der Geschichte Australiens

Die historischen Hütten im Kosciuszko National Park, hier eine Hütte bei Kiandra, werden im Originalzustand von der Nationalparkbehörde unterhalten.

Die großen Nationalparks 389

wurde 1949 gestartet und umfasste die Ableitung von fünf Flüssen, verbunden mit der Anlage von 145 Kilometern Tunnel, 130 Kilometern Aquädukte, 1600 Kilometern Straße, 17 großen und zahlreichen kleineren Staudämmen sowie der Errichtung ganzer Orte und Arbeitslager innerhalb und außerhalb der heutigen Nationalparkgrenzen.

Im Jahr 2003 wütete wochenlang ein verheerendes Buschfeuer im Park und vernichtete riesige Waldgebiete, darunter den hoch gelegenen Mountain Ash und Snow-Gum-Wälder. Anfang 2007, ausgelöst durch die lang anhaltende Dürre in Australien, kam es wieder zu ausgedehnten Waldbränden. Trotz all dieser schwerwiegenden Ereignisse und Eingriffe haben sich weite Gebiete des riesigen Nationalparks bewahren können und sind nach wie vor unberührte Wildnis. Allerdings könnten vor allem die alpinen Matten mit den für Australien einzigartigen Pflanzengemeinschaften in Zukunft durch die Erwärmung der Erdatmosphäre und die Änderungen des Klimas gefährdet sein.

Über drei Millionen Besucher pro Jahr zeigen, wie beliebt der Nationalpark unter den Australiern ist. Neben den Skifahrern im Winter zieht der Park vor allem Wanderer an. Im Sommer lockt der großartige Nationalpark vor allem erfahrene „bushwalker", wie sich die Wanderer in Australien nennen. Die Besteigung des Mount Kosciuszko ist für viele Australier nationale Pflicht. Ein gewaltiges Netzwerk an Wanderwegen und sogenannten „fire trails" durchzieht die Snowy Mountains und bietet von kurzen Wanderungen bis zu mehrtägigen Trekkings für jeden Geschmack etwas. Der Park wird von zwei Ausflugsstraßen durchzogen, der Alpine Way von Jindabyne über den Skiort Thredbo nach Khancoban an der Westseite der Snowy Mountains sowie der Snowy Mountain Highway, der von Adaminaby über Kiandra nach Tumut führt.

Die Granitfelsen der Ramshead Range im Kosciuszko National Park. Nur selten erinnert das uralte Gebirge der Snowy Mountains mit seinen eher sanften Landschaftsformen an richtige Berge.

CRADLE MOUNTAIN–LAKE ST. CLAIR NATIONAL PARK / TASMANIEN

Der Cradle Mountain–Lake St. Clair National Park ist Tasmaniens landschaftlicher und topografischer Höhepunkt. Er liegt gerade einmal 85 Kilometer südlich der Hafenstadt Devonport, eines der Einfallstore des Inselstaates. Das gebirgige Reservat bildet den nordwestlichen Eckpfeiler des riesigen Weltparks der „Tasmanian Wilderness World Heritage Area".

Mit 161.000 Hektar Fläche nimmt der Cradle Mountain–Lake St. Clair National Park einen Spitzenrang innerhalb der Schutzgebiete Australiens ein und gilt als Tasmaniens bekanntester Nationalpark. Einer der Gründe ist die außergewöhnliche Schönheit der für australische Verhältnisse ungewöhnlich alpinen Landschaft. Zahlreiche Seen und Seeaugen, Hochplateaus mit weiten Sümpfen und Mooren, wilde und bizarre Gipfel – darunter der Mount Ossa, mit 1616 Metern Tasmaniens höchs-

Nicht selten bekommt man im Nationalpark das Bennett-Känguruh zu sehen.

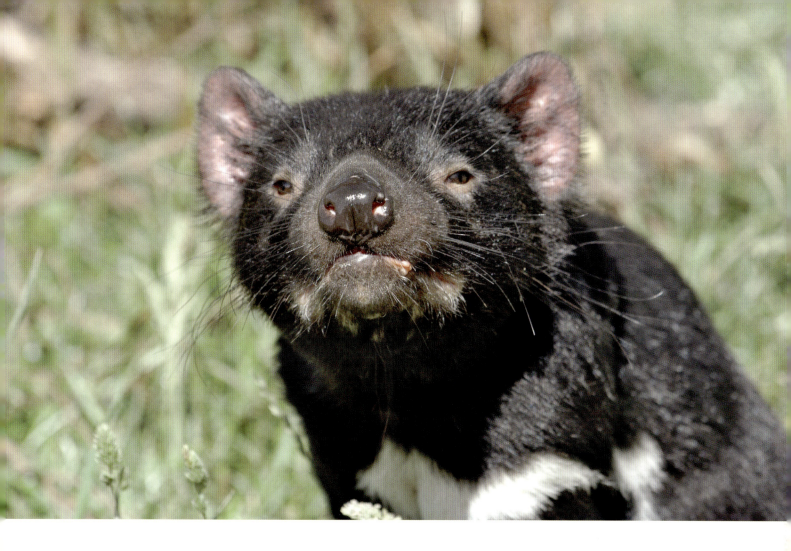

ter Berg – und undurchdringliche Regenwälder in tiefen Tälern bilden das Landschaftsspektrum des wilden Reservats.

Die bedeutendsten Gesteine innerhalb des Parks sind metamorphe und aufgefaltete Sedimente aus dem Präkambrium. Ihr Alter wird mit mehr als 700 Millionen Jahren angegeben. Vorherrschend sind dabei Quarzit und Schiefer, die vor allem im Westen und Norden des Parks den Unterbau bilden. Die aus diesen Gesteinen entstandenen Böden sind sauer und unfruchtbar. Hier haben sich die ausgedehnten Button-Gras-Ebenen gebildet. Jüngere Sedimente wie Sandstein (180 bis 275 Millionen Jahre alt) finden sich über den ganzen Park verteilt.

Landschaftsgestaltend ist jedoch das rötliche Intrusionsgestein Dolerit, das vor etwa 165 Millionen Jahren sowohl unter als auch in die Sedimente der Region eingedrungen und dort erkaltete. Die charakteristische, säulenartige Ausprägung des Gesteins hat große Ähnlichkeit mit Basalt. Ständige Erosion hat die über dem eingedrungenen Gestein liegenden Sedimentschichten im Laufe der Zeit abgetragen und ein Doleritplateau freigelegt, das wegen seiner Härte dem nagenden Zahn von Wind und Wetter weit besser widersteht als die weichen Sedimente. Nur an Bruchlinien innerhalb des Plateaus konnten Flüsse und Erosion ansetzen und die kompakte Steinmasse zerteilen.

Den letzten Schliff erhielt der Park schließlich während der letzten großen Eiszeit. Vor etwa 20.000 Jahren bedeckte eine Eisfläche mit einem Durchmesser von 65 Kilometern das Gebiet, einschließlich der Du Cane Range und des Cradle-Mountain-Plateaus. Die Eismassen rundeten stellenweise die

Der Name lässt nicht unbedingt vermuten, dass der Tasmanische (Beutel-)Teufel ein äußerst scheuer Geselle ist.

LINKE SEITE:

Ungewöhnlich abwechslungsreich ist auch die Flora des Nationalparks: In den höher gelegenen Regionen findet man neben Gräsern, Moosen und Flechten auch die Pencil Pine (Bild oben), in den tieferen Lagen dominiert der gemäßigte Regenwald (Bild unten).

Die großen Nationalparks 393

Topografie, hobelten Täler aus, bildeten Kare, Moränen und Seen. Diesen Zeugen der einstmaligen Vergletscherung begegnet man heute bei Streifzügen durch den Park auf Schritt und Tritt.

Die Pflanzenwelt des Parks reicht von alpinen Mooren über Eukalyptuswälder bis hin zu kühl-gemäßigten Regenwäldern. Den Bestand bilden dort Sassafras-Bäume, Myrtle Beech – eine Südbuchenart – und die Celery Top Pine. Die Stämme der Bäume sind flechtenbedeckt, Moose und Farne bilden einen dichten Unterbewuchs und geben den urwüchsigen Wäldern den Flair eines mystischen Zauberwaldes. Auffällige Pflanzenarten der Bergwälder sind die King Billy Pines und die Pencil Pines. Einen tropischen Eindruck vermitteln die Pandanis. Diese palmenähnlichen Pflanzen sind frostresistent und gehören zu den Heidegewächsen. Hoch im Gebirge kommt auch die Cushion Plant, die große, leuchtend grüne Polster bildet, vor. Im Herbst kann man im Park ein ganz besonderes Schauspiel erleben. Dann verfärben sich die Blätter einer laubabwerfenden Buchenart und ganze Hänge überziehen sich mit einem gelben bis bronzefarbenen Farbschleier. Ebenfalls Charakterpflanzen der Hochlagen sind die Schnee-Eukalypten mit ihren auffällig gefärbten Stämmen.

Lake Dove und im Hintergrund der Berg, der dem Nationalpark einen Teil seines Namens verlieh: Cradle Mountain.

So einzigartig wie die Vegetation zeigt sich auch die Fauna des Parks. Am bekanntesten sind die Tasmanischen Teufel, deren Schreie nachts oft zu hören sind. Zu Gesicht bekommt man die scheuen, nachtaktiven Tiere selten. Häufig zu sehen sind dagegen das Bennett Wallaby und das Pademelon, eine kleine endemische Wallabyart, die in den Regenwäldern lebt. Schnabeligel und Schnabeltiere leben hier ebenso wie Schlangen, was angesichts des rauen Gebirgsklima im Parks nicht unbedingt zu erwarten ist. Vor allem die schwarze, hochgiftige Tigerotter entdeckt man an warmen Tagen nicht selten bei ihrem Sonnenbad auf den Wanderwegen.

Der größte Teil des gebirgigen Schutzgebietes ist nur erfahrenen, bestens ausgerüsteten Trekkern zugänglich. Doch auch auf gut ausgebauten, beschilderten und markierten Wanderwegen, die von leichten Spaziergängen bis hin zu vollen Tagestouren die gesamte Palette umfassen, kann man das Reservat erkunden. Ausgangspunkt für die zahlreichen Wanderungen im Norden des Parks ist Cradle Valley, im Süden Lake St. Clair. Beide Nationalparkzentren werden von dem über achtzig Kilometer langen Overland Track, dem schönsten Weitwanderweg Australiens, verbunden.

KARIJINI NATIONAL PARK / WESTAUSTRALIEN

Selbst in dem an Naturschönheiten so reichen Westaustralien stellt der Karijini National Park, tief im Herzen der Pilbara-Region im Nordwesten des Bundesstaates gelegen, eine Ausnahmeerscheinung dar. Die herbe, strenge Schönheit der trockenen und kargen Landschaft hinterlässt einen tiefen Eindruck der Zeitlosigkeit. Wer sich auf den roten Staubstraßen durch die uralte Landschaft des Parks bewegt, wird vor allem die fantastischen Farben in Erinnerung behalten: das intensive, manchmal schon fast ins Schwarze übergehende Rot des Gesteins, den tiefblauen Himmel, über dem weiße Thermikwolken segeln, das schimmernde Gold des allgegenwärtigen Spinifexgrases, die leuchtend weißen Baumstämme der knorrigen Snappy-Gum-Bäume, einer Eukalyptusart, und das üppige Grün an den Wasserstellen.

Der Nordwesten des australischen Kontinents stellt eine der ältesten Landformen der Erde dar. Die Felsmasse der Hamersley Range ist seit ungefähr 600 Millionen Jahren praktisch unverändert geblieben. Die jüngsten Gesteine im Park sind zwischen 600 und 1000 Millionen Jahre alt. Auffällig ist der enorme Reichtum an Eisenerz. Die Entstehung dieser metallführenden Sedimente liegt 2500 Millionen Jahre zurück, als sich Eisen und Kieselerde am Grund eines urzeitlichen Ozeans ablagerten. Diese Schichten wurden wiederum von anderen Sedimenten überdeckt. Deren Gewicht presste das eingeschlossene Wasser aus den Erzlagern und verwandelte diese langsam in Gestein. An vielen Stellen im Park, vor allem in den Schluchten am Rande des Plateaus der Hamersley Range, kann man die eisenhaltigen Bänder im Gestein gut erkennen. Das knapp außerhalb des Parks liegende Eisenerzbergwerk Mount Tom Price gilt als das größte der Erde.

Fast märchenhaft und unwirklich wirkt der Karijini National Park bei dieser Gewitterstimmung.

Tief drinnen im Herzen der Pilbara-Region liegt der Karijini National Park.

Mit unnachgiebiger Kraft formt das Wasser das Felsgestein im Karijini National Park.

Ein Großteil des riesigen Nationalparks – mit einer Fläche von 600.000 Hektar stellt er die zweitgrößte Schutzzone des Staates dar – ist als Wildnisgebiet (wilderness area) ausgewiesen und – abgesehen vom nördlichen Bereich, der durch Straßen zugänglich gemacht wurde – weder durch präparierte Wege oder Straßen erschlossen. Landschaftliche Höhepunkte stellen dort am Rande des Plateaus die zahlreichen Schluchten dar. Bis zu 100 Meter tiefe Klammen und Canyons, durch Flüsse in das Gestein gegraben, haben sich hier im Laufe der Jahrmillionen gebildet. In den Tiefen vieler Canyons fließt das ganze Jahr über Wasser; Pflanzen und Tiere finden in den geschützten Schluchten einen idealen Lebensraum. Farne und Moose gedeihen in feuchten Felsnischen, Frösche und Fische bevölkern die Wasserbecken, Vögel lärmen durch die Waldoasen aus großen Papierrindenbäumen, Flusseukalypten und vereinzelten Palmen. Zahlreiche Reptilien leben in den Schluchten, und nachts machen Pythons Jagd auf Fledermäuse und Vögel. In den Klüften und Hohlräumen der Felswände verbergen sich die scheuen und seltenen Felswallabys.

Die leuchtend weiße Rinde ist ein Charakteristikum der Snappy-Gum-Bäume.

Die großen Nationalparks

BLUE MOUNTAINS NATIONAL PARK/ NEW SOUTH WALES

Spaziert man durch die Straßen der Millionenmetropole Sydney, fällt die Vorstellung schwer, dass nur eineinhalb Autostunden entfernt eine der schönsten und spektakulärsten Naturlandschaften Australiens wartet: die Blue Mountains. Die Greater Blue Mountains (als geografischer Oberbegriff) bilden einen Wildnisgürtel, der als enorme Barriere die Küstenstadt Sydney vom Landesinneren trennt. Es sind die Schutzgebiete der Blue Mountains-, des Nattai-, Kanagra Boyd-, Wollemi- und Garden of Stone National Park, die die wichtigsten Bausteine für dieses riesige Reservat bilden. Sie wurden im Jahre 2000 wegen ihrer außergewöhnlichen Landschaften und ihrer Bedeutung für die Fauna und Flora zum Weltnaturerbe erklärt.

LINKE SEITE:

Von der Schaukanzel des Echo Point geht der Blick zur berühmten Felsformation »Three Sisters«. In der Bildmitte ist der Mount Solitary zu sehen.

UNTEN:

Der Great Western Highway, hier der Abstieg des Victoria Pass an der Westseite, ist die einzige große Ost-West-Verbindung über die Blue Mountains.

Obwohl sie Nagetieren sehr ähnlich sehen, gehören Wombats zu den Beuteltieren.

Genauer betrachtet sind die Blue Mountains eigentlich kein Gebirge, sondern ein mächtiges Sandsteinplateau, das am Ende des Tertiärs durch gewaltige Kräfte im Erdinneren hochgedrückt wurde, dabei zerbrach und im Laufe der Jahrmillionen von Flüssen „zersägt" und aufgeteilt wurde. So entstand ein verzweigtes System aus Tälern, Schluchten und Canyons, begrenzt von zum Teil mehreren hundert Meter hohen Felswänden und Klippen. Das zerklüftete Sandsteinplateau bildete für eine ganze Generation von Siedlern eine unüberwindbare Barriere auf dem Weg nach Westen. Zahlreiche Versuche der Überquerung scheiterten.

Die katastrophale Dürre im Jahre 1812 und die zwingende Notwendigkeit, mehr Land für die wachsende Kolonie urbar zu machen, gaben schließlich den Ausschlag, es 1813 noch einmal zu versuchen. 21 harte, von Ungewissheit geprägte Tage dauerte die Reise der Forscher Gregory Blaxland, William Charles Wentworth und William Lawson; dann war das westliche Ende der Blue Mountains am Mount York erreicht – und der Weg ins Landesinnere frei.

Bereits 1815 hatte man die erste Straße über die Blue Mountains fertig gestellt und mit der Inbetriebnahme der Great Western Railway begann 1868 der Tourismus in der Region. 1959 erklärte man

große Teile des zerklüfteten Plateaus zum Blue Mountains National Park, weitere Gebiete wurden 1977 hinzugefügt, und heute umfasst der Park 247.000 Hektar.

Dank der reich gegliederten Topografie der Blue Mountains findet man im Park die unterschiedlichsten Vegetationsgemeinschaften und Lebensräume. Während auf den Plateauhöhen Heidegemeinschaften und trockene Eukalyptuswälder mit einer erstaunlichen Vielfalt an Pflanzenarten vorherrschen, bestimmt subtropischer Regenwald mit mächtigen Sassafras- und Coachwood-Bäumen in den Tiefen der Täler und Canyons das Bild. Farne und Moose bilden den Unterbau dieser feuchten Wälder.

Viele Tiere im Park sind nachtaktiv und deswegen selten zu sehen. Dazu gehören Possums, Wombats, Sugar- und Greater Gliders. Sumpfwallabys sind gelegentlich in der Dämmerung zu beobachten. Die auffälligste und artenreichste Tierfamilie im Park aber sind die Vögel. Über hundert Arten wurden im Park registriert, darunter so auffällige Schönheiten wie der bunte Königssittich oder der Leierschwanz. Wanderer begleitet das charakteristische Schnalzen des Peitschenvogels und das helle Klingeln des Glockenvogels. Eine ganze Reihe von Reptilien findet im Park ihren Lebensraum.

Zig-Zag-Railway heißt die Eisenbahn, die heute nur noch zu touristischen Zwecken durch die Blue Mountains fährt. Zig-Zag-Railway deshalb, weil das extrem schwierige Gelände nur durch eine doppelte Spitzkehre zu bewältigen ist.

Die großen Nationalparks 403

Australiens Strände gelten als die saubersten der Welt – diejenigen im Wilsons Promontory Nationalpark gehören mit Sicherheit dazu.

WILSONS PROMONTORY NATIONAL PARK / VICTORIA

Am südlichsten Punkt des australischen Kontinents scheint die Natur noch einmal all ihre Kräfte zu einem „grande finale" zu vereinigen. Nur noch gut 200 Kilometer von Tasmanien entfernt, ragt hier die gebirgige Halbinsel des Wilsons Promontory trotzig in die raue Bass Strait. Die Halbinsel formt ein oft sturmumtostes Granitgebirge mit wilden Felsgestaden, herrlichen Stränden, versteckten Traumbuchten, dichten Wäldern und einer artenreichen Fauna. Vor der Halbinsel liegt eine Reihe von Inseln. Dieses prachtvolle Landschaftsensemble ist als Wilsons Promontory National Park geschützt, die umliegenden Gewässer und Inseln als Marine Park.

Geologisch bilden die Berge und Inseln des Parks den „ertrunkenen" Teil eines Granitgebirges, das einst das Festland mit Tasmanien verband. Seit dem Anstieg des Meeresspiegels nach der letzten Eiszeit ragen nur noch die Gipfel aus dem Wasser.

Die relative Nähe zur Millionenstadt Melbourne – 230 Kilometer sind für australische Verhältnisse ein Katzensprung – machen den Wilson Promontory National Park zu einem bevorzugten Wochenendziel für die Melbournesen. Der Park führt – gemessen an den Besucherzahlen – die Beliebtheitsskala der Nationalparks in Victoria an.

Sandstrände wechseln im Wilsons Promontory Nationalpark mit Felsküsten ab.

Die 32 Kilometer lange Wilsons Promontory Road vom Parkeingang nach Tidal River, dem touristischen Nervenzentrum des Reservats, gibt einen guten Überblick über die Landschaften und Besonderheiten des Wilsons Promontory. Die ersten Kilometer führen über den Yanakie Isthmus, eine aus Sand aufgebaute Landbrücke. Charakteristisch sind hier weite, tierreiche Wiesenebenen – hier sieht man Emus, Kängurus und Wombats. Man fühlt sich ein bisschen an die afrikanische Savanne erinnert.

Dahinter beginnt der gebirgige Teil des Parks. Blicke auf das Meer und die langen Felszungen aus Granit werden frei. Abstecher bringen Besucher zu schönen Buchten und Stränden, wie z. B. die Whisky Bay, Sneaky Beach oder Picnic Bay. Dann schiebt sich der aussichtsreiche Mount Bishop (319 m) in das Bild. Mit dem Tidal River, hier liegt das Hauptquartier der Parkbehörde und der große Zeltplatz, ist der weite Norman Beach erreicht. Überragt wird dieser vom Mount Oberon (558 m), von dessen Gipfel Besuchern praktisch das gesamte Reservat zu Füßen liegt. Vom Tidal River führen mehrtägige Wanderungen zu den Landschaftsjuwelen Sealers Cove, Refuge Cove, Waterloo Bay oder Oberon Bay. Auch der abgelegene und selten besuchte Nordteil des Parks ist nur durch lange Wanderungen erreichbar.

Surfer warten an der Whisky Bay auf Wellen. Flankiert von wilden Granitgestaden gilt sie als eine der schönsten Badebuchten des an landschaftlichen Höhepunkten überaus reichen Wilsons Promontory National Parks. Das Schutzgebiet gilt als der beliebteste Nationalpark Victorias.

FLINDERS RANGES NATIONAL PARK / SÜDAUSTRALIEN

Südaustraliens größtes Gebirge, die Flinders Ranges, zieht sich vom Spencer Gulf als eine Serie parallel verlaufender Bergketten über eine Strecke von etwa 400 Kilometern nach Norden und verliert sich in den endlosen Wüsten südöstlich der gigantischen Salzpfanne des Lake Eyre. Im zentralen Teil des Gebirges, wo sich auch die höchste Erhebung, der St. Mary Peak (1165 m) befindet, liegt der Flinders Ranges National Park. Es ist ein knapp 100.000 Hektar großes Reservat, das Geologen, Historiker, Ästheten, Fotografen, Maler und Wanderer gleichermaßen entzückt.

Der bekannte, australische Landschaftsmaler Hans Heysen nannte die Flinders Ranges, deren Faszination er hoffnungslos erlag, die „offen liegenden Gebeine der Natur". Besser und exakter kann man den Charakter dieses uralten Gebirges kaum beschreiben. Es ist eine Formation im Endstadium, von ihrer ursprünglichen Größe ist nur noch der Rumpf vorhanden. Der Jahrmillionen umfassende Prozess der Erosion hat eine grandiose Naturlandschaft entstehen lassen, deren gnadenlos entblößte, geologische Struktur, zum Beispiel vom Gipfel des St. Mary Peak betrachtet, an den rauen Rückenpanzer eines Krokodils erinnert.

Das Verständnis für diese Landschaft kommt mit dem Wissen über ihren geologischen Aufbau. In erster Linie ist das Gebirge aus Sandstein, Quarzit, Kalk und Schiefer aufgebaut, die sich vor mehr als 1000 Millionen Jahren am Grunde eines untermeerischen Troges – Geologen sprechen von der

LINKE SEITE:
Die Vegetation im Wüstengebirge der Flinders Ranges, hier in der Nähe der Glass Gorge, ist oft äußerst spärlich.

UNTEN:
Wer dieses Gebiet erkunden will, sollte über ein Offroad-Fahrzeug verfügen

Wie eine gewaltige Pfanne präsentiert sich die Gebirgsschüssel des Wilpena Pound aus dem Flugzeug. Das Innere dieses geologischen Schaustücks ist nur durch eine schmale Schlucht zu erreichen.

„Adelaide Geosyncline" – abzulagern begann. Dieser Prozess dauerte etwa 500 Millionen Jahre, dann begann sich das Bild der Landschaft gründlich zu ändern.

Das Land begann sich zu heben und im Laufe dieses Vorgangs wurden die Gesteinsschichten gekippt, gefaltet und zu einem Gebirge aufgeworfen, das die heutigen Flinders Ranges an Höhe weit übertraf. Erosion reduzierte dann über einen langen Zeitraum das Gebirge, bis nur noch der harte Kern aus widerstandsfähigen Gesteinen wie Quarzit und Sandstein übrig blieb. Bäche und Flüsse zerschnitten die Bergketten und schufen tiefe Schluchten, die geradezu modellhaft Einblicke in den steinernen Rumpf des Gebirges bieten.

Eine dieser Schluchten im Nationalpark, die Brachina Gorge, wurde zu einem geologischen Lehrpfad ausgebaut. Entlang des Brachina Gorge Geological Trails durchläuft man auf zwanzig Kilometern Länge zwölf geologische Formationen, und damit 150 Millionen Jahre Erdgeschichte.

Das bekannteste, geologische Schaustück im Park aber ist der Wilpena Pound. Es handelt sich bei ihm um die erodierten Reste einer beckenförmigen Quarzitfalte, die weichere Gesteinsschichten

LINKS:
Lake Eyre ist Australiens größter Salzsee.

FOLGENDE DOPPELSEITE:
Rotorange, fast wie Feuer, leuchten The Bunkers im Licht der untergehenden Abendsonne.

schützend umschließt und so die Verwitterung und Abtragung verhindert. Deshalb liegt das flache Innere des Wilpena Pound ein gutes Stück höher als die umliegenden Ebenen. Die überdimensionale Gebirgsschüssel hat eine Länge von 16 Kilometern und eine Breite von sechs Kilometern. Nach außen hin fallen Felsmauern steil ab.

Entdeckt wurde der Wilpena Pound im Jahre 1839 von Edward John Eyre auf der Suche nach Wasser. Bald folgten die Viehzüchter. Fehlendes Verständnis für die harsche, aber empfindliche Natur, Überweidung, Dürrezeiten und das Verschmutzen der wenigen Quellen ließen die Weidewirtschaft allerdings bald scheitern. 1870 folgten Weizenfarmer. In den ersten, regenreichen Jahren gelangen ihnen ergiebige Ernten. Dann zerstörte eine katastrophale Dürre den Traum von einer blühenden Landwirtschaft.

Der Flinders Ranges National Park zieht heute in erster Linie Wanderer, Allrad-Enthusiasten und Camper an. Innerhalb des Parks können einige Felsenkunststätten der Aborigines, wie zum Beispiel der Arkaroo Rock, besucht werden. Vom Nationalparkzentrum Wilpena aus können zahlreiche Sehenswürdigkeiten zu Fuß erkundet werden. Wer sich aber in die Weiten des wüstenhaften Gebirgsreservats vorwagen will, braucht ein Allradfahrzeug. Dann stehen das fantastische Bunyeroo Valley mit der Bunyeroo Gorge oder das verzauberte Aroona Valley und die Parachilna Gorge Besuchern offen.

Eine der traumhaften Whitsunday Islands aus der Luft aufgenommen

WHITSUNDAY ISLANDS NATIONAL PARK/QUEENSLAND

Wie von großzügiger Hand ausgestreut liegt vor der Küste Queenslands – geschützt durch das Great Barrier Reef – eine Gruppe von 74 Inseln und Inselchen im Pazifik: die Whitsunday Islands. Diese größte Inselgruppe Australiens ist eine der beliebtesten Ferienregionen des Landes. Die außergewöhnliche Schönheit des Areals, ein Landschaftsmix aus subtropischer Üppigkeit, glitzerndem Meer, farbenfrohen Korallenriffen, einsamen Traumbuchten, verschwiegenen Fjorden, aus zerklüfteten Bergen und unberührten Tropenwäldern, hat dafür gesorgt, dass sich hier eine blühende Tourismuswirtschaft etabliert hat.

Aber obwohl die Whitsunday Islands fest in der Hand der Tourismusindustrie zu sein scheinen, wurde viel zum Schutz der Inselwelt unternommen. Fast alle Inseln sind ganz oder teilweise zu Nationalparks erklärt worden. Nur die Resortinsel Hamilton Island sowie Dent Island haben diesen Status nicht. Die Gewässer und Riffe um die Inseln sind Teil des riesigen Great Barrier Reef Marine Parks und damit ebenfalls vor Übererschließung und Raubbau geschützt.

Während der letzten Eiszeit, als der Wasserspiegel etwa 100 Meter niedriger lag als heute, bildeten die Whitsunday Islands eine Gebirgskette auf dem Festland. Als dann mit zunehmender Erwärmung die Eiskappen an den Polen zu schmelzen begannen und das gebundene Wasser wieder frei wurde, stieg der Wasserspiegel kontinuierlich an und überflutete die tiefen Täler dieses Gebirges. Nun ragen nur noch die Gipfel als Inseln aus dem Wasser. Korallen begannen schließlich, Riffe an den Inseln zu bilden, aus deren Bruchstücke die meisten Sandstrände der Inseln entstanden.

Ausgangspunkt für die meisten Unternehmungen in der Inselwelt sind das Städtchen Airlie Beach und Shute Harbour. Die wohl beste Möglichkeit, die Whitsunday Islands in ihrer ganzen Vielfalt und Schönheit zu erleben, bietet ein mehrtägiger Segeltörn. Da die meisten Inseln weglose Wildnis sind, lassen sich viele der „Sehenswürdigkeiten" nur vom Wasser aus erreichen. Eine der größten Attraktionen und Ziel von Tagesausflügen ist der blendend weiße Whitehaven Beach auf der namensgebenden Whitsunday Island, die Hauptinsel des Archipels. Weitere beliebte Anlegestrände sind Trekker Beach und Hill Inlet. Die stark bewaldete Whitsunday Island umfasst 19.900 Hektar und ist die größte Insel der Gruppe. Whitsunday Peak, der Hauptgipfel, erreicht eine Höhe von 435 Metern.

Der höchste Punkt des gesamten Archipels aber ist Hook Peak (459 m) auf Hook Island, der zweitgrößten Insel der Whitsundays. Wie die Whitsunday Island ist auch Hook Island unberührte Wildnis und nahezu unerschlossen. Hook Island hat vor allem bei Seglern einen guten Namen, denn mit den fjordähnlichen, tief eingeschnittenen Nara und Macona Inlet bietet sie bei jedem Wetter sichere Ankerplätze. Weniger wild und unerschlossen, aber durchaus auch kleine Naturschönheiten mit unberührten Regionen bilden die beliebten Resortinseln Long Island, Lindeman Island oder South Molle Island.

Fest in Touristenhand und trotzdem noch ein Naturparadies: die Whitsunday Islands

Nur eine von 74 Inseln, die man in den Whitsunday Islands zur Auswahl hat: Auf Long Island haben sich drei Resorts etabliert. Der Rest der Insel ist als Nationalpark geschützt.

CARNARVON NATIONAL PARK / QUEENSLAND

Die meisten Nationalparks des an Schutzgebieten so reichen Bundesstaates Queensland ziehen sich entlang der Küste, liegen in den küstennahen Bergen oder umfassen vorgelagerte Inseln. Je weiter man jedoch in das trockene, sonnenverbrannte Innere Queenslands eindringt, desto spärlicher ist es um Reservate bestellt. Eine der großartigsten Ausnahmen bildet der Carnarvon National Park in Zentral-Queensland, ein Juwel unter den australischen Schutzgebieten. Das riesige Reservat, bereits 1932 zum Nationalpark erklärt, umfasst 298.000 Hektar des Consuelo Tablelands, ein gewaltiges Sandsteinplateau.

Es ist in sieben Sektoren gegliedert: Goodliffe, Salvator Rosa, Ka Ka Mundi, Buckland Tableland, Mt. Moffat, Moolayember und Carnarvon Gorge. Die Carnarvon Gorge bildet den bekanntesten Sektor des Parks und stiehlt den anderen, nur mit Allrad zugänglichen Bereichen des Parks eindeutig die Schau. Neben der außergewöhnlichen Schönheit der Schlucht sind es vor allem die relativ einfache Zufahrt und die bestehende Infrastruktur, die die Carnarvon Gorge zum Kernpunkt und Aushängeschild des Parks werden ließen.

Das Sandsteinplateau des Consuelo Tablelands, in dem sich die einzigartige Schlucht eingegraben hat, ist aus mächtigen Sedimentschichten aufgebaut, welche Flüsse vor etwa 160 Millionen Jahren abgelagert haben. Durch Hebung der Region entstand aus den Gesteinslagen im Laufe der Jahrmillionen ein gewaltiges Plateau. Es folgte eine feurige Epoche, in der die Landschaft erneut umge-

Buschfeuer wie hier im Carnarvon Nationalpark verschonen natürlich auch die Schutzgebiete nicht.

staltet wurde. In einer Periode vulkanischer Aktivitäten bildete Lava eine etwa 300 Meter dicke Basaltschicht über dem Sandstein des Plateaus. Heute ist diese dunkle Basaltdecke zum größten Teil verwittert, und der helle Sandstein liegt wieder offen. Entlang der Störungslinien innerhalb der Gesteinskörper gruben sich Bäche in den weichen Sandstein ein und schufen schließlich in unendlicher Kleinarbeit die großartige Carnarvon Gorge.

Die Schlucht – flankiert von bis zu 150 Meter hohen Felswänden – windet sich 30 Kilometer tief in das Plateau hinein. Zahlreiche Seitencanyons und Klammen bildeten sich entlang des Haupteinschnitts – versteckte Welten von erstaunlicher Schönheit. Dank des permanent verfügbaren Wassers – der Carnarvon Creek trocknet das ganze Jahr nicht aus – findet sich in der geschützten Schlucht eine botanische Wunderwelt. Regenwald, ein Relikt aus einer fernen Zeit mit weitaus feuchterem Klima als heute, gedeiht in den geschützten Seitenschluchten. Endemisch vorkommende Livistona-Palmen, primitive Farnbäume, seltene Farne und Eukalypten bedecken den Talboden. Zahlreiche Tierarten fühlen sich in diesem eingeschlossenen Paradies wohl, darunter über 170 Vogelarten.

Verschiedene Wanderwege erschließen diese Oase im trockenen Zentral-Queensland. Die Attraktionen der Schlucht liegen entlang eines Weges, der neun Kilometer in die Carnarvon Gorge vordringt. Auf Seitensprüngen vom Hauptweg kann man den Moss Garden, die Violet Gorge, das Amphitheater, bei dem man mittels einer Eisenleiter und durch einen engen Felsspalt in ein von hohen Felswänden umgebenes Rund eindringt, oder den Wards Canyon erreichen. Dort wächst der seltene Königsfarn. Direkt am Hauptweg gelegen ist die Art Gallery, ein mit zahlreichen Malereien der Aborigines verzierter Felsüberhang. Den Endpunkt bildet dann die Cathedral Cave, die ebenfalls zahllose Felsenmalereien enthält.

An der nur zu Fuß zu erreichenden Cathedral Cave Art Gallery im Carnarvon National Park kann man Aboriginal-Malereien und Ritz-Zeichnungen bewundern.

Der Violet Canyon im Carnarvon National Park

Die Carnarvon Gorge ist die beliebteste Region im großen Carnarvon National Park.

MOUNT BUFFALO NATIONAL PARK / VICTORIA

Als die Forscher Hamilton Hume and William Hovell im Jahre 1824 auf ihrer beschwerlichen Fußreise von Sydney zur Port Philipp Bay durch das nördliche Victoria zogen, entdeckten sie in der Ferne einen hohen, schneebedeckten Gebirgsstock. Die Umrisse des geheimnisvollen Massivs erinnerten sie an die Gestalt eines Büffels, und so nannten sie den unbekannten Berg schlicht Mount Buffalo.

Das alleinstehende, auf allen Seiten von dicht bewaldeten Steilabbrüchen und unzugänglichen Wandabstürzen umgebene Massiv weist ein Hochplateau von elf mal sieben Kilometern Ausdehnung auf und überragt die umliegenden Ebenen um gut 1000 Meter. Aufgebaut ist der Bergstock, der zu den

Victorian Alps gezählt wird und zu seiner Gänze als Mount Buffalo National Park geschützt ist, aus Granit.

Der Grundstock für das Granitmassiv des Mount Buffalo wurde gelegt, als vor etwa 300 Millionen Jahren geschmolzenes Gestein aus dem Erdinneren unter die mächtigen Sedimentschichten der Region gedrückt wurde und dort langsam abkühlte. Im Laufe der Jahrmillionen wurden die Sedimentschichten langsam abgetragen, und schließlich blieb nur noch der widerstandsfähige Granitkern übrig. Die fantastischen Granitkugeln, -türme und -burgen, die dem Park einen ganz eigenen Charakter verleihen, sind heute eine Attraktion.

Ausgangspunkt für viele Besucher des Parks ist das Mt. Buffalo Chalet, ein altehrwürdiges Gästehaus, das an ein europäisches Grand Hotel erinnert. Die Lage des Chalets ist einzigartig. Es steht fast unmittelbar am größten Wandabsturz des Parks, The Gorge. Unter australischen Kletterern haben die gewaltigen, bis zu 300 Meter hohen Granitfluchten einen besonderen Stellenwert. Zahlreiche, zum Teil extrem anspruchsvolle Routen durchziehen die Wände. Freunde dieses Extremsports finden auch an den Felszinnen von The Cathedral, eine der bekanntesten Felsformationen im Park, und an The Horn, mit 1723 Metern die höchste Erhebung des Schutzgebietes, einen aufregenden Spielplatz. Aber man muss nicht Kletterer sein, um den Mt. Buffalo National Park genießen zu können. The Horn sowie zahllose andere Sehenswürdigkeiten des Parks können auf Wanderungen erreicht werden. Der Park ist von einem über 100 Kilometer langen Wegenetz durchzogen. Mountainbiking ist ebenfalls populär. Im Winter, wenn das Gipfelplateau unter einer Schneedecke versinkt, locken fünf Skilifte in erster Linie Anfänger auf das Bergmassiv. Der Mt. Buffalo ist ein kompaktes und beliebtes Outdoor-Paradies.

Das allein rechtfertigt aber nicht seinen Status als Nationalpark. Im Schutzgebiet findet man eine reichhaltige Fauna vor. Ein Naturspektakel veranstalten etwa die Bogong-Motten, die jedes Frühjahr zu Abermillionen hierher kommen. Die fetten Motten sind eine wichtige Nahrungsgrundlage für zahllose Reptilien, Vögel und Säugetiere im Park. Über Tausende von Jahren waren die Aborigines zu den Gipfeln des Massivs hinaufgezogen, um Zeremonien durchzuführen und sich an den proteinreichen Insekten vollzuessen.

Auch die Flora ist bemerkenswert. Vier Pflanzen, darunter eine Akazien- und eine Eukalyptusart, finden sich nur am Mt. Buffalo. Im Jahre 1853 bestieg der Regierungsbotaniker Baron Ferdinand von Mueller das Massiv und fand nahezu 50 Pflanzenarten, die noch nie beschrieben worden waren. Heute werden etwa 450 Pflanzenarten aufgelistet, die innerhalb der Parkgrenzen vorkommen, 21 davon gelten als selten oder gefährdet.

LINKE SEITE:

Von den Höhen der Victorian Alps geht der Blick zum Granitmassiv des als Nationalpark geschützten Mt. Buffalo. Die erste Morgensonne erreicht gerade die höchsten Gipfel des Parks: The Hump und Cathedral Rocks (rechts) und The Horn (links).

„Remarkable Rocks" heißen die seltsam geformten Felsbrocken ganz unspäktakulär ...

FLINDERS CHASE NATIONAL PARK / SÜDAUSTRALIEN

Kangaroo Island ist – nach Tasmanien und Melville Island – mit einer respektablen Fläche von 4405 Quadratkilometern die drittgrößte Insel Australiens. Die Insel hat sich zu einer der wichtigsten Touristendestinationen Südaustraliens entwickelt und gilt als eine der besten Ziele für Tierliebhaber. Viel zu diesem guten Ruf hat der Flinders Chase National Park im Westen der Insel beigetragen, der ohne Zweifel zu den wichtigsten Schutzgebieten des Bundeslandes zählt.

Im Flinders Chase sind es vornehmlich die Tiere, die die Herzen der Besucher erobern. Erster Anlaufpunkt im Park ist das Rocky River Visitor Centre. Von hier aus sind alle Sehenswürdigkeiten im Park zu erreichen. Das weite Umfeld des Visitor Centres gleicht einem Freilichtzoo. Zahlreiche Kangaroo Island Graukängurus, eine Unterart des Westlichen Graukängurus, Tammar Wallabies, Cape-Barren-Gänse und Emus bilden das Empfangskomitee.

In den Eukalypten kann man mit etwas Glück Koalas finden, farbenprächtige Sittiche lärmen auf den Bäumen; unweit des Parkhauptquartiers, am Rocky River, hat man – Geduld und die richtige Tageszeit vorausgesetzt – gute Chancen, dass scheue Schnabeltier zu beobachten. Nachts treiben die possierlichen Brushtail Possums vor allem am Campingplatz ihr Unwesen.

Nicht weniger beeindruckend als die Tierwelt sind die zahlreichen landschaftlichen Attraktionen des Parks. Durch eine Teerstraße erreichbar ist das Cape du Couedic. Ein malerischer Leuchtturm und ein fotogenes Ensemble aus historischen Gebäuden geben dieser exponierten Felszunge ein ganz besonderes Ambiente. An der äußersten Spitze des Kaps hat sich an der Schwächezone zwischen zwei Gesteinsarten durch die ungebremste Kraft der oft unruhigen See eine grandiose Naturbrücke, der Admirals Arch, gebildet. Sie entfaltet vor allem zur Zeit des Sonnenuntergangs ihre ganze Schönheit. An der Spitze des Kaps hat eine Kolonie Neuseeländischer Pelzrobben die schräg ins Wasser abfallenden Felsplatten zu einem Rastplatz auserkoren.

Die bekannteste Sehenswürdigkeit im Park sind zweifelsohne die Remarkable Rocks. Die „bemerkenswerten Felsen" bilden eine Gruppe von bizarr verwitterten, mit Flechten bewachsenen Granitblöcken, die wie Skulpturen eines modernen Bildhauers auf einem mächtigen, zum Meer hin abfallenden Granitdom ruhen.

Der größte Teil des 74.000 Hektar umfassenden Parks gilt als unzugängliche Wildnis. Vor allem die nahezu unpassierbare Malle-Vegetation, ein grünes, undurchdringliches Meer aus niedrigen Eukalypten und Büschen, bildet ein wichtiges Rückzugsgebiet für Tiere.

Touristisch interessant ist auch die Nordwestspitze des Parks. Wieder ist es die Verquickung von atemberaubender Natur und Geschichte, die begeistert. Die Rede ist von dem historischen und in seiner Architektur einmaligen Leuchtturm am Cape Broda. Das ungewöhnliche Gebäude weist einen quadratischen Grundriss auf und sitzt am Rande steil zum Meer abstürzender Klippen, die hier eine Höhe von 155 Metern erreichen.

FOLGENDE DOPPELSEITE:
Dieses geologische Kleinod, die sogenannten „Zebra Rocks", finden sich versteckt in der steilen Felsenbucht „Harveys Return" im Flinders Chase National Park auf Kangaroo Island: Sie sind nur über einen steilen Pfad zugänglich.

... dagegen ist der Name dieser Felsformation „Pancake Rocks" sehr viel aussagekräftiger.

AUSTRALIENS AUSSENGEBIETE

Zu Australien gehören mehrere nicht-autonome Territorien, wie z. B. die Cocos (Keeling) Islands im Indischen Ozean. Abgesehen von dem riesigen Australian Antarctic Territory sind alle diese vom Commonwealth abhängige Territorien Inseln, einige davon sind so klein und abgelegen, dass sie unbewohnt sind. Zu den australischen Außengebieten gehören Christmas Island, Ashmore und Cartier Islands, die Coral Sea Islands sowie die subarktischen Inseln Macquarie Island, McDonald Islands und Heard Island.

Teile der Weihnachtsinsel (Christmas Island) sind als Nationalpark geschützt.

DIE COCOS (KEELING) ISLANDS

Die Inselgruppe der Cocos (Keeling) Islands liegt 2685 Kilometer westlich von Darwin im Indischen Ozean. Es handelt sich dabei um zwei Atolle mit insgesamt 27 Inseln. Der höchste Punkt aller Inseln liegt nur neun Meter über dem Meer.

Die gesamte Landfläche umfasst 14,4 Quadratkilometer. Zwei der Inseln am Hauptatoll sind bewohnt: Auf West Island leben etwa 150 Australier europäischer Herkunft, auf Home Island – auf der gegenüberliegenden Seite der Lagune – etwa 450 Malaien.

Die Inseln wurden von William Keeling 1609 entdeckt und 1826 von John Clunies-Ross besiedelt. Er etablierte große Kokosplantagen auf mehreren Inseln und brachte Arbeiter von Malaysien auf die Cocos (Keeling) Islands. 1978 kaufte Australien die Inseln für sechs Millionen Dollar von der Familie Clunies-Ross.

OBEN:

Mit den abgelegenen Cocos (Keeling) Islands – sie liegen mitten im Indischen Ozean auf halbem Weg zwischen Australien und Sri Lanka – besitzt der 5. Kontinent nicht nur ein potentielles Urlaubsparadies, sondern auch einen wichtigen strategischen Außenposten.

Tropisches Inselparadies und geschützter Ankerplatz für Weltumsegler: Direction Island ist zweifelsohne die schönste der Cocos (Keeling) Islands.

RECHTE SEITE:
Bei Ebbe ist es möglich fast den ganzen Atollring von Insel zu Insel zu durchwandern.

Die Inseln haben vor allem eine strategische Bedeutung. Auf West Island ist ein Flugplatz, auf dem auch große Jets und Transportmaschinen landen können. Eine geheime Militäreinrichtung dient als Relaisstation für die im Indischen Pazifik patrouillierenden U-Boote der Briten und Amerikaner.

Die Cocos (Keeling) Islands unterhalten eine bescheidene Tourismusindustrie. Vor allem Taucher kommen auf diesen fernen Inseln auf ihre Kosten. Die Abgelegenheit sowie die Anreisekosten behindern allerdings eine rasche Entwicklung einer Tourismusindustrie auf diesem weitgehend intakten tropischen Inselparadies.

North Keeling Island, das kleinere der beiden Atolle, liegt 24 Kilometer vom Hauptatoll entfernt und ist als Pulu Keeling National Park geschützt. Um diesen außergewöhnlichen Nationalpark besuchen zu dürfen, muss eine Genehmigung von der Nationalparkbehörde eingeholt werden. Diese wird allerdings sehr selten erteilt. Die ringförmige Insel weist eine außergewöhnliche Fauna auf: Fregattvögel und Tölpel bilden riesige Brutkolonien. Seeschwalben und Meeresschildkröten bevölkern die Insel, die frei von eingeführten Tierarten ist. Vor diesem abgelegenen Atoll liegt das deutsche Kriegsschiff „Emden", das bei der ersten Seeschlacht zwischen Australien und Deutschland 1914 versenkt wurde. Ein bescheidenes Monument auf North Keeling Island erinnert an das Ereignis.

DIE WEIHNACHTSINSEL

Christmas Island, die Weihnachtsinsel, liegt 1700 Kilometer nordwestlich von Westaustralien im Indischen Ozean. Die Distanz zum indonesischen Jakarta beträgt nur 500 Kilometer. Die Inselfläche umfasst 135 Quadratkilometer. In mehreren Siedlungen, mit der wichtigsten am Flying Fish Cove an der Nordspitze von Christmas Island, leben derzeit etwa 1600 Menschen auf Christmas Island. Neben der strategischen Bedeutung der Insel ist die Ökologie von Christmas Island äußerst interessant. Große Teile des abgelegenen Eilandes sind als Nationalpark geschützt. Nach wie vor unberührter Regenwald formt hier einen Lebensraum für seltene Tiere und Pflanzen. Berühmt sind die roten Christmas-Island-Krabben, die einmal im Jahr aus ihren Erdlöchern im Regenwald zu einer Massenmigration zum Meer aufbrechen, um sich dort fortzupflanzen.

Der Abbau von Phosphat war über 100 Jahre lang das wichtigste ökonomische Standbein der Insel. Nach einer vierjährigen Unterbrechung öffnete das Bergwerk 1991 wieder und beschäftigt nach wie vor zahlreiche Inselbewohner. Der Tourismus hat sich dagegen bislang kaum ausgebildet. Für einige Zeit lockte ein Kasino vor allem Reiche und Prominente aus Indonesien in Scharen an. 1998 wurde es wegen zahlreicher illegaler Tätigkeiten geschlossen. In jüngster Zeit hat die Errichtung eines riesigen Internierungslagers für illegale Asylbewerber die Insel in die Schlagzeilen gebracht.

HEARD ISLAND

Heard Island und die nahe liegenden McDonald Islands liegen ebenfalls im Indischen Ozean, 4000 Kilometer südwestlich der westaustralischen Hauptstadt Perth. Die Inseln, auf denen sich auch die beiden einzigen aktiven Vulkane Australiens befinden, sind vulkanischen Ursprungs. Einer davon, der im Volksmund als Big Ben bekannte Mawson Peak, erreicht eine Höhe von 2745 Metern und ist deshalb eigentlich der höchste Gipfel Australiens – und nicht wie oft angenommen der 2228 Meter hohe Mount Kosciuszko in den Snowy Mountains. Dank ihrer Lage in der Subarktis sind die Berge der Inseln mit Gletschern bedeckt. Die unbewohnten Inseln sind seit 1947 australisches Territorium.

MACQUARIE ISLAND

Das 128 Quadratkilometer große Macquarie Island dagegen liegt in der abgelegen Südwestecke des Pazifischen Ozeans. Die in das Weltnaturerbe-Register der UNESCO aufgenommene Insel weist eine außergewöhnliche Flora und Fauna auf. Riesige Königspinguinkolonien sowie zahllose Robbenarten leben auf der Insel. Eingeführte Ratten und Kaninchen schaffen allerdings große ökologische Probleme. Wie auch Heard und die McDonald Islands wird Macquarie Island von der Australian Antarctic Division mit Basis in Hobart/Tasmanien verwaltet.

Vorübergehend war der Bergbau auf Christmas Island stillgelegt, aber seit man vor einigen Jahren wieder mit dem Abbau von Phosphat begann, fanden zahlreiche Inselbewohner hier eine Beschäftigung.

Taucherparadies Australien: Nicht nur im Great Barrier Reef finden enthusiastische Taucher faszinierende Tauchgründe, auch die (Cocos) Keeling Islands sind ein Paradies für Schnorchler.

Königspinguine bei ihrem täglichen Marsch zum Meer. Das riesige australische Territorium in der Antarktis ist ein Naturparadies von überwältigender Schönheit.

DAS AUSTRALISCHE TERRITORIUM IN DER ANTARKTIS

Das Australian Antarctic Territory umfasst sechs Millionen Quadratkilometer und nimmt nahezu die gesamte Nordhälfte der Antarktis ein. Die riesige Region wurde 1936 zu einem australischen Territorium erklärt. Australien gründete drei ständig bemannte Stationen auf dem Gebiet: Mawson, Davis und Casey.

Australiens älteste Forschungsstation, Mawson, wurde 1954 gegründet und ist nach dem berühmten Antarktisforscher Douglas Mawson benannt. Die kleine Forschungsstation Davis wurde drei Jahre später errichtet und ist nach Kapitän John King Davis, der auf mehreren Antarktisexpeditionen dabei war, benannt. Schließlich übernahm Australien Mitte der 1960er-Jahre eine bis dahin von Amerikanern geführte Forschungsstation, die nahe der inzwischen aufgelassenen amerikanischen Wilkes Base liegt. Starke Korrosionsschäden machten es nötig, dass in den 1980er-Jahren eine grundlegende Modernisierung durchgeführt wurde.

AUSTRALIEN ALS WEINLAND

Der Aufstieg Australiens zu einem bedeutenden Weinland ist eine Erfolgsgeschichte ohne Gleichen. Der Wert der australischen Weinindustrie wird heute auf jährlich 5,5 Milliarden Dollar geschätzt und Australien exportiert Weine in über 100 Länder. Damit ist das Land der viertgrößte Weinexporteur der Welt und führt die „neuen" Weinländer wie z.B. Südafrika, Kalifornien oder Chile in einer Weinherstellung an, in der traditionelle Methoden mit neuen Ideen und neuer Technologie kombiniert werden.

Man unterscheidet etwa 60 Weinanbauregionen in Australien. In Westaustralien gelten die Margaret River Region, das Swan Valley und die Perth Hills als wichtigste Anbaugebiete. Ein wahrer Weinriese ist Südaustralien mit so berühmten und etablierten Weinregionen wie dem Barossa Valley, dem Clare Valley, der Coonawarra-Region, der Fleurieu Peninsula, den Adelaide Hills oder dem McLaren Vale.

Während sich in Südaustralien die Weinregionen vor allem um die Hauptstadt Adelaide und die südlichen Landesteile konzentrieren, wird in Victoria, abgesehen vom semi-ariden Westen und

Das Yarra Valley nordöstlich von Melbourne gilt als eines der bekanntesten Weinanbaugebiete Victorias und ist ein beliebtes Wochenendziel für die Bewohner von Melbourne.

Das südaustralische Barossa Valley nordöstlich von Adelaide ist das führende Weinanbaugebiet Australiens. Hier haben sich traditionsreiche und berühmte Kellereien angesiedelt, wie zum Beispiel Seppelts Wines. Der Wein lagert in französischen und amerikanischen Eichenfässern.

Die Kombination aus idealen Böden und einem hervorragenden Klima sind das Grundrezept des Erfolgs der Weine aus dem Barossa Valley. Der Beginn des Weinanbaus geht zurück auf lutheranische Einwanderer.

RECHTE SEITE:
Unverwechselbar australisch: Ein mächtiger Eukalyptusbaum drückt einem Weinberg im südaustralischen Clare Valley einen eindeutigen Stempel auf.

Nordwesten, praktisch über den ganzen Bundesstaat verteilt Wein angebaut. Die bekanntesten Weingüter Victorias finden sich vor allem auf der Mornington Peninsula, im Yarra Valley nahe Melbourne, im Umfeld von Rutherglen oder in dem sich im Aufwind befindenden King Valley. In New South Wales führt das Hunter Valley, Australiens ältestes Weinanbaugebiet, uneingeschränkt den Reigen an.

Ein weiteres Zentrum ist die Region um Mudgee westlich der Blue Mountains und das Umland von Canberra. Hier werden dank der Höhe und des Klimas sogenannte „cool climate wines" angebaut. Eine der jüngsten Weinregionen in New South Wales sind die Southern Highlands. Auch hier ist das Klima dank der Höhenlage kühl-gemäßigt und ideal für Rebsorten wie Chardonnay, Riesling oder Sauvignon Blanc.

In Tasmanien wird vor allem am Pipers River, im Tamar Valley, im Derwent Valley sowie im Huon Valley Wein angebaut. Queensland und das Northern Territory spielen aus klimatischen Gründen keine Rolle in der australischen Weinindustrie.

URLAUBSZIEL AUSTRALIEN

Die Tourismusindustrie hat in Australien einen hohen Stellenwert. Sie erwirtschaftet etwa 12% des Bruttosozialproduktes des Landes und beschäftigt fast 600.000 Menschen. Damit steht der Tourismus nach der Bergbauindustrie, der herstellenden Industrie und der Landwirtschaft an vierter Stelle. Wenn man die statistische Unterteilung nach Exportartikeln betrachtet, befindet sich der Tourismus hinter der Kohle sogar an zweiter Stelle.

Hinter den nüchternen Zahlen steht ein Land, das Besuchern von Luxusresorts bis hin zu harten Outback-Abenteuern eine ungemein breite Palette an Erfahrungen und Erlebnissen bieten kann: eine einzigartige Fauna und Flora; die zahllosen Nationalparks und Schutzgebiete, die Weltwunder enthalten, die es sonst nirgends auf der Welt gibt; die faszinierende Kultur der australischen Ureinwohner; die endlosen, sonnendurchglühten Weiten des Outbacks; weltbekannte Städte wie Sydney oder Melbourne. All dies ist verbunden mit einer ausgefeilten Infrastruktur, die das Reisen in Australien einfach und angenehm macht. Verbunden mit der Gastfreundlichkeit der Australier und einem hohen Sicherheitsstandard zeigt sich das Land als ideales Fernreiseziel. Der Antipodenkontinent bedient alle erdenklichen Märkte. Von einem boomenden Backpackermarkt über Individualreisende, die das Land mit einem Allradfahrzeug oder Wohnmobil erkunden wollen, bis hin zu Gruppenreisen und Luxusresorts wird alles geboten.

Einer der touristischen Schwergewichte in Australien ist der Bundesstaat Queensland. Neben dem Klima – subtropisch und tropisch – locken Strände, Inseln, das Große Barrier-Riff, Regenwald sowie das Outback und die kaum erschlossene Halbinsel Cape York die Besucher an. Was luxuriöse Resorts angeht, hat Queensland ebenfalls die Nase vorne. Das Northern Territory wirbt mit den beiden Ikonen Kakadu National Park und Uluru National Park sowie dem Abenteuer Outback. Tasmanien vermarktet seine einzigartige Natur, während Victoria mit Melbourne eine kulturelle Destination und ein Mekka für Shopper bietet.

Südaustraliens Trumpfkarten sind Kangaroo Island, die Flinders Ranges und das Outback. Westaustralien ist aufgrund seiner Größe und den Distanzen zwischen den einzelnen Attraktionen ideal für Campervans und Allradtouren. Die Hauptstadt Perth, die Weinregion um Margaret River, die Delfine von Monkey Mia oder die Felsendome im Bungle Bungle National Park sind ebenfalls sehr bekannt. Für Allradenthusiasten und Abenteurer steht die Kimberley-Region hoch im Kurs.

Der internationale Tourismus in New South Wales wird vor allem von der Olympiastadt Sydney dominiert. Die Stadt stellt Australiens größte Attraktion dar und ist das wichtigste Einfallstor für internationale Besucher. Die nahen Blue Mountains stehen ebenfalls hoch im Kurs, während weite Teile des Bundesstaates erst noch den internationalen Durchbruch schaffen müssen. Der Nachteil bei dem Reiseland Australien besteht allerdings in der Entfernung zu Europa sowie anderen wichtigen Märkten und die damit verbundenen Langstreckenflüge, die Reisen nach Australien relativ teuer machen.

Umweltbedenken seitens der Europäer wegen der Langstreckenflüge, ein hohes Preisniveau sowie ein möglicher Terroranschlag stellen die größten Bedrohungen der seit Jahren äußerst erfolgreichen Tourismusindustrie Australiens dar.

Australien hat eine Unmenge an touristischen Attraktionen zu bieten. Ob Palmenstrand oder Offroad im Outback, ob faszinierende Landschaften oder geheimnisvolle Unterwasserwelten – für jeden Geschmack ist etwas dabei.

NEUSEELAND

ALLGEMEIN

Aotearoa, das Land der langen, weißen Wolke, nennen die Maori die Inselnation im fernen Pazifik. Neuseeland liegt in den Weiten des Südpazifiks, etwa 1600 Kilometer südöstlich von Australien. Die beiden großen Inseln – die Nordinsel und die Südinsel – sowie ein paar kleinere Inseln und Archipele (vor allem Stewart Island im Süden und die Chatham Islands) formen ein Land von etwas mehr als 270.000 Quadratkilometern Landfläche. Damit ist Neuseeland etwa so groß wie Kalifornien oder Japan. Es ist ein fernes Land, das viele Europäer fasziniert. Die große Abgelegenheit, die Exotik, aber auch Vertrautes – man denke nur an die Neuseeländischen Alpen, die zumindest oberflächlich sehr an die europäischen Alpen erinnert – machen Neuseeland zu einem Land mit einer großen Anziehungskraft. Es überrascht daher nicht, dass Tourismus als treibende Wirtschaftskraft in dem Antipodenland ganz oben steht. Besucher erfreuen sich in dem Land, das mit 1600 Kilometern Länge und einer maximalen Breite von 460 Kilometern relativ überschaubar ist, an einer wahrlich erstaunlichen Vielfalt. Mächtige Gebirge, Fjorde wie in Norwegen, dichte Urwälder voll exotischer Pflanzen, beeindruckende Vulkanlandschaften und Thermalregionen, aber auch weite, landwirtschaftlich genutzte Ebenen, endlose Strände und wilde Felsengestade sind die Trumpfkarten eines Landes, das sich abseits der großen Weltpolitik entwickelt hat. Hinzu kommt die faszinierende Kultur der Maori, die das Land lange vor den Europäern besiedelt haben.

FOLGENDE DOPPELSEITE:
Diese Herde Friesischer Kühe grast nicht, wie man meinen könnte, auf deutschen Wiesen, sondern auf dem Gelände einer Farm in Waikato.

Blick auf den Mount Cook (3754 m) im Mt. Cook National Park

RECHTE SEITE:
Kunst der Maori

Monument One Tree Hill in Auckland

GESCHICHTE

DIE UREINWOHNER

Die Geschichte der ersten Menschen, die Neuseeland besiedelten, ist wie bei den Aborigines in Australien eine Geschichte, deren genauer Ablauf längst noch nicht lückenlos dokumentiert und erforscht ist. Man geht davon aus, dass die ersten Menschen, die sogenannten Marioris, in einer Reihe von Einwanderungswellen das abgelegene Land besiedelten. Laut einer überlieferten Legende war es der begnadete Seefahrer Kupe, der etwa gegen 950 n. Chr. ein bis dato unbekanntes Land entdeckte. Vermutlich kam er von einer der Marquesas-Inseln im heutigen Französisch Polynesien. Bei seiner Rückkehr berichtete er laut der Sage von einem Land, das von Nebel bedeckt war. Kupo soll dem neu entdeckten Land deshalb den Namen Ao-tea-roa gegeben haben. Üblicherweise wird diese Bezeichnung mit „Land der langen, weißen Wolke" übersetzt. An der Richtigkeit dieser Übersetzung herrscht allerdings Zweifel. „Ao" kann sowohl als Wolke als auch als Tageslicht interpretiert werden. Es gibt Überlegungen, dass mit dem Begriff Ao-tea-roa eventuell auch das im Vergleich zu den äquatornahen Inseln des Pazifiks lang anhaltende Tageslicht gemeint sein könnte.

Jüngste DNA-Untersuchungen zeigen, dass diese Menschen ursprünglich wahrscheinlich aus Südostasien stammten und von dort vor etwa 6000 Jahren begannen, den menschenleeren Pazifik zu kolonisieren. Dabei bildeten vermutlich Neuguinea und Fidschi die ersten Stationen auf dem langen Besiedlungsfeldzug. Es folgten Samoa, Tonga und Tahiti. Im heutigen Französisch Polynesien entstand schließlich die Hochkultur der Polynesier. Von hier, vor allem wahrscheinlich von dem äquatornahen Archipel der Marquesas-Inseln, wurden unter anderem die abgelegenen Hawaii-Inseln und eben auch Neuseeland erkundet und besiedelt.

Historiker gehen heute davon aus, dass der ersten frühen Einwanderungswelle eine zweite folgte. Laut Legende erreichten zehn große Kanus im 14. Jahrhundert Neuseeland. Auch hier teilen sich allerdings die Meinungen. Es gibt Geschichtskundler, die glauben, dass die Ankunft der zweiten Einwanderungswelle vor mehr als 1000 Jahren statt-

fand. Da die Maori keine Schrift kannten, wurde alles mündlich überliefert. Die Namen der Kanus ebenso wie z. B. die Landungsplätze der Kanus sind bis heute überliefert. Gegenwärtig geht man davon aus, dass die Maori – wie alle Polynesier auf Entdeckungsfahrten – Schweine, Hühner und Hunde mit nach Neuseeland brachten. Es gibt Theorien, die besagen, dass das Überangebot an Nahrung dazu führte, dass die Maori ihre Haustiere – von Hunden abgesehen – relativ schnell aufaßen oder sich nicht weiter darum kümmerten. Als dann durch Überjagung und Verschwendung das Nahrungsangebot reduziert war, begannen sich die Maori untereinander zu bekriegen. Das Aussterben zahlreicher Tiere, darunter des großen flugunfähigen Moa, wird den verschwenderischen Jagdpraktiken der Maori zugeschrieben. Die kriegerischen Auseinandersetzungen sind durch die Errichtung von großen „Pa" – befestigten Siedlungen – belegt. Reste dieser Wehrsiedlungen sind in Neuseeland nach wie vor vorhanden. Im Großen und Ganzen aber konnten sich die Maori uneingeschränkt und frei in Neuseeland entwickeln – bis zur Ankunft der Europäer.

DIE BESIEDLUNG DURCH WEISSE

Der erste Europäer, der das abgelegene Land nachweislich erreichte, war der holländische Seefahrer und Forscher Abel Tasman. Er ankerte 1642 kurz im Norden der Südinsel, machte sich aber, nach einem blutigen Zusammenstoss mit Maori, Richtung Tonga auf. 1769, ganze 127 Jahre nach Tasman, erreichte der nächste Europäer Neuseeland: Captain James Cook segelte um beide Inseln und kartierte Neuseeland. Cook besuchte Neuseeland noch zweimal im Zuge weiterer Forschungsreisen. Als Großbritannien die Kolonisation des Pazifiks begann, konzentrierte sich das Land erst auf Australien. Die ersten europäischen Siedler, die auf Neuseeland lebten, waren deshalb Robbenfänger und später Waljäger. Diese vorübergehende Besiedlung hatte nicht nur schreckliche Konsequenzen für die Robben und Wale in den Gewässern Neuseelands, sondern auch für die Maori-Bevölkerung. Eingeschleppte Krankheiten, Prostitution und die Einführung von Feuerwaffen reduzierte die Bevölkerung. Die sogenannten Musketenkriege, bei denen sich Maoristämme selbst bekämpften, endeten um 1838. Zu diesem Zeitpunkt waren Musketen weit verbreitet und es hatte sich ein ausgeglichenes Kräfteverhältnis innerhalb der verschiedenen Maorigruppen eingestellt.

Berichte über die Missstände auf Neuseeland fanden schließlich ihren Weg nach London und gaben den Anstoß, Neuseeland zu kolonisieren. Diese begann mit der Ankunft des Missionars Samuel Marsden 1841. Weitere Missionare folgten, mit dem Ziel die Maori zum Christentum zu bekehren und den Robben- und Walfängern Gesetz und Ordnung beizubringen. Im Großen und Ganzen erfolgreich, beruhigte sich die Situation bis zum Mitte des 19. Jahrhunderts. Zu dieser Zeit erreichten mehr und mehr Siedler Neuseeland und die Anzahl der europäischen Siedlungen nahm stetig zu. Dort wo Stämme intensiven Kontakt mit Europäern hatten, waren die Auswirkungen auf die Maori verständlicherweise am größten.

LINKE SEITE:
Holzskulpture der Maori in Waitane (Foto oben) und Maori-Tänzer in Rotorua (Foto unten)

Die Missionare kamen ab Mitte des 19. Jahrhunderts mit dem Ziel nach Neuseeland, die Maori zum Christentum zu bekehren. Viele Kirchen wie hier in der Waihou Bay wurden vor diesem Hintergrund errichtet.

RECHTE SEITE:
Blick auf den 2518 Metern hohen Vulkan Mount Taranaki, der das Zentrum der gleichnamigen Region bildet. In dieser fanden im 19. Jahrhundert erbitterte Landkämpfe statt.

Mit wachsender Zuwanderung durch weiße Siedler, die weitläufige Flächen zur Viehhaltung beanspruchten, gewann die Landfrage immer größere Brisanz.

Zu großen Missverständnissen kam es bei Landkäufen. Da die Maori Landbesitz nicht kannten – Land gehörte der Allgemeinheit und konnte daher nicht verkauft werden – kam es zwangsläufig zu Konflikten zwischen Europäern und Maori.

Die Geschicke Neuseelands erreichten einen bis heute wichtigen Wendepunkt mit der Unterzeichnung des Vertrags von Waitangi (Treaty of Waitangi). Vorausgegangen waren Pläne der New Zealand Company, große Ländereien aufzukaufen und Kolonien zu bilden. Aufgescheucht durch anhaltende Gesetzlosigkeit unter den Siedlern und dem Konfliktpotenzial durch die Pläne der New Zealand Company, wurde 1840 der Vertrag von Waitangi unterzeichnet. Dies gab den Maori Kontrolle über ihr Land und ihre Besitztümer und machte sie zu britischen Bürgern mit allen damit verbundenen Rechten.

Verwaltungstechnisch war Neuseeland bis 1841 ein Bestandteil der Kolonie New South Wales in Australien. Erst in diesem Jahr wurde das Land zu einer eigenständigen Kolonie erklärt. Von 1840 an floss ein Strom von Immigranten aus Großbritannien, Europa und anderen Ländern – darunter aus China – nach Neuseeland. Mit der rapiden Zunahme der weißen Bevölkerung erhöhte sich der Druck auf die Maori. Wieder waren es Landdispute, die zu Problemen führten. Die sogenannten New Zealand Land Wars in den Waitaki- und Taranaki-Regionen auf der Nordinsel, bei denen Truppen mit Gewalt große Ländereien von den Maori konfiszierten, waren eine Folge dieser Dispute. Die

Landenteignungen haben Nachwirkungen bis in die heutige Zeit und unter der Maoribevölkerung der Regionen herrscht nach wie vor große Verbitterung. Kriege, eingeschleppte Krankheiten und der Verlust ihres Landes hatten gravierende Auswirkungen und 1896 hatte sich die Bevölkerungsanzahl mit nur noch etwa 42.000 Maori nahezu halbiert.

Die neunziger Jahre des 19. Jahrhunderts brachten weitreichende wirtschaftliche, politische und soziale Änderungen. 1901 entschied sich Neuseeland dagegen, dem Commonwealth of Australia beizutreten und wurde 1907 ein eigenständiges Herrschaftsgebiet. Neuseeland blieb ein Mitglied des britischen Empire und kämpfte in beiden Weltkriegen an Großbritanniens Seite.

In den späten sechziger Jahren entstand eine Protestbewegung der Maori, die das Ziel hatte, Rassismus zu bekämpfen und die Kultur der Maori zu fördern. Wirtschaftlich traf der 1973 erfolgte Beitritt Großbritanniens in die Europäische Gemeinschaft Neuseeland schwer. Es folgte politisch gesehen eine extrem konservative Ära. Diese wiederum wurde durch eine Ära der Reformen abgelöst. Neuseeland erklärte sich zu einer atomwaffenfreien Zone, öffnete seine Einwanderungspolitik, die sich bisher auf europäische Einwanderer konzentrierte, reformierte die Wirtschaft und zeigte neuen politischen Willen, den Vertrag von Waitangi besser anzuerkennen.

Traditioneller Versammlungsort der Maori

GEOGRAFIE

DIE GEOLOGISCHE ENTWICKLUNG IM ÜBERBLICK

Tektonische Verschiebungen trennten vor etwa 80 Millionen Jahren die Inseln, die heute Neuseeland formen, vom Superkontinent Gondwana. Die ältesten Gesteine Neuseelands sind etwa 690 Millionen Jahre alt. Allerdings sind Oberflächengesteine zum Großteil nur etwa 100.000 Jahre alt, ein Resultat von Vulkanismus.

Neuseeland erstreckt sich über etwa 1600 Kilometer in Nord-Süd-Richtung aus. Das Land wird durch die große Südinsel (151.000 Quadratkilometer), die Nordinsel (115.000 Quadratkilometer) sowie die kleinere Stewart Island (1700 Quadratkilometer) geformt. Wenn man die Südinsel und die Nordinsel von einem geografischen und geologischen Standpunkt aus betrachtet, könnte es sich um zwei verschiedene Kontinente handeln.

Die Südinsel wird durch die Südalpen dominiert, ein wildes, zerklüftetes Faltengebirge, das sich aus zahllosen Gebirgsgruppen zusammensetzt und sich praktisch an der gesamten Westseite der Südin-

FOLGENDE DOPPELSEITE:
So unterschiedlich die geologischen Erscheinungsformen in Neuseeland, so unterschiedlich die vielen „Wanderwege": Gratwanderung im Gebirge um Queenstown (Foto links oben); durch den Regenwald (Foto links unten); Franz Josef Gletscher (Foto rechts)

Der Fox Gletscher befindet sich im Westland Nationalpark auf der Südinsel Neuseelands. Seine Zuflüsse liegen in den Südalpen.

OBEN:
Eine der bekanntesten Landschaftsszenerien in Neuseeland – der Milford Sound im wilden Fjordland National Park auf der Südinsel. Die Huka Falls nahe Taupo auf der Nordinsel ziehen erfahrene Kajakfahrer an (rechts).

VORHERIGE DOPPELSEITE:
Hinweise auf den Vulkanismus insbesondere auf der Nordinsel finden sich zu Genüge: „Champagne Pool", Wai-O-Tapu Thermal Wonderland (Foto links); Prince of Wales und Pohutu Geysir im Whakarewarewa Thermalgebiet (Foto rechts)

sel entlang zieht. Gegen Osten laufen die Südalpen in weitläufige Hügellandschaften und weite Ebenen aus. Ein gutes Beispiel dafür sind die landwirtschaftlich intensiv genutzten Canterbury Plains westlich von Christchurch, der größten Stadt der Südinsel. Die Südalpen erreichen mit dem Mt. Cook mit 3754 Metern Höhe ihren Kulminationspunkt. Der Mt. Cook ist gleichzeitig auch der höchste Berg Neuseelands. Vulkanismus spielt geologisch auf der Südinsel kaum eine Rolle. Die Ausnahmen bilden zum Beispiel die Banks Peninsula bei Christchurch und die Otago Peninsula bei Dunedin. Beide Regionen wurden durch längst erloschene Vulkane geformt.

Die Nordinsel dagegen wird vor allem durch aktiven und ruhenden Vulkanismus geprägt. Der aktive vulkanische Gürtel zieht sich von White Island in der Bay of Plenty über Rotorua, Taupo, Tongariro, Ruapehu bis hin zum allein stehenden Mt. Taranaki/Mt. Egmont nahe der Stadt New Plymouth quer durch die Nordinsel. Auch die moderne Großstadt Auckland sitzt auf über 40 Vulkankegeln. Die größte Eruption, die jemals in Neuseeland stattfand, war der Ausbruch des Taupo-Vulkans 186 nach Christus. Das enorme Ereignis wurde sogar in China und von den Römern registriert. Neben den offensichtlichen Gefahren, die durch die Feuerberge drohen, hat der Vulkanismus Neuseelands dem Land auch Vorteile beschert: Die Böden um die Vulkane sind besonders reich an Nährstoffen und dadurch äußerst fruchtbar; hydrothermale Felder versorgen die Nordinsel mit Energie; einige Vulkane und vulkanische Regionen sind als Nationalparks geschützt und bilden beliebte Touristendestinationen.

FLÜSSE UND GEWÄSSER

Dank der gebirgigen Topografie und der stellenweise hohen Niederschlagsmengen der beiden Inseln ist Neuseeland mit Gewässern reich gesegnet. Auf der Nordinsel findet man zahlreiche Süßwasserseen, die ehemalige Krater und Calderen füllen. Zu erwähnen wären in diesem Zusammenhang in erster Linie Lake Taupo, Lake Rotorua oder Lake Tarawera.

Ganz anders vollzog sich die Entstehungsgeschichte der großen Seen auf der Südinsel. Die lang gezogen Formen der Seen Wakatipu, Wanaka, Hawea, Pukaki oder Tekapo geben Aufschluss darüber, dass sie durch Gletschertätigkeit entstanden sind.

Es befinden sich zahlreiche Flüsse auf den beiden Hauptinseln Neuseelands. Die längsten Flüsse sind der Waikato River (425 km) und der Wanganui River (290 km) auf der Nordinsel und der Clutha River (322 km) sowie der Taieri River (288 km) auf der Südinsel.

VORHERIGE DOPPELSEITE:
Seenland Südinsel. Zahlreiche, meist durch Gletscher geschaffene Seen schaffen attraktive Ziele, wie der Lake Rotoiti im Nelson Lake National Park (oben) oder der Lake Pukaki am Rande der Südalpen. An schönen Tagen spiegelt sich der Mt. Cook in seinen Wassern.

RECHTE SEITE:
Seit der Herr-der-Ringe-Triologie besser als Mt. Doom bekannt, dominiert der nach wie vor aktive Mt. Ngauruhoe den Tongariro National Park. Der 2291 Meter hohe Stratovulkan brach 1975 das letzte mal aus.

UNTEN:
Die Kleinode der Emerald Lakes entlang der Tongariro Crossing unterstreichen, warum die anstrengende Tour allgemein als die beste Tageswanderung der Welt gilt.

GEOLOGISCHE BESONDERHEITEN

VULKANISMUS

Neuseeland liegt genau dort, wo die Indo-Australische Platte unter die Pazifische Platte abtaucht. Dort wo die beiden tektonischen Platten zusammenkommen, herrschen gewaltige Kräfte. Störungszonen und zum Teil schwere Erdbeben markieren jenen Bereich, an dem sich die beiden Platten verzahnt haben. Parallel dazu, in dem Bereich, in dem die abtauchende Platte eine Tiefe von 120 bis 150 Kilometer erreicht hat und die Gesteine schmelzen, steigt Magma auf. Hier liegt die vulkanische Zone. Dieser nach wie vor aktive, vulkanische Gürtel zieht sich von White Island in der Bay of Plenty über die Thermalzone von Rotorua, der wassergefüllten Kaldera des Lake Taupo oder den Tongariro National Park mit den bekannten Vulkanen Mt. Tongariro, Mt. Ngauruhoe und Mt. Ruapehu bis hin zur Provinz Taranaki mit dem allein stehenden Vulkan Mt. Taranaki (Mt. Egmont).

GEOTHERMALE ZONEN

Geothermale Systeme gibt es in den verschiedensten Regionen auf der Nordinsel Neuseelands. Die extrem heißen geothermalen Felder gruppieren sich hauptsächlich in der sogenannten Taupo-Vulkanzone um den Lake Taupo. Eine weitere, besonders heiße Thermalzone liegt bei Ngawha im Northland. Während sich die extrem heißen Thermalzonen auf diese beiden Regionen beschränken, sind Niedrigtemperatursysteme weiter verbreitet. Einige stehen in Verbindung mit jüngerem Vulkanismus, wie z.B. die Thermalfelder im Northland, in den Uaraki Plains oder an der Bay of Plenty.

Die heißen Quellen vor allem auf der Südinsel hängen mit tektonischen Bruchzonen zusammen. Bis heute wurden 129 geothermale Zonen in Neuseeland identifiziert. Von ihnen befinden sich 14 im Bereich von 70–140 Grad Celsius, sieben in Bereich zwischen 140 und 220 Grad Celsius und sieben weisen noch höhere Temperaturen auf. Die riesige vulkanische Zone von Taupo reicht von White Island bis zum Mt. Ruapehu. Hier herrschen in weniger als fünf Kilometern Tiefe mindestens 350 Grad Celsius. Insgesamt befinden sich im Gebiet von Taupo 29 geothermale Systeme, die normalerweise etwa zwölf Quadratkilometer umfassen und etwa 15 Kilometer auseinander liegen. Innerhalb dieser Zone liegen alle Thermalsysteme Neuseelands, die kochendes Wasser abgeben. Mit diesen Thermalzonen hat Neuseeland eine ideale, saubere und nahezu unerschöpfliche Energiequelle. Thermalkraftwerke gibt es deshalb zum Beispiel am Ngawa-Feld im Nordland. Die Wairakei-Binary-Kraftwerke oder das Kraftwerk im Ohaaki-Broadlands nutzen die besonders heißen Thermalfelder nahe der Stadt Taupo.

Die geothermischen Zonen von Rotorua (oben) und Taupo (unten) auf der Nordinsel liegen dort, wo nahe unter der Erdoberfläche große Hitze herrscht. Diese Zonen sind beliebte Sehenswürdigkeiten und ihre Energie wird in geothermische Kraftwerken genutzt.

KLIMA

Neuseelands Klima ist äußerst komplex und reicht von den Subtropen im hohen Norden bis hin zu den kühl-gemäßigten Zonen im Süden der Südinsel. In den Bergen herrschen aufgrund der Höhenlage oft harte Klimabedingungen. Bergketten, die sich über die gesamte Länge von Neuseeland hinziehen, bilden eine Barriere für die vorherrschenden Westwinde und unterteilen das Land in Klimaregionen, die sich dramatisch unterscheiden. Während zum Beispiel die Westküste der Südinsel als die feuchteste Region Neuseelands gilt, sind die Gebiete östlich der Berge die trockensten.

Durchschnittlich über das Jahr verteilt beträgt der Niederschlag in den meisten Regionen Neuseelands zwischen 600 und 1600 Millimeter. Trockenperioden während des Sommers sind die Regel. In den nördlichen und zentralen Regionen des Landes fällt mehr Regen in den Wintermonaten, während in den südlichen Landesteilen die Winter relativ trocken sind. Die jährlichen Durchschnittstemperaturen reichen von zehn Grad im Süden bis zu 16 Grad im Norden. Der kälteste Monat ist normalerweise der Juli, die höchsten Temperaturen werden im Januar und Februar gemessen. Grundsätzlich sind die Unterschiede zwischen Sommer- und Wintertemperaturen relativ klein. Nur im Inland und an der Ostseite der Gebirge können die Temperaturunterschiede bis zu 14 Grad betragen.

Neuseelands Flora ist so abwechslungsreich, wie die Topographie und das Klima des Landes: Nur auf Stewart Island kommt die winzige Orchidee vor (unten links). Der rotblühende Pohutukawa ist einer der schönsten Blütenbäume Neuseelands und findet sich hauptsächlich an den Küstenregion im subtropischen Norden der Nordinsel (Mitte).

Die Anzahl der Sonnenstunden ist relativ hoch in Gebieten, die zum Westen hin geschützt sind, und die meisten Regionen des Landes erfreuen sich etwa an 2000 Sonnenstunden im Jahr. Als die sonnigsten Gegenden gelten die Bay of Plenty, die Hawke's Bay und die Nelson-Marlborough-Region mit über 2350 Sonnenstunden. Schneefälle sind in der Regel auf die Berggebiete des Landes beschränkt. Frost kann im Winter allerdings praktisch überall auftreten.

FLORA

Die Isolation von anderen Ländern und Erdteilen hat in Neuseeland eine eigenständige Flora entstehen lassen. Über 80% aller Bäume, Farne und Blütenpflanzen gelten als endemisch, kommen also nur auf Neuseeland vor. Neben der Isolation war es vor allem das Fehlen von pflanzenfressenden Tieren, die die Flora Neuseelands prägte. Das regenreiche Klima Neuseelands sorgte für die Ausbildung herrlicher Regenwälder, die je nach Höhenlage verschiedene Baumarten enthalten. Die Regenwälder auf der Nordinsel zum Beispiel werden vorwiegend von Rimu-Bäumen, Südbuchen, Tawa-, Matai- und Ratabäumen gebildet. Rimu- und Ratabäume gelten als die Giganten des Regenwaldes und wachsen oft zu gewaltigen Exemplaren heran. Der

Im extremen alpinen Klima an den Hängen der Vulkane Neuseelands finden die weissblühenden Berg-Gänseblümchen ihr Auskommen.

dichte Unterbewuchs besteht aus Farnen und Büschen; Moose und Flechten gedeihen besonders gut. Berühmt sind die riesigen Kauribäume, die nur nördlich des 38. Breitengrades vorkommen. Diese seltene Baumart, welche man an ihrem silbergrauen Stamm erkennen kann, ist die zweitgrößte der Welt.

Dank der gebirgigen Natur der Südinsel mit zum Teil beachtenswerten Höhenunterschieden kann man deutlich verschiedene Vegetationszonen unterscheiden. Von den von Podocarp-Bäumen dominierten Tieflandregenwäldern an der Küste über Südbuchenwälder geht es in das Tussock-Grasland in den alpinen Regionen über. Im Regenschatten der Südalpen dominiert Grasland. In den Südalpen, den höheren Vulkanregionen der Nordinsel und auf Steward Island findet man eine ausgeprägte alpine Vegetation, dominiert von Kräutern und Tussock-Gras. Ein interessanter Seitenaspekt ist, dass auf Stewart Island keine Südbuchen vorkommen, obwohl die Insel klimatisch für diese Bäume ideal wäre.

Auffällig sind in Neuseeland die Pohutukawa-Bäume mit ihren roten Blüten um die Weihnachtszeit und die fast tropisch anmutenden Cabbage-Bäume. Weit verbreitet sind verschiedene Arten von Baumfarnen. Neuseelands einzige Palmenart, die Nikau-Palme, wächst vor allem auf der Nordinsel und im Norden der Südinsel.

Typisch alpine Flora (unten links). Die rote Blüte einer Flaxpflanze vor dem Mt. Ruapehu.

FAUNA

80 Millionen Jahre Isolation hatten auch auf die Fauna Auswirkungen. Durch den Kontinentaldrift ausgelöst, trieb Neuseeland für Millionen Jahren, isoliert und außer Reichweite für Tiere von anderen Ländern und Kontinenten, durch die Meere. Da auf den Inseln keine Säugetiere lebten, von zwei Fledermausarten einmal abgesehen, und die Fauna praktisch nur aus Echsen, Fröschen und Vögeln bestand, blieben viele ökologische Nischen unbesetzt. Über die Jahrmillionen hinweg wurden diese Freiräume besetzt – von Vögeln. Es entwickelten sich riesige Laufvögel wie der ausgestorbene Moa, die den Boden beherrschten. Andere Vogelarten übernahmen die Rolle von Raubtieren, wieder andere die Rolle von kleinen Nagern. Auf Neuseeland gibt es zudem keine Schlangen. Doch mit der Ankunft des Menschen auf der abgelegenen Arche kamen fremde Tiere ins Reich der Vögel: Ratten, Katzen, Wiesel, Marder oder das Opossum. Damit begann das große Vogelsterben.

Etwa 70 Vogelarten kommen nur auf Neuseeland vor. Ein Drittel dieser endemischen Vögel ist flugunfähig. Einer der bekanntesten Vögel Neuseelands ist der flugunfähige, nachtaktive Kiwi. Ebenfalls flugunfähig, und dazu extrem selten, ist der Kakapo, der Waldpapagei. Er ist der größte Papagei der Welt. Der flugunfähige Takahe galt bereits als ausgestorben, als er 1948 wiederentdeckt

Blütenpracht nahe Blenheim (Foto Mitte); Nikau-Palmen in Punakaiki an der Westküste der Südinsel

Große Forellenbestände machen Neuseeland zu einem Anglerparadies.

VORHERIGE DOPPELSEITE:
Vögel und Meeressäuger dominieren die Neuseeländische Fauna: Die Rückenflosse eines Pottwales in der Bucht von Kaikoura, einer Hochburg für Walbeobachtung (links oben); der flugunfähige Takahe, der zur Familie der Rallenvögel gehört und fast ausgestorben ist (links unten); Seelöwen, wie hier an der Küste nahe Kaikora (oben rechts); der Kea oder Bergpapagei, der seine Heimat in den Neuseeländischen Alpen hat (unten rechts).

wurde. Dank eines erfolgreichen Brutprogramms hat die Vogelart jetzt eine stabile Population. Trotzdem ist es wahrscheinlicher, dass Wanderer in den Südalpen nicht dem Kakapo, sondern dem Kea – einem der wenigen Papageienarten der Welt, die in alpinen Regionen vorkommen – Bekanntschaft machen. Wer in Neuseelands Wäldern unterwegs ist, wird von dem Gesang zahlreicher Singvögel begleitet. An den Küsten und auf den Inseln haben die Seevögel ihr Revier. Interessant sind die Albatrosse und Gelbaugenpinguine auf der Otago-Halbinsel. Die Küsten teilen sich die Vögel mit Meeressäugern, z. B. Seelöwen. Gelegentlich verirrt sich eine Elefantenrobbe an Neuseelands Gestade. Im Meer selbst tummeln sich Delfine und Wale.

Neuseelands Fauna beinhaltet ein paar Kuriositäten. So lebt hier z.B. die Tuatara-Echse, die ein Bindeglied zu der Zeit der Dinosaurier bildet. Und auch Langfühlerschrecken, die zu den schwersten Insekten der Welt zählen, sind in Neuseeland beheimatet.

Neben den bereits erwähnten Tieren, die nach Neuseeland eingeführt wurden, sollten noch Hirsche, Gämsen und Forellen erwähnt werde. Forellen haben Neuseeland den Ruf eingebracht, eines der besten Angelreviere der Welt zu sein. Während die Forellen jährlich betuchte Touristen aus aller Welt anziehen und den Tourismus unterstützen, gilt das aus Australien eingeführte Opossum als der größte Schädling des Landes und wird unter anderem für den Schwund der neuseeländischen Wälder verantwortlich gemacht.

DIE NEUSEELÄNDISCHE GESELLSCHAFT

DIE POLITISCHE GLIEDERUNG

Neuseelands politisches Gerüst ist das einer parlamentarischen Monarchie. Die Zugehörigkeit zum Commonwealth of Nations bringt es mit sich, dass der Monarch oder die Monarchin von England – zurzeit also Königin Elizabeth II. – Staatsoberhaupt von Neuseeland ist. Sie wird durch den Generalgouverneur vertreten. Der Generalgouverneur hat die Macht, Premierminister zu berufen, abzusetzen und das Parlament aufzulösen. Die politischen Entscheidungen werden allerdings von einem unabhängigen Parlament getroffen, das vom neuseeländischen Volk gewählt wird. Das politische System Neuseelands folgt dem britischen Vorbild, hat aber nur eine Kammer.

Die Exekutive besteht aus dem Kabinett, das 20 Mitglieder umfasst und vom Premierminister geleitet wird. Kabinettsmitglieder müssen gleichzeitig Parlamentsmitglieder sein.

Die Legislative, das Repräsentantenhaus, hat normalerweise 120 Mitglieder. Diese Zahl kann sich aber, dank sogenannter Überhangmandate, vergrößern. Mehrere Sitze sind für Vertreter der Maori reserviert.

Das Beehive in Wellington ist der offizielle Sitz von Neuseelands Premierminister.

Mitglieder des Parlaments werden durch das sogenannte Verhältniswahlrecht gewählt. Die Amtsdauer beträgt normalerweise drei Jahre, es können aber vorgezogene Wahlen ausgerufen werden.

Premierminister wird der Führer der gewinnenden Partei oder Koalition. In Neuseeland herrscht ein Mehrparteiensystem. Die wichtigsten Parteien sind die linksgerichtete Labour Party, die rechtskonservative National Party, die nationalistische New Zealand First, die Umweltpartei der Greens oder die Maori Party. Jeder Neuseeländer über 18 Jahre besitzt Wahlrecht. Frauen genießen dieses fundamentale Recht in Neuseeland bereits seit 1893.

Parlamentsgebäude in Auckland

Neuseeland hat keine schriftlich festgelegte Verfassung. Eine Reihe von Dokumenten, darunter der Vertrag von Waitangi, formen den verfassungsmäßigen Rahmen des Landes. Zwar gab es Ansätze, eine formale Verfassung niederzulegen, bis jetzt kam es aber noch nicht dazu. Der Sitz der Regierung ist in der neuseeländischen Hauptstadt Wellington am Südende der Nordinsel.

Höchste Gerichtsinstanz in Neuseeland ist der Supreme Court, der mit dem Obersten Gerichtshof verglichen werden kann und erst 2004 etabliert wurde. Schwere Kriminalfälle und zivile Fragen werden in den sogenannten High Courts behandelt. Zusätzlich gibt es noch regionale Gerichte und Gerichtshöfe, die sich auf besondere Fragen wie zum Beispiel Jugendkriminalität, Familien- und Maoriprobleme spezialisieren.

Auf lokaler Ebene ist Neuseeland ein stark zentralisiertes Land. Die Regierung hat sechzehn Regionen festgelegt, die aber relativ wenig Macht haben. So unterstehen zum Beispiel die Polizei und die Bildung nicht, wie in anderen Ländern üblich, den Regionen, sondern der Regierung. Die Regionen kümmern sich hauptsächlich um den Umweltschutz, Zivilschutz und das Verkehrswesen. Eine weitere Unterteilung bilden die 74 Distrikte. Davon gelten 16 als Stadt- und 57 als Bezirksverwaltungen.

WIRTSCHAFT

Die Wirtschaft Neuseelands stützt sich in erster Linie auf landwirtschaftliche Produkte. Neben Wolle, Fleisch und Milchprodukten, die seit jeher die Grundpfeiler der Landwirtschaft bildeten, kommen nun neben Obst – z.B. Äpfel oder die Kiwifrucht – in zunehmenden Maße Wein und Holzprodukte dazu.

Neben der Landwirtschaft spielt der Tourismus eine überragende Rolle und in den letzten Jahren hat sich das Land äußerst erfolgreich als Standort für internationale Filmproduktionen etabliert. Die dadurch entstandene Bekanntheit gewisser Regionen trägt wiederum dazu bei, den Tourismus anzuschüren.

Die Wirtschaft Neuseelands ist stark exportorientiert und der Schwerpunkt auf Exporte landwirtschaftlicher Güter macht Neuseelands Wirtschaft besonders abhängig von den Weltmarktpreisen. Die wichtigsten Außenhandelspartner Neuseelands sind das benachbarte Australien, die USA, Japan, China und zu einem geringeren Anteil Großbritannien. Traditionell bildete Großbritannien den wichtigsten Handelspartner der abgelegenen Nation im Südpazifik.

Der Beitritt Großbritannien in die Europäische Gemeinschaft 1973 erwies sich als ein schwerer Schlag für die neuseeländische Wirtschaft. Seither hat sich die Gewichtung zugunsten anderer Länder verschoben und der einstige, bedeutendste Handelspartner steht nun an fünfter Stelle. Trotz der überragenden Bedeutung von landwirtschaftlichen Produkten für die Wirtschaft Neuseelands hat man die Wichtigkeit des Dienstleistungsgewerbes erkannt und dieser floriert zunehmend.

Über die letzten 20 Jahre hinweg hat sich die Wirtschaft Neuseelands von einer der am stärksten regulierten Ökonomien innerhalb der OECD (Organization for Economic Cooperation and Development) zu jener, die am wenigsten reguliert ist, gewandelt. Das Ziel der gegenwärtigen Regierung ist es, Neuseeland in eine wissensorientierte Wirtschaft mit hohem Fachkönnen, Vollbeschäftigung und einer wertschöpfenden Produktion zu machen.

Drei „Exportschlager" Neuseelands: Kiwis (links unten); Wolle und Fleisch von Schafen und Wein

KULTUR

Die Kultur Neuseelands ist einerseits beeinflusst durch die angelsächsischen Traditionen, die zurückgehen auf die Besiedlung des Landes durch die Briten. Es waren anfangs in erster Linie Engländer, Schotten und Iren, die nach Neuseeland auswanderten und dem Land ihren europäischen Stempel aufdrückten. Andererseits spielt die Kultur der Maori eine immer stärkere Rolle. Nach den einschneidenden negativen Auswirkungen, die die Kolonisation Neuseelands durch Großbritannien auf die Maori hatte, sorgen steigendes Selbstbewusstsein und wachsender Einfluss auch für eine stärkere Betonung der traditionellen Maorikultur. Maori ist neben Englisch die zweite Sprache des Landes und vor allem im Zusammenhang mit Tourismus spielt die Kultur der Ureinwohner eine wichtige Rolle, weil sie in der Werbung als Verkaufsargument verwendet wird. Maoritänze und Gesänge werden in den meisten Touristenzentren aufgeführt, Maorikunsthandwerk, wie zum Beispiel Schnitzereien, gelten als beliebte Souvenirs.

Das Leben beider Rassen ist inzwischen ziemlich verzahnt und das zeigt sich vor allem in Neuseelands beliebtester Sportart, dem Rugby. Obwohl die sportspezifischen Begriffe englisch in Bezug auf die Herkunft des Sports sind, haben die Maori Rugby in ihr Leben aufgenommen und stellen die wichtigsten und erfolgreichsten Spieler.

Museum in Rotorua

Einen kulturellen Beitrag leistet Neuseeland in jüngerer Zeit in der Filmindustrie. Verschiedene Landesteile bilden nicht nur die Kulisse für große Hollywoodproduktionen wie die Trilogie „Herr der Ringe" oder „Der letzte Samurai" mit Tom Cruise. Auch neuseeländische Kinofilme finden international Anklang: Beispielhaft dafür stehen Filme wie „Das Piano", „Whale Rider" oder „Once were Warriors" (dt. Titel: „Die letzte Kriegerin") waren große Erfolge.

MINDERHEITEN

Obwohl Neuseeland ein klassisches Einwanderungsland ist und sich einer relativ offenen Immigrationspolitik erfreut, ist die Zusammensetzung der Bevölkerung nicht ganz so „bunt" wie vergleichsweise in Australien. Laut der letzten Volkszählung dominieren Menschen mit europäischer Abstammung. Vor allem Neuseeländer britischer Abstammung bilden mit knapp 80% der über 4,1 Millionen Neuseeländer die überragende Mehrheit. Die wichtigste Minderheit, die auch politisch das Leben in Neuseeland mitbestimmt, sind die Maori. Sie bilden knapp 15% der Bevölkerung. In jüngerer Zeit hat sich die Zusammensetzung der Zuwanderer etwas verschoben. Immigranten aus polynesischen Nationen wie Tonga, Samoa, den von Neuseeland verwalteten Cook Islands, Tahiti oder Hawaii erhöhen zusammen mit Einwanderern aus Asien – hier seien vor allem Indien, Vietnam, Malaysien, die Philippinen oder Kambodscha zu erwähnen – das Völkergemisch. Auch aus Ländern wie Japan, China, Korea und Deutschland wandern Menschen nach Neuseeland aus.

Maorizentrum in Rotorua

NEUSEELAND AUS TOURISTISCHER SICHT

Tourismus ist heute eines der wichtigsten wirtschaftlichen Standbeine Neuseelands. Die nationale Tourismusbehörde, Tourism New Zealand, gilt als die älteste Tourismusbehörde der Welt und feierte 2001 ihr hundertjähriges Bestehen. 1901, dem Gründungsjahr der Behörde, verzeichnete Neuseeland gerade einmal 5000 internationale Besucher. Heute sind es mehr als 2,3 Millionen jährlich. Angelockt werden viele der Besucher aus aller Welt vor allem durch die Natur des Antipodenlandes. Für Trekker, Wanderer und Bergsteiger ist das Land am anderen Ende der Welt eine Offenbarung: Berühmte Weitwanderwege wie der Milford Track, der Routeburn Track oder die Umrundung der Vulkane im Tongariro National Park sind nur ein paar Beispiele einer überwältigenden Palette an Trekkingtouren, die über das ganze Land verteilt sind. Aber es sind nicht nur die Trekker und

Wanderer, die nach Neuseeland reisen. Alle vorstellbaren Outdooraktivitäten kann man in dem vielseitigen Land ausüben: Mountainbikefahren, Rafting, Kajaktouren, Klettern und Bergsteigen, Höhlenexkursionen und im Winter Skifahren und Snowboarden. Hinzu kommen Bungeespringen und eine ganze Reihe von weiteren Aktivitäten für Adrenalinsüchtige.

Neuseeland ist ein Paradies für Selbstfahrer, die das abwechslungsreiche Land auf eigene Faust erkunden wollen. Sehr beliebt sind deshalb Reisen in Wohnmobilen, die ein großes Maß an Freiheit und Flexibilität bieten.

Dank einer langen Tradition im internationalen Tourismus hat Neuseeland eine ausgefeilte touristische Infrastruktur. Von luxuriösen Lodges bis hin zu einfachen Backpacker-Unterkünften reicht die Palette.

Reisen in das abgelegene Land sind mit einem teuren Langstreckenflug verbunden. Neuseeland, ein Land mit einem positiv-grünen Image, ist sich durchaus bewusst, dass Umweltbedenken in Zukunft ein ernstes Problem für das Land darstellen könnten.

Wander- und Trekkingtouren im Mount Aspiring National Park (Foto links) und Abel Tasman National Park gehören zu den touristischen Highlights in Neuseeland.

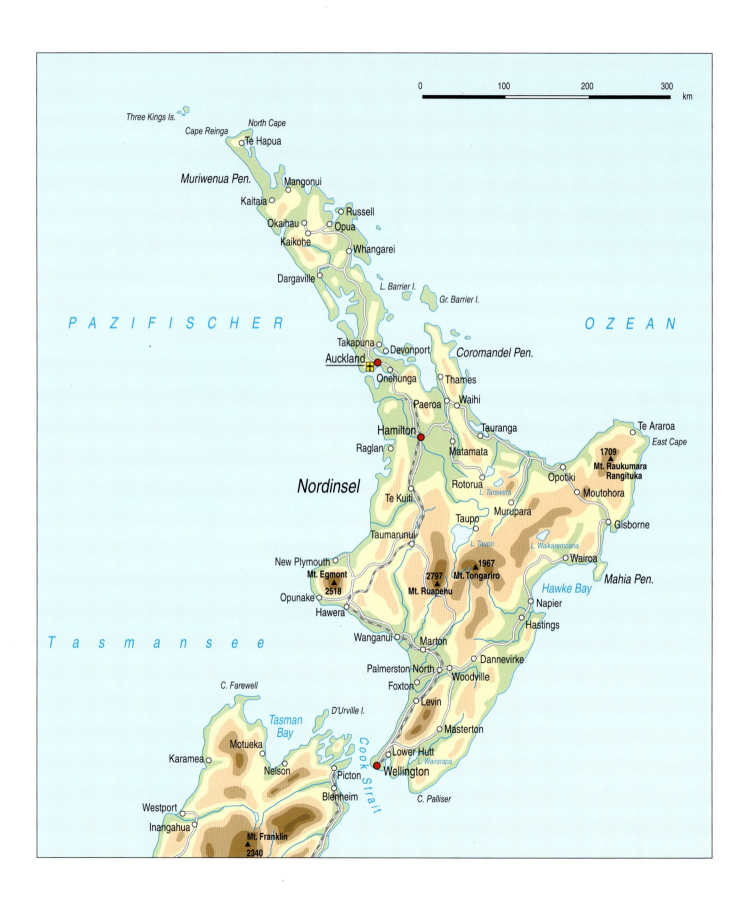

486 Neuseeland – die Nordinsel

DIE NORDINSEL

GEOGRAFIE

Die Nordinsel Neuseelands erinnert an einen Hut, in dem eine lange Feder steckt. Diese „Feder", eine lang gezogene Halbinsel im Norden, ist geprägt von den endlosen Stränden des Ninety Mile Beach an ihrer Spitze. Etwa an der Basis der „Feder" liegt die Hauptstadt Auckland, deren Geografie durch eine Anzahl von vulkanischen Kegeln geprägt wird. Dieses Vulkanfeld gilt als erloschen. Ein Großteil der fast 114.000 Quadratkilometer umfassenden Nordinsel wird allerdings von Vulkanen geprägt, die bestenfalls schlafen, aber auch immer wieder aktiv werden.

In der weit geschwungenen Bay of Plenty liegt Whakaari oder White Island, ein aktiver Vulkan. Diese Insel bildet den Anfang des vulkanischen Gürtels, der sich quer durch die Nordinsel zieht und diese zu einem Großteil topografisch prägt. Ausdruck dieser vulkanischen Zone sind die Thermalfelder um Rotorua. Unweit der Stadt befindet sich der Vulkan Mt. Tarawera.

Im Zentrum der Nordinsel liegt der große Lake Taupo. Die liebliche Seen- und Hügellandschaft der Region lässt auf den ersten Blick nicht erkennen, dass hier vor etwa 22.500 Jahren die katastrophalste Eruption in der Geschichte Neuseelands stattfand. Lake Taupo ist die wassergefüllte Caldera, die durch eine gigantische Ascheeruption entstand, die zum Beispiel den Ausbruch des Krakatau in Indonesien oder die Eruption des Mount St. Helen in Nordamerika als winzig erscheinen lässt.

FOLGELNDE DOPPELSEITE:
Der Mt. Ngauruhoe, der aus „Herr der Ringe" als Mt. Doom bekannt ist, liegt im Tongariro National Park auf der Nordinsel (Foto oben). Geothermische Quellen und Seen im Wai-O-Tapu Thermal Wonderland (Foto unten)

White Island in der Bay of Plenty gilt als Neuseelands aktivster Vulkan und ist ein lohnendes Ziel für Vulkanverrückte: Per Hubschrauber oder Boot kann man die Insel besuchen und durch den Krater wandern.

Unweit des Lake Taupo, im Tongariro National Park, wird die vulkanische Natur der Nordinsel offensichtlich: der Mount Tongariro (1967 m), der ebenmäßige Kegel des Mount Ngauruhoe (2287 m) und der Mount Ruapehu (2797 m) bilden dort ein aktives vulkanisches Trio. Es ist aber der ebenmäßige Kegel des völlig freistehenden Vulkans Mount Taranaki (2518 m) nahe der Stadt New Plymouth, der den Vulkanismus Neuseelands symbolisiert.

Aber nicht alle Berge auf der Nordinsel Neuseelands sind vulkanischen Ursprungs. Parallel zur Ostküste der Nordinsel verläuft eine Serie von Gebirgen, beginnend mit der Raukumara Range – hier befindet sich der höchste, nichtvulkanische Gipfel der Nordinsel, der Mount Hikurangi (1752 m) –, gefolgt von der Huiarau Range, der Ruahine Range und der Tararua Range nahe der neuseeländischen Hauptstadt Wellington.

An den Hängen des Mt. Ruapehu entspringt der Waikato River, mit 425 Kilometern Länge der längste Fluss Neuseelands. Dieser mündet bei Port Waikato an der Westküste ins Meer.

Neben Neuseelands größter Stadt Auckland liegt auch die Landeshauptstadt Wellington auf der Nordinsel. Wellington schmiegt sich am äußersten Südende der Nordinsel an eine Meeresbucht.

Blick von Ohakune auf den Mount Ruapehu. Der nach wie vor aktive Vulkan machte im März 2007 weltweit Schlagzeilen, als der Rand des gipfelnahen Kratersees zusammenbrach und eine Lahar, eine gewaltige Schlammlawine, in die Tiefe raste.

KLIMA

Die Nordinsel erfreut sich eines milden Klimas, das im Norden in die Subtropen übergeht. Auckland hat im Sommer Temperaturen von im Durchschnitt 23 Grad, mit jährlichen Niederschlägen von durchschnittlich 1300 Millimeter. Dies ist auch der Durchschnitt der gesamten Nordinsel. Allerdings gibt es lokal extreme Unterschiede. So werden am Mount Taranaki jährlich 7000 mm Niedeschlag registriert. Der Vulkan ist damit einer der niederschlagreichsten Plätze in ganz Neuseeland. Im nahen New Plymouth sind es nur noch knapp 1600 mm jährlich.

Schnee fällt auf der Nordinsel normalerweise nur in den Bergen, vor allem auf den hohen Vulkanen Ruapehu, Ngauruhoe, Tongariro und Taranaki. Am Mount Ruapehu haben sich zwei kleine Skigebiete etabliert.

Mit 2797 Metern ist der Mt. Ruapehu der höchste Vulkan der Nordinsel. Er ist Bestandteil des Tongariro National Parks. An seinen Hängen haben sich zwei kleine Skigebiete etabliert.

GESCHICHTE

Die Nordinsel Neuseelands war Schauplatz einiger der wichtigsten Ereignisse in der Geschichte Neuseelands. 1840 gründeten britische Siedler die erste dauerhafte Siedlung bei der heutigen Hauptstadt Wellington. Im selben Jahr kam Captain William Hobson von Sydney nach Neuseeland, um mit Maori-Ältesten zu verhandeln. Er führte den Vorsitz bei der Ausarbeitung des Vertrags von Waitangi (Treaty of Waitangi), in dem sich die Maoriführer verpflichteten, die Hoheitsgewalt über ihr Land an Queen Victoria abzugeben. Als Gegenleistung erhielten sie die Garantie, dass alles Land, alle Wälder und Fischrechte, die sie gemeinsam besaßen, nicht angetastet werden.

Blick von der Zahnradbahn über Wellington. Hier wurde 1840 von den Briten die erste dauerhafte Siedlung errichtet.

Der Vertrag von Waitangi wurde am 6. Februar 1840 in der Bay of Islands auf der Nordinsel unterzeichnet. Die andauernden Verletzungen dieser Garantien führten zu den sogenannten Landkriegen zwischen Siedlern und Maori. Zwischen 1845 und 1872 fanden mehrere Kriege in verschiedenen Regionen der Nordinsel statt. Im Flagstaff War in der Region der Bay of Islands ging es weniger um Land als um das Ansehen der

Briten und Maori. Bei der kurz darauffolgenden sogenannten Hutt Valley Campain und der Wanganui Campain im Südwesten der Nordinsel, die zwischen April und Juli 1847 stattfanden, handelte es sich aber um eindeutige Landkonflikte. Nach einer relativ friedvollen Zeit zwischen 1848 und 1860 führte ein äußerst zweifelhafter Landverkauf, der mithilfe des Militärs erzwungen wurde, zum First Taranaki War im Westen der Nordinsel. Ziel der Begehrlichkeiten seiteins der weißen Siedler war das äußerst fruchtbare Land um den Vulkan Mount Taranaki. Der Konflikt dauerte ein Jahr, von März 1860 bis März 1861, und endete ohne eindeutigen Sieger. 1863 brach erneut Krieg aus, eingeleitet mit der Invasion von Waikato, bei der 12.000 Quadratkilometer Maoriland konfisziert wurden. Dies wiederum führte zum Second Taranaki War.

Das East Cape und das Innere der Nordinsel waren die Schauplätze des Te Kooti's War, bei dem sich Weiße und Maori zwischen 1868 und 1872 bekämpften. Dieser Krieg gilt als der längste aller Landkonflikte in Neuseeland. In diesem Zeitraum, zwischen Juni 1868 und März 1869, kam es zu einer weiteren Auseinandersetzung in der Taranaki Region, bekannt als Titokowaru's War. 1872 fand der Krieg um Land auf der Nordinsel endlich ein Ende.

FOLGENDE DOPPELSEITE:
Wirtschaftsfaktoren der Nordinsel sind insbesondere Vieh- und Agrarwirtschaft sowie Tourismus: Zitronenbaum in Orakei-Korako, zwischen Rotorua und Taupo gelegen (links oben); perfekte Anordnung von Weinreben in Matakana, einem bekannten Weingebiet östlich von Auckland (links unten); Blick auf Cathedral Cave auf der Coromandel Halbinsel (rechts oben); Landschaft auf Coromandel

WIRTSCHAFT

Die Landwirtschaft und der Tourismus spielen auf der Nordinsel eine wichtige Rolle. In der Region Northland dominiert die Milch- und Fleischwirtschaft die lokale Wirtschaft. Angebaut werden unter anderem Kiwi, Süßkartoffeln und Orangen. Hinzu kommen die Fischerei und Forstwirtschaft. Die Region ist zudem eine der Hochburgen des internationalen Tourismus. In der Gisborne-Region bereiten große Gefrieranlagen Fisch und Milchprodukte für den Export vor.

Hawke's Bay mit seinem Mittelmeerklima ist als Neuseelands „Fruchtschüssel" bekannt. Kern-, Steinobst und Beeren werden in der Region angebaut, die von der Weinindustrie dominiert wird. Es hat sich eine erfolgreiche, Nahrungsmittel verarbeitende Industrie etabliert. Wie überall in Gebieten mit großflächigem Weinanbau hat auch hier der Tourismus einen guten Stand.

In der Taranaki-Region um die Stadt Plymouth dominiert die Milchwirtschaft auf satten Weiden. Die lokale Ökonomie bekam zudem Aufwind durch die Naturgasvorkommen in der South Taranaki Bight.

Blick auf One Tree Hill in Auckland. Der über 180 Meter hohe Hügel war einst eine befestigte Wohnstätte der Maoris.

Neuseeland – die Nordinsel

REGIONEN

NORTHLAND UND AUCKLAND

Der gesamte Nordzipfel der Nordinsel wird als Northland bezeichnet. Die Region stellt in erster Linie eine beliebte Urlaubsregion dar. Mit einem milden, subtropischen Klima gesegnet, ziehen die zahllosen Inseln, Buchten und Strände neben den Bewohnern von Auckland auch zahlreiche internationale Touristen an. Northland spielt in der Geschichte Neuseelands eine wichtige Rolle: Hier wurden vermutlich schon im 11. Jahrhundert die ersten Polynesier ansässig, 1769 landete der britische Seefahrer Captain James Cook in der Region, hier wurden die ersten Siedlungen der Europäer gegründet und schließlich wurde in Northland auch das „Abkommen von Waitangi" zwischen Mao-

Panoramablick auf Auckland vom „Hausvulkan" Mount Eden aus

ri und Europäern geschlossen. Es überrascht daher nicht, dass Northland mit 29% den höchsten Maorianteil hat. Auckland, Neuseelands größte und am schnellsten wachsende Stadt, liegt innerhalb dieser Region.

Das Northland ist bekannt wegen seiner wunderschönen Wälder wie zum Beispiel Waipoa, in dem sich der riesige, 1250 Jahre alte Kauri-Baum Tane Mahuta befindet. Die bekannteste Region des Northland ist ohne Zweifel die geschichtsträchtige und landschaftlich außerordentlich schöne Bay of Islands. Berühmt ist auch der schier endlose Sandstreifen des Ninety Mile Beach an der Westseite der äußersten Nordspitze. Die Region endet am leuchtturmgekrönten Cape Reinga. Die größte Stadt Northlands ist Whangarei (46.000 Einwohner).

Hafen und Strand von Whangarei

TARANAKI

Die Region Taranaki liegt an der Westküste der Nordinsel zwischen dem Wanganui River im Osten und der Tasman See im Westen. Die Region umfasst eine Fläche von 7258 Quadratkilometern und dem letzten Zensus zufolge leben ca. 105.000 Menschen dort. Das Gebiet wird von dem Vulkan Mount Taranaki bzw. Mount Egmont dominiert. Der steil aufragende Kegel des Feuerberges ist fast überall in der Region sichtbar. Der Mount Taranaki und die umliegenden Wälder sind im Egmont National Park geschützt. New Plymouth (knapp 50.000 Einwohner), der Hauptort der Region, befindet sich nördlich des Vulkans an der Küste.

Dank des regenreichen Klimas und der fruchtbaren Vulkanböden bildet die Milchwirtschaft ein wichtiges wirtschaftliches Standbein von Taranaki. Die einst mit dichtem Regenwald bewachsene Region zeigt sich außerhalb des Egmont National Parks ländlich, mit Bauernhöfen über grünen Weiden verstreut. Neben der Landwirtschaft sind die reichen Gas- und Ölvorkommen ein wesentlicher ökonomischer Faktor. Wenn man von New Plymouth auf das Meer hinausblickt, erkennt man die großen Bohrtürme des Maui-Gasfeldes – des größten Gas- und Ölspeichers Neuseelands. Ein weiteres Öl- und Gasvorkommen wird bei Kapuni im Süden der Provinz ausgebeutet. Wie in den anderen Regionen Neuseelands auch, bildet der Tourismus die dritte wirtschaftliche Kraft. Besucher werden vor allem von dem Taranaki-Vulkan und dem umliegenden Egmont National Park angezogen.

Der schneebedeckte Gipfel des Mount Taranki, der auch der umliegenden Region seinen Namen gibt

Die Taranaki-Region ist eine Maori-Hochburg. Der zehn Jahre dauernde Guerilla-Krieg mit den weißen Siedlern zwischen 1860 und 1870 und die Konfiszierung von über 500 Hektar Maoriland 1870 ist hier nach wie vor nicht vergessen.

Die zerklüftete Küste der Taranaki-Region ist berühmt für ihre guten Surfbedingungen. Fitzroy Beach, Back Beach und die Strände bei Oakura sind unter Surfern berühmt. Oakura liegt am Surf Highway (SH 45), der von New Plymouth entlang der Küste nach Hawera führt.

Der 2518 Meter hohe Mt. Taranaki ist eine beliebtes Ziel für Bergsteiger. Die leichte Zugänglichkeit und das extrem wechselhafte Wetter machen ihn aber zum gefährlichsten Berg Neuseelands mit den meisten Todesopfern. Vom Gipfel des Vulkans geht der Blick über den sogenannten Sharks Tooth zum Mt. Ruapehu.

CENTRAL NORTH ISLAND

Von allen Regionen Neuseelands ist die Central North Island vielleicht die abwechslungsreichste. Sie erstreckt sich von der Westküste bis zur Ostküste und bietet Besuchern neben vulkanischen Nationalparks und den Wundern geothermaler Zonen auch wundeschöne Strände. Hinzu kommen bedeutende Weinregionen wie die Hawkes Bay. Touristische Zugpferde wie die Coromandel Halbinsel, die Bay of Plenty, Rotorua oder der vulkanische Tongariro National Park locken zahllose

Durch wunderschöne Landschaften führt der Tongariro Crossing (Foto oben); Gebäude in Rotorua (Foto unten)

Besucher an und unterstützen eine ausgefeilte Tourismusmaschinerie. Es überrascht daher nicht, dass Tourismus in dieser Region eine wichtige Rolle spielt. Die Städte Rotorua und Taupo sind die Hauptorte dieser lebendigen Tourismusindustrie. Diese beiden Städte markieren die aktivste Thermalzone Neuseelands und hier wird in großen Thermalkraftwerken Energie gewonnen.

WAIRARAPA UND WELLINGTON

Diese Region umfasst das Südende der Nordinsel südlich der großen Provinzstadt Palmerston North. Direkt an der Spitze, an der geschützten Bucht des Port Nicholson, liegt die Hauptstadt Wellington. Kleiner als Auckland, bildet Wellington Neuseelands wichtigstes Kulturzentrum mit dem besuchenswerten Museum of New Zealand Te Papa Tongarewa. Die höchst erdbebengefährdete Stadt – sie liegt auf zwei Störungszonen – ist kompakt und liegt malerisch zwischen der Küste des Hafens und steilen, bewaldeten Hügeln. Den Namen „windy city" trägt sie nicht ohne Grund, denn oft ist die Hauptstadt starken Winden ausgesetzt.

Das gebirgige Rückgrat der Region bildet die Tararua Range, deren höchster Punkt 1571 Meter über dem Meeresspiegel liegt. In dem Gebirgszug befindet sich auch der Tararua Forest Park. Östlich der Berge findet man die bekannte Weinregion um Martinborough.

FOLGENDE DOPPELSEITE:
Die vielen Gesichter der Nordinsel: Lake Taupo (links oben); der Leuchtturm von Castle Point (links unten); Limestone Downs in der Nähe von Port Waikato beherbergt riesige Flächen für Schaf- und Rinderzucht (rechts oben); Tongariro Nationalpark (rechts unten)

Von den Hügeln, die Wellington umgeben, hat man einen fantastischen Blick auf die Stadt.

DIE SÜDINSEL

GEOGRAFIE

Die Südinsel, die größere der beiden Hauptinseln Neuseelands, hat eine Fläche von über 58.000 Quadratkilometern. Die mächtigste und prägendste geografische Einheit der Südinsel stellen die Bergketten dar, die die gesamte Insel von Nord nach Süd durchziehen und in den Südalpen kulminieren. Dort bildet der 3754 Meter hohe Mount Cook den höchsten Punkt des Landes. Im Bereich des Mount Cook befinden sich große Gletscher wie der Tasman Gletscher, der Fox Gletscher oder der Franz-Joseph-Gletscher. Insgesamt Zweidrittel der Südinsel sind gebirgig. Entlang des gebirgigen Rückgrads der Insel haben sich zahlreiche wichtige Nationalparks etabliert. Da die Berge fast direkt aus dem Meer aufragen, bleibt für die regenreiche und einsame Westküste kaum Raum. Sie bildet nur einen schmalen Streifen.

Auf der Ostseite der Hauptketten liegen die trockenen Vorberge und Hügellandschaften. Hier sind auch die zahllosen großen Seen vorhanden.

Während Flachland im Süden der Südinsel nur im Bereich der Stadt Invercargill zu finden ist, haben sich bei Oamaru und zwischen Timaru und Leithfield nördlich von Christchurch (hier liegen die riesigen Canterbury Plains) weite Ebenen gebildet. Diese sind aus gewaltigen Schuttfächern entstanden, die große Flüsse geschaffen haben.

FOLGENDE DOPPELSEITE:
Wild wachsende Lupinen vor dem Hintergrund des Lake Tekapo und den Ausläufern der Südalpen (Foto links oben); Landungssteg in der Fjordlandschaft des Marlborough Sounds (Foto links unten). Der Abel Tasman National Park befindet sich ganz im Norden der Südinsel (Foto rechts).

Der Mt. Aspiring National Park wird landschaftlich durch die gewaltige Gebirgskette der Südalpen geprägt.

Der landschaftliche Reiz der Südinsel liegt nicht zuletzt in den unterschiedlichen klimatischen Regionen: Ewiges Eis am Franz Josef Gletscher (links) findet sich neben sonnenverwöhnten Regionen wie Port Hills an der Ostküste (Mitte) oder den verschlungenen Regenwäldern der „Catlins" im Süden.

KLIMA

Das gebirgige Rückgrad der Southern Alps, die sich praktisch die gesamte Länge der Südinsel entlangziehen, formt eine Wetterscheide. Während die Westküste im direkten Einfluss der Westwinde liegt und zu den niederschlagsreichsten Regionen Neuseelands gehört, liegt die Ostseite der Southern Alps im Regenschatten und misst die niedrigsten Niederschläge des Landes. Aufgrund der abwechslungsreichen Topografie der Südinsel kommt es in den Bergen zu Wetterextremen mit starken Schneefällen im Winter.

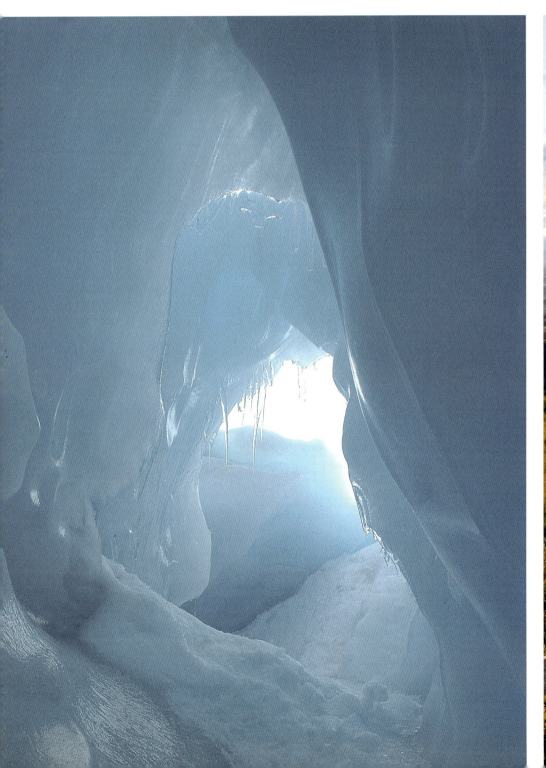

Stewart Island bietet, obwohl sie die südlichste Region Neuseelands darstellt, für ihre Lage ein erstaunlich mildes, aber regenreiches Klima. Das andere klimatische Extrem bildet der Norden der Südinsel, wo die Nelson-Marlborough-Region die meisten Sonnenstunden Neuseelands aufweist. Ein wetterbezogenes Phänomen für die Canterbury Plains und die Stadt Christchurch ist ein starker Föhnwind. Dieser „Nor'west Arch" – wie er hier genannt wird – ist ein trockener Wind aus nordwestlicher Richtung. Typisches Merkmal hierfür sind lang gezogene, weiße Wolke über den Südalpen. Die riesigen Ebenen der Canterbury Plains sind dürregefährdet.

Kathedrale von Dunedin: Der Aufbau der heutigen Universitätsstadt fand vor dem Hintergrund ertragreicher Goldfunde statt, die Dunedin großen Reichtum bescherten.

GESCHICHTE

Im Gegensatz zur Nordinsel, die zwischen 1845 und 1872 die sogenannten Landkriege mit den Maori erlebte, entwickelte sich die Südinsel, die einen wesentlich geringeren Anteil an Maori hatte, relativ friedlich. Mit einer Ausnahme: der sogenannte Wairau Affray 1843 führte zu Auseinandersetzungen zwischen Siedlern und Maori in der Region um Nelson. Die Entdeckung von Gold in der Provinz Zentral-Otage 1861 löste einen Goldrausch aus. Die heutige Universitätsstadt Dunedin an der Ostküste der Südinsel profitierte von der Entdeckung des wertvollen Metalls und entwickelte sich zur reichsten Stadt des Landes. Dieser Reichtum wurde unter anderem dazu benutzt, die Kriege auf der Nordinsel zu finanzieren. Dies wurde aber von einem Großteil der Bevölkerung abgelehnt und der Wunsch nach Eigenständigkeit wurde laut. 1865 kam es zu einer Abstimmung im Parlament, die darüber entscheiden sollte, ob die Südinsel unabhängig werden sollte. Der Vorschlag wurde abgelehnt. Da auf der Südinsel keine Land-

kriege stattfanden, konnte sich die Insel auch nach dem Ende des Goldrausches 1870 schnell entwickeln. Vor allem die Landwirtschaft blühte auf und schaffte Arbeitsplätze für die rasch zunehmende Bevölkerung. Es wurden Straßen und Eisenbahnstrecken gebaut, um die Güter zur Küste zu transportieren. Bis etwa 1900 lebte die Mehrheit der weißen Bevölkerung Neuseelands auf der Südinsel. Dann übernahm die Nordinsel die Führung.

WIRTSCHAFT

Wie auf der Nordinsel stellen auch auf der Südinsel die Landwirtschaft und der Tourismus die dominierenden ökonomischen Eckpfeiler dar. Während die lokale Wirtschaft der Marlborough-Region im Norden der Südinsel vom Weinanbau, der Landwirtschaft und dem Fischfang getragen wird, lebt die abgelegene Westküste in erster Linie vom Tourismus. Ökonomisch spielt sonst nur der Abbau von Kohle eine Rolle.

Die weitläufigen Ebenen der Canterbury Plains vor den abrupt aufragenden Südalpen sind eines der wichtigen landwirtschaftlich genutzten Gebiete Neuseelands. Besonders die Viehhaltung dominiert. Um Weipera hat sich eine erfolgreiche Weinregion etabliert. Die Otago-Region ist bekannt für den Kartoffel- und Obstanbau. Queenstown ist das wichtigste Touristenzentrum der Südinsel. Landwirtschaft und die Fischerei ganz im Süden bestimmen hingegen die wirtschaftliche Realität in der Southland-Region, während der Fjordland-Nationalpark mit den Ikonen des Milford und Douptful Sound wiederum vom Tourismus in der sonst so dünn besiedelten Südregion profitieren.

Ob mit Wohnmobil oder Zelt: Viele Touristen bereisen Neuseeland und gehören zu einem der wesentlichen Wirtschaftsfaktoren des Landes.

REGIONEN

NELSON & MARLBOROUGH

Diese Region umfasst die gesamte Nordspitze der Südinsel und ist geprägt von zerklüfteten Küsten, hinter der sich abrupt die Berge erheben. Die Marlborough Region gilt als das größte Weinanbaugebiet Neuseelands. Etwa 65 Weingüter, 290 Weinbauern und weit über 4000 Hektar Weinpflanzungen umfasst das berühmte Weinanbaugebiet. Bekannt durch seinen würzigen Sauvignon Blanc, werden hier auch Chardonnay, Pinot Noir, Riesling, Pinot Gris und Gewürztraminer angebaut. Auch

Weinanbaugebiet in der Marlborough Region (Foto oben). Die fjordähnliche Landschaft des Marlborough Sound. Der Queen Charlotte Track, der hier entlangführt, ist einer der bekanntesten Wanderwege der Südinsel (Foto unten).

die Natur kommt nicht zu kurz: Der fjordähnliche Marlborough Sound an der Nordküste ist ein verwirrendes Labyrinth aus Inseln und Meerespassagen. Diese zerklüftete Region entstand, als mit steigendem Meeresspiegel zahlreiche Täler überflutet wurden.

Hauptort der Nelson-Marlborough Region ist die Stadt Nelson, der man das sonnigste Klima Neuseelands nachsagt. Die an der weiten Tasman Bay gelegene Stadt hat über 60.000 Einwohner und fungiert als administratives Zentrum des Südens der Südinsel. Während die Küste um Nelson bekannt für die goldenen Strände ist, sind drei bekannte Nationalparks leicht von der Stadt aus zu er-

Der Abel Tasman National Park lässt sich am besten per Kajak erschließen.

reichen. Der Abel Tasman National Park, mit 225 Quadratkilometern Fläche Neuseelands kleinster Nationalpark, schützt eine wunderschöne Küste mit einem dicht bewaldeten Hinterland. Bekannt für seine reiche Meeresfauna zieht der Park Seekajaker, Naturfreunde und Trekker an, die in Gestalt des 51 Kilometer langen Abel Tasman Track eine abwechslungsreiche Wanderroute vorfinden.

Ebenfalls leicht von Nelson aus zu erreichen ist der Nelson Lakes National Park, der sich um die beiden Seen Rotoroa und Rotoiti spannt. Das Terrain innerhalb des Parks ist sualpin bis alpin. Schließlich liegt noch Neuseelands zweitgrößter Nationalpark, der Kahurangi National Park, im Bereich von Nelson. Bekannt für seinen Pflanzenreichtum lockt er Besucher vor allem zum 77 Kilometer langen Heaphy Track.

Abenteuerliche Brücke auf dem Heaphy Track, der durch den Kahurangi National Park führt (Foto links); Küstenabschnitt des Abel Tasman National Park (Foto rechts)

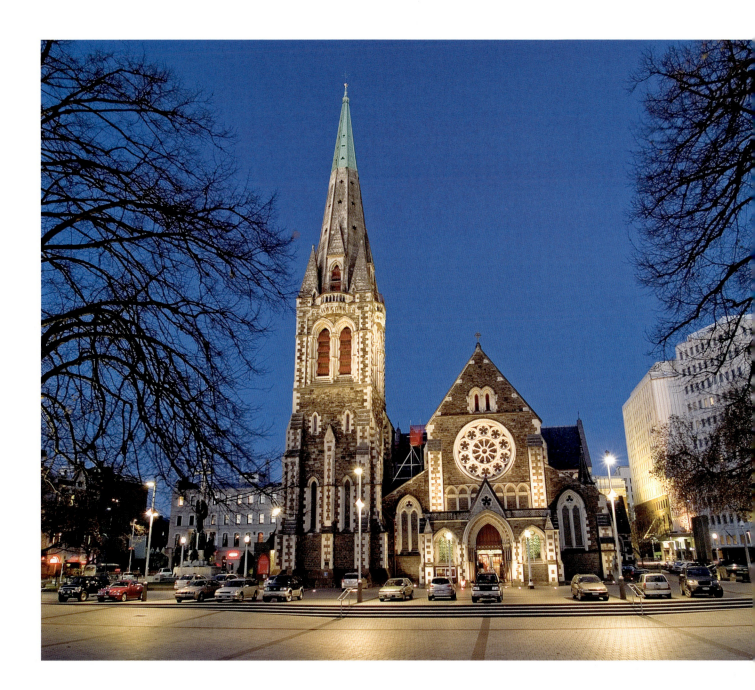

Kirchplatz in Christchurch

WESTCOAST & CANTERBURY

Diese gewaltige Region besteht aus dem schmalen Küstenstreifen der Westküste zwischen Westport und Haast, dem steilen und zerklüfteten Gebirge der Südalpen und Hügellandschaft, der Vorberge und den weiten Ebenen der Canterbury Plains um die Stadt Christchurch.

Christchurch ist mit etwa 368.000 Einwohnern die größte Stadt der Südinsel. Sie ist das wichtigste internationale Einfallstor der Südinsel und liegt zwischen der weiten Ebene der Canterbury Plains und der Banks Peninsula, einem alten, erloschenen Vulkan.

RECHTE SEITE:
Schneebedeckte Gebirgskette der Südalpen nahe Mount Cook. Die bunten Flüsse auf dem Bergkamm werden durch zwei Seen gespeist.

Die Canterbury Plains, die sich westlich von Christchurch ausdehnen, sind die Schuttfächer mehrerer Flüsse, die aus den Südalpen zur Ostküste fließen. Zu nennen wäre vor allem der Waimakariri und der Rakaia River. Die Ebenen werden vor allem für die Viehhaltung benutzt.

Nördlich von Christchurch liegt bereits in den Vorbergen das Weinanbaugebiet um den Ort Waipara und weiter in den Vorbergen lockt das wegen der heißen Quellen berühmte Hamner Springs Besucher an.

Der beeindruckende Gebirgsriegel der Südalpen bildet das Rückgrad der Region. Hier ragen hohe vergletscherte Berge in den Himmel. Unter ihnen befindet sich der Mount Cook – mit 3754 Metern der höchste Berg Neuseelands. Er liegt innerhalb des dramatischen Mount Cook National Parks. Das Schutzgebiet hat 22 Gipfel, die über die 3000-Meter-Grenze hinaufragen und bildet das hochalpine Herz der Südalpen.

Während der Mount Cook nur erfahrenen Alpinisten vorbehalten bleibt, können auch gut beschuhte Spaziergänger auf dem fast 30 Kilometer langen Tasman Gletscher alpine Höhenluft schnuppern und die überwältigende Bergszenerie erleben.

Spektakulärer Blick auf die Canterbury Plains

SOUTHLAND & OTAGO

RECHTE SEITE:
Die raue Küste von Dunedin mit dem Dunedin Lighthouse

Urbanes Zentrum der Southland-Region ist Dunedin (115.000 Einwohner). Die Stadt entwickelte sich von einer kleinen, abgelegenen schottischen Siedlung zu einer schmucken, lebensfrohen Universitätsstadt. Vor allem Architekturfreunde kommen in der Stadt auf ihre Kosten, die bestens erhaltene Beispiele victorianischer und edwardianischer Gebäude aufweisen kann.

Die Stadt hat sich auch den Stempel „Öko-Hauptstadt" aufgedrückt. Das liegt vor allem an der vulkanischen Otago-Halbinsel, die in nordöstlicher Richtung in die Tasman See hinausragt und so den schmalen Fjord des Otago Harbours bildet, an dessen Ende Dunedin liegt.

Der Tierreichtum der Halbinsel ist legendär: Hier findet sich die einzige Festland-Brutkolonie der Königsalbatrosse. An den felsigen Küsten haben Pelzrobben ihre Kolonien. Gelegentlich besuchen Leoparden- und Elefantenrobben die Küsten. Und jeden Spätnachmittag kehren an abgelegenen Stränden die seltenen Gelbaugenpinguine von ihren Fischzügen zurück, um die Nacht in ihren Bauen zu verbringen.

Blick über den Otago Harbour auf die Otago Peninsula nahe Dunedin. Die tierreiche Halbinsel hat der Stadt Dunedin den Ruf eines Ökotourismusparadieses eingebracht.

Südlich von Dunedin beginnen die Catlins, ein noch nahezu unbekannter, aber außergewöhnlich abwechslungsreicher Küstenabschnitt. Vom internationalen Tourismus noch mehr oder weniger unentdeckt, kann man hier über von Robben bevölkerte Strände wandern, einen versteinerten Wald erleben, zu Zeiten von Ebbe gewaltige Meereshöhlen erkunden und die wilde Landschaft einer dramatischen Küste genießen. Abseits der Küste liegt der Catlins Forest Park, der Urwälder aus Südbuchen schützt.

Die Catlin-Küste endet östlich der Stadt Invercargill. Mit über 48.000 Einwohnern ist sie die südlichste Stadt Neuseelands und ein wichtiges Versorgungszentrum der landwirtschaftlichen Region an der Südspitze der Südinsel. Unweit von Invercargill liegt der Fischereihafen von Bluff. Bekannt sind vor allem die berühmten Bluff-Austern, die in der Foveaux Strait gefischt werden. Diese oft stürmische Meeresstraße trennt die Südinsel von Stewart Island.

Nugget Point mit Leuchtturm – ein dramatischer Abschnitt an der Catlin-Küste

STEWART ISLAND

Steward Island liegt südlich der Südinsel und ist mit einer Fläche von 1746 Quadratkilometern die drittgrößte Insel Neuseelands. Trotz dieser Fläche wird die Insel von lediglich 400 Menschen bewohnt. Halfmoon Bay (Oban) ist die einzige Siedlung der Insel. Hier legen die Fähren, die die 24 Kilometer breite Fovaux Strait von Bluff überqueren, an; hier liegt auch der einzige Flugplatz der Insel. Halfmoon Bay hat sich auf Touristen eingerichtet, die die Insel besuchen wollen, und bietet alle wichtigen Einrichtungen. Der größte Teil der Insel ist als Rakiura National Park geschützt. Er stellt das jüngste Schutzgebiet Neuseelands dar – die Eröffnung fand im März 2002 statt – und umfasst etwa 85% der Inselfläche. Das große Wildnisgebiet ist für seinen Vogelreichtum bekannt und gilt als beste Region Neuseelands, den scheuen und nachtaktiven Kiwi in freier Wildbahn zu beobachten. Innerhalb des Schutzgebietes liegt der Mt. Anglem, mit 980 Metern der höchste Punkt der Insel. Für fitte Trekker stellt der 125 Kilometer lange North-West Circuit eine Herausforderung dar – vor allem wenn man bedenkt, dass es auf Stewart Island durchschnittlich 275 Tage im Jahr regnet. Zwischen acht bis zwölf Tage muss man für diese anstrengende, landschaftlich wilde Route veranschlagen.

SOUTHERN LAKES REGION

Die Southern Lakes Region umfasst die gesamte Südwestecke der Südinsel und ist vor allem durch den riesigen Fjordland National Park und die zahlreichen großen Seen auf der Ostseite des gebirgigen Schutzgebietes charakterisiert. Das als Erbe der Menschheit registrierte Schutzgebiet umfasst eine spektakuläre Wildnis aus tiefen Fjorden, zahllosen Wasserfällen und steilen Bergen, die direkt aus dem Wasser aufragen. International berühmt ist der Milford Sound, eines der touristischen Ikonen Neuseelands. Bekannt ist auch der Doubtful Sound. Der Fjordland National Park ist ein Reservat der Superlative: Mit über 1,2 Millionen Hektar ist er der größte Nationalpark Neuseelands.

Besucher erkunden das einzigartige Naturreservat zu Fuß, unter anderem auf dem berühmten Milford Track und dem weniger bekannten Hollyford Track, per Boot und Seekajak oder auf Rundflügen. Touristisches Zentrum und Abenteuerkapitale der Region ist Queenstown am Ufer des Lake Wakatipu. Mit nicht ganz 10.000 Einwohnern ist Queenstown ein reiner Touristenort. Bungee Jumping, Jetboot-Fahrten, Wandern und Bergsteigen, Mountainbiking, im Winter Skifahren – in Queenstown kommen die Aktiven auf ihre Kosten. Die vier Skigebiete nennen sich Cardrona Alpine Resort, Coronet Peak, The Remarkables und Treble Cone.

Queenstown liegt an einem der zahlreichen großen Seen, die sich entlang der Westseite des Fjordland National Parks entlangziehen. Neben dem Lake Wakatipa ist vor allem der gewaltige Lake Te Anau und der Lake Hawea zu nennen.

FOLGENDE DOPPELSEITE:

Mitre Peak, Milford Sound (links oben); Blick auf Queenstown und Teile des Lake Wakatipa (links unten); Wanderweg im Bereich Nugget Point in den Catlins (rechts oben), Cathedral Caves in den Catlins (rechts unten)

OZEANIEN

EINE EINFÜHRUNG

Ozeanien ist ein geografischer, kultureller und wirtschaftlicher Oberbegriff für eine Region im Pazifik. Die Bezeichnung weist – je nach Deutungsschwerpunkt – viele Varianten hinsichtlich der Frage auf, welche Inselstaaten und -gruppen Ozeanien zugerechnet werden. Der Begriff selbst wurde von dem französischen Seefahrer und Forscher Jules Sébastien César Dumont d'Urville geprägt, der auf mehreren ausgedehnten Expeditionen den Süd- und Westpazifik, Australien, Neuseeland und die Antarktis erkundete.

Traditionell wird Ozeanien in die Inselwelten Mikronesien, Polynesien und Melanesien unterteilt. Andere Definitionen schließen Australien, Neuseeland und Neuguinea mit ein. Für manche geht diese Definition nicht weit genug. Kulturell gesehen könnten die Osterinsel oder Hawaii mit ihrer historischen Verbindung zu Polynesien mit einbezogen werden, obwohl geografisch oder geopolitisch dazu keine Grundlage besteht. Auch die Inseln Indonesiens, Brunei oder Osttimor werden gelegentlich im Zusammenhang von Ozeanien angesprochen.

Dieses Buch will sich unter dem Begriff Ozeanien auf die Kerngebiete beschränken: die faszinierenden, weit verstreuten Inselwelten Mikronesiens, Polynesiens und Melanesiens.

LINKE SEITE:

Ozeanien: Es erscheint wie eine perfekt gestaltete Kulisse für einen Märchenfilm und wird doch für immer mehr Menschen zu einem ganz realen Urlaubserlebnis – mit türkis-blauem Meer, weißen Sandstränden, tropischen Wäldern und einer faszinierenden Unterwasserwelt. Nicht umsonst entstehen Dutzende Luxusresorts für zahlungsfähige Touristen.

Fidschi gehört wie Vanuatu und Neukaledonien zu der Inselwelt Melanesiens.

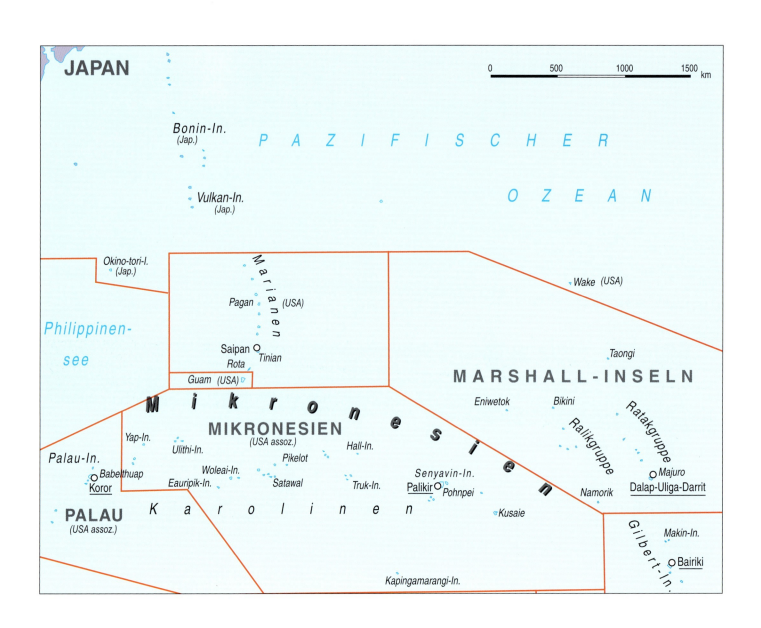

MIKRONESIEN

GEOGRAFIE

Mikronesien (am besten mit „Kleininselwelt" zu übersetzen) besteht aus Hunderten von kleinen Inseln, die sich über eine riesige Region im nordwestlichen und mittleren Pazifik verstreuen. Die Inseln – es handelt sich dabei fast ausschließlich um flache Koralleninseln und Atolle – gehören politisch zu insgesamt acht unabhängigen Staaten und Territorien: der Staatenverbund von Mikronesien (mit den vier Staaten Kosrae, Yap, Pohnpei und Chuuk), die Marshall-Inseln, Palau, die nördlichen Marianen, Nauru, Kiribati, Guam und das Territorium der Wake Island. Zusammengenommen weisen alle mikronesischen Nationen gerade einmal eine Landfläche von etwa 3200 Quadratkilometern auf. Über 2000 Inseln und Atolle verstreuen sich wie Konfetti in einem Swimmingpool über acht Millionen Quadratkilometer Meer.

Zwischen den einzelnen Inseln und Staaten liegen oft große Distanzen. Begründet in der Geschichte und den Entfernungen zeigt sich Mikronesien keinesfalls als homogene Region. Innerhalb Mikronesiens gibt es gewaltige, kulturelle Unterschiede, die sich unter anderem im Gebrauch verschiedener Sprachen manifestieren. Auch landschaftlich, geologisch und geografisch unterscheiden sich die Inselgruppen und -nationen.

Tumon Bay auf Guam mit dem so genannten „Two Lover's Point" im Hintergrund

Schwergewichtige Zeugnisse vergangener Kulturen: Auf der Insel Yap waren neben Muscheln auch Steine das anerkannte Zahlungsmittel, die Währung hieß „fei". Die Steinscheiben aus Aragonit haben einen Durchmesser von bis zu 5 Metern.

KLIMA

Das Klima Mikronesiens ist tropisch, mit geringen Temperaturunterschieden über das Jahr. Es herrscht nahezu ständig eine hohe Luftfeuchtigkeit. Die Durchschnittstemperatur liegt bei 27 Grad Celsius, die Durchschnittsluftfeuchtigkeit beträgt 78 %. Die Monate Dezember bis März sind normalerweise etwas angenehmer mit weniger Niederschlägen und einer etwas geringeren Luftfeuchtigkeit. Zwischen August und Dezember ist Wirbelsturmsaison. Taifune richten regelmäßig großen Schaden auf den Inseln an, wobei Guam sowie die Nördlichen Marianen besonders gefährdet sind.

GESCHICHTE

Die Anfänge der Besiedlungsgeschichte Mikronesiens sind nach wie vor Spekulation. Die ältesten archäologischen Funde reichen bis 1500 v. Chr. zurück. Vermutlich aber kamen Menschen aus Asien – vor allem Indonesien und den Philippinen – schon früher auf die Inseln von Yap, Palau und den Marianen. Als die ersten Europäer begannen, die Inseln Mikronesiens zu besuchen, fanden sie auf den Archipelen weit entwickelte Kulturen vor. Es ist nach wie vor wenig über diese längst vergangenen Inselkulturen bekannt, aber grandiose Steinmonumente wie zum Beispiel auf Kosrae, Palau oder Yap zeugen von etablierten Insel-Gesellschaften.

Die ersten Europäer, die auf einigen der mikronesischen Inseln landeten, waren Mitglieder einer spanischen Expedition unter Leitung des Portugiesen Ferdinand Magellan im Jahr 1521. Dabei kam es zur ersten von vielen Konfrontationen zwischen Mikronesiern und Europäern. Schnell folgten weitere Landsleute den Spuren von Magellan, und schon bald begannen die Spanier, Guam, die nördlichen Marianen und die Karolinen zu kolonisieren. Mit den Siedlern kamen die Missionare und

So genannte „Latte-Steine" in Hagatna, der Hauptstadt von Guam. Diese von Hand gearbeitete Steine wiegen mehrere Tonnen und sind bis zu 6 Meter hoch. Sie dienten den Chamorro, den Ureinwohnern von Guam und den Marianen-Inseln, als Stützpfeiler für ihre Häuser.

die Walfänger. Mit ihnen wurden Krankheiten wie Syphilis, Pocken, Masern und Grippe eingeschleppt, denen viele Bewohner Mikronesiens zum Opfer fielen. Die christlichen Missionare schließlich brachten westliche Moralvorstellungen und Kultur auf die Inseln, was letztendlich zur Folge hatte, dass die Kultur der Mikronesen zum großen Teil verloren ging.

Im 19. Jahrhundert betrat eine weitere europäische Macht die Bühne Mikronesien: Deutschland. Deutschlands Interesse lag anfangs weniger in der Kolonisierung der Region, die zum großen Teil von Spanien beansprucht wurde, sondern im Handel. Vor allem Kopra, aber auch der Abbau von Phosphat standen im Vordergrund. Dann kam Amerika hinzu und erklärte 1898 Spanien den Krieg. Das Resultat war, dass Guam und Wake Island in amerikanischen Besitz übergingen. Spanien ver-

An diesem Punkt landete Ferdinand Magellan im 16. Jahrhundert auf Guam. Es war der Beginn einer spannungsreichen Kolonisationsgeschichte.

kaufte zudem die Karolinen und einen Teil der Marianen an Deutschland. Bis zum Beginn des Ersten Weltkrieges spielten große deutsche Handelsgesellschaften eine wichtige Rolle in Mikronesien. Mit dem Ausbruch der Feindseligkeiten allerdings zog sich Deutschland aus Mikronesien zurück und Japan übernahm die Kontrolle. 1920 stellte der Völkerbund Mikronesien formell unter die Kontrolle Japans. Japan begann die Infrastruktur der Inseln auszubauen und sorgte für einen beträchtlichen wirtschaftlichen Aufschwung. Zu Beginn des Zweiten Weltkriegs baute Japan seine Vormachtstellung in Mikronesien aus, und mit der Übernahme von Guam am 8. Dezember 1941 – einen Tag nach dem Angriff auf Pearl Harbour – hatte Japan die Kontrolle über ganz Mikronesien.

Mit dem Angriff auf das Kwajalein-Atoll durch die Amerikaner im Februar 1944 begann ein Rückeroberungsfeldzug, der die ganze Brutalität des Krieges nach Mikronesien brachte. 1945, nach zahllosen blutigen Schlachten, übernahm Amerika die Kontrolle über Mikronesien. Eine Besatzungsmacht wurde durch eine andere ersetzt. Kurz nach Kriegsende begannen die Amerikaner mit ihren Atombombentests, eine Periode, die bis 1958 dauerte. Im Jahre 1947 etablierten die Vereinten Nationen die Treuhand-Territorien der pazifischen Inseln und übergaben Amerika das Recht, die sechs neu geschaffenen Distrikte zu verwalten. Amerika begann, strategisch wichtige Militärbasen zu errichten, und das amerikanische Verwaltungshauptquartier wurde nach Guam verlegt.

In den sechziger Jahren verstärkten sich die Kritik und der Druck auf Amerika als Kolonialmacht. Damit wurde ein Prozess in Gang gesetzt, der den mikronesischen Nationen das Recht auf Selbstverwaltung zugestand. Der stetige Rückgang des amerikanischen Machtbereichs ging mit der Ausbildung eigenständiger Staaten in Mikronesien einher.

Historische Kanonengeschütze in Fort Santa Agueda auf Guam

GESELLSCHAFT

Die etwa 375.000 Menschen, die die Inseln Mikronesiens bevölkern, können grob in drei Gruppen unterteilt werden: Jene, die melanesischer Abstammung sind und vor allem auf den Inseln im Ost- und Zentralteil der weit verstreuten Inselwelt leben; jene, deren ursprüngliche Heimat in Südostasien liegt und die auf den westlichen Inseln ihr Zuhause haben, und schließlich die sogenannten Chamorro von den Marianen. Sie sind Mischlinge, ein Resultat der frühen Kolonisation durch die Spanier.

Auf den Inseln mit großen amerikanischen Militärstützpunkten bilden Amerikaner einen Teil der Bevölkerung. Dank der hohen Geburtenrate sind die Mikronesier ein sehr junges Volk mit einem höheren Frauenanteil in der Gesamtbevölkerung. Während vor allem auf Inseln unter amerikanischem Einfluss die Gesellschaft sehr verwestlicht ist, findet man auf vielen Inseln noch die alten, traditionellen mikronesischen Gesellschaftsstrukturen.

POLITIK

Politisch kann man die Nationen Mikronesiens im Hinblick auf ihre Beziehungen zu den USA unterteilen: Die föderierten Staaten Kosrae, Yap, Pohnpei und Chunk sowie die Republiken Palau und die Marshall-Inseln unterhalten freie Assoziierungsverträge mit den USA, die ihnen volle Souvera-

LINKE SEITE:
Junger Mann mit traditioneller Kleidung auf der Insel Yap

FOLGENDE DOPPELSEITE:
Guam (linke Seite), Palau (rechts oben und unten). Weiße Sandstrände, kristallklares Wasser und tropische Vegetation sind ein nicht zu unterschätzender wirtschaftlicher Faktor, denn sie sichern einen einträglichen Tourismus.

Philippinische Erntehelfer auf Palau

nität und Wirtschaftshilfe zugestehen. Guam und Wake Island hingegen sind sogenannte nichtinkorporierte Territorien Amerikas. Sie gehören damit zum Staatsgebiet der USA; Staatsoberhaupt ist der amerikanische Präsident. Dies trifft auch auf die Nördlichen Marianen zu. Die Republiken Nauru und Karibati gelten als unabhängige, souveräne Staaten, was jedoch im Fall von Nauru angesichts einer desolaten wirtschaftlichen Lage und der wachsenden Einflussnahme seitens Australiens in Frage gestellt werden kann.

WIRTSCHAFT

Die Wirtschaft Mikronesiens wird im Großen und Ganzen von Amerika subventioniert, hauptsächlich durch Zahlungen für die großen Militärbasen, die die USA in Mikronesien unterhalten. Die Nationen Mikronesiens produzieren zwar für den Eigenbedarf, kaum aber etwas für den Export. Dafür muss ein Großteil der Gebrauchsgüter eingeführt werden. Zwar trägt der Tourismus in einigen Regionen Mikronesiens zum schmalen Bruttosozialprodukt bei, die Nationen sind allerdings weit entfernt von einer unabhängigen, funktionierenden Ökonomie, bei der Mikronesien selbst die monetären Vorteile ernten könnte. So sind die Fischrechte meist an andere Länder vergeben und auch die Resorts und Hotels auf manchen Ferieninseln gehören nicht den Mikronesiern selbst. Die wirtschaftliche Gegenwart Mikronesiens ist weit entfernt von der vergleichsweise blühenden Wirtschaft während der japanischen Besetzung.

Hotelanlage auf Guam. Viele der touristischen Einrichtungen Mikronesiens befinden sich nicht im Besitz der Einheimischen, sondern gehören Investoren aus den USA, Europa oder Asien.

REGIONEN

DIE FÖDERIERTEN STAATEN VON MIKRONESIEN

Die aus den vier Inselnationen Yap, Chuuk, Pohnpei und Kosrae bestehende Föderation liegt östlich der Philippinen und umfasst 607 Inseln, die sich über eine Länge von 2900 Kilometer hinziehen. Die Hauptstadt der Föderation ist Palikir auf Pohnpei. Es gibt sieben offzielle Sprachen, die durch zahlreiche weitere inoffizielle Sprachen ergänzt werden.

Das Klima auf den Inseln der föderierten Staaten ist tropisch, mit ausgiebigen Regenfällen. Pohnpei hat den zweifelhaften Ruf, einer der niederschlagreichsten Plätze der Welt zu sein. Die Inseln liegen im Bereich tropischer Wirbelstürme.

Yap ist der westlichste Staat der Föderation und besteht aus vier eng beieinander liegenden Inseln. Im Vergleich zu den meisten Inseln Mikronesiens ist die Topografie der Inseln von Yap hügelig. Ein Saumriff umschließt diese. Die Hauptstadt von Yap ist ein Dorf namens Colonia. Insgesamt leben über 6300 Menschen auf dem entlegenen Inselreich, dessen Landfläche knapp über 100 Quadratkilometer beträgt. Das Leben auf den vier Inseln ist nach wie vor sehr traditionell. Das berühmte Steingeld von Yap, Steinscheiben verschiedenster Größe mit einem Loch in der Mitte, ist als Währung längst Vergangenheit. Heute regiert der US-Dollar auf dem kleinen Inselreich.

Bilderbuch-Sonnenuntergang auf Guam

FOLGENDE DOPPELSEITE:
Faszinierende Unterwasserwelt rund um die Inselwelt von Palau. Bei Tauchern besonders begehrt ist „Blue Corner" – ein Tauchgebiet, das mit einem unendlichen Artenreichtum aufwartet. Taucher zwischen Gelben Pyramiden-Falterfischen (links oben); Spinnerhai (Carcharhinus brevepinna) im Gebiet des Blue Corner von Palau (links unten); Gelbe Gorgonia (rechte Seite)

Chuuk besteht aus der Chuuk-Lagune mit den Inseln Tol, Weno und Dublon, den Western Island und den Mortlocks. Insgesamt setzt sich der Staat aus 15 Hauptinseln, 80 Inselchen, die die Chuuk-Lagune bilden, sowie 192 abgelegenen Inseln zusammen. Es leben etwa 55.000 Menschen auf Chuuk, davon allein ein Drittel auf der Insel Weno.

Kosrae, der vierte Staat der Föderation, besteht aus nur einer großen, vulkanischen Insel und gilt als einer der am wenigsten entwickelten Staaten Mikronesiens. Hier leben knapp 8000 Menschen. Der höchste Punkt der 110 Quadratkilometer großen Insel ist der Mt. Finkol, 634 Meter über dem Meer. Die grüne, vegetationsreiche Insel ist reich an landschaftlicher Schönheit.

DIE MARSHALL-INSELN

Die Marshall-Inseln liegen östlich der Föderierten Staaten von Mikronesien im Westpazifik und bestehen aus 29 Atollen und fünf Inseln. Nahezu zwei Drittel der Gesamtbevölkerung lebt auf dem Majuro-Atoll und der Insel Ebeye des Kwajalein Atolls. Majuro ist das administrative Zentrum des Archipels. Benannt wurden die Inseln nach dem britischen Seefahrer John Marshall, der sie als erster Europäer 1788 besuchte. Fast hundert Jahre später, 1885, übernahm Deutschland die Marshall-Inseln mit der Niederlassung einer Handelsgesellschaft, die damit Teil von Deutsch-Neuguinea wurden. Mit der Eroberung der Inseln durch die Japaner im Ersten Weltkrieg und der Besetzung durch die Amerikaner im Zweiten Weltkrieg ging das Wechselspiel ausländischen Einflusses weiter. Mit den Amerikanern kam auch die Atombombe auf die abgelegenen Atolle. Zwischen 1946 und 1958 testeten die USA weit über 60 Bomben am Bikini- und Eniwetok-Atoll – mit schweren sozialen und gesundheitlichen Auswirkungen für die Bevölkerung, Folgen, die bis heute andauern. Erst 1979 wurde das Land als Republik der Marshall-Inseln unabhängig.

Die Wirtschaft der Inseln stützt sich vor allem auf landwirtschaftliche Produkte wie Kokosnüsse, Kopra, Gemüse und Früchte sowie Fisch. Tourismus spielt nach wie vor eine geringe Rolle. Eine wichtige Einkommensquelle ist die amerikanische Militärbasis und das Raketentestgelände auf dem Kwajalein Atoll.

Als Atolle und flache Koralleninseln liegt ein Großteil der Landfläche nur knapp über dem Meeresspiegel – ein Umstand, der angesichts der weltweiten Klimaerwärmung und des steigenden Meeresspiegels eine wachsende Bedrohung darstellt. Das Klima ist tropisch heiß-schwül mit geringen Temperaturschwankungen während des Jahres. Der meiste Niederschlag fällt in den Monaten Mai bis November.

PALAU

Die Republik von Palau besteht aus acht Hauptinseln und über 250 kleineren Inseln. Das Archipel liegt etwa 800 Kilometer südöstlich der Philippinen im Nordpazifik.

Die wichtigsten Inseln sind Angaur, Babeldoab, Koror und Peleliu. Zusammengenommen formen die Inseln eine Landfläche von 458 Quadratkilometern. Ihre Topografie reicht von hügelig – der Mount Ngerchelchauus auf Babeldoab z. B. erreicht eine Höhe von 242 Metern – bis hin zu flachen Koralleninseln. Die Inseln wurden wahrscheinlich bereits vor über 4000 Jahren von Menschen aus Asien besiedelt. Wie bei den Marshall-Inseln lag das Geschick der Inseln in den Händen von Na-

Vogelperspektive auf Inselgruppen von Palau. Gut zu erkennen ist eine Schneise durchs das Wasser, die vermutlich von Menschenhand im Korallenriff angelegt wurde.

FOLGENDE DOPPELSEITE:
Wasserfall auf Guam (rechte Seite); Strand von Apaco Point auf Guam (linke Seite)

tionen wie Spanien, Deutschland, Japan (Erster Weltkrieg) und Amerika (Zweiter Weltkrieg). Seit 1994 ist die Republik von Palau unabhängig. Palaus Wirtschaft wird vom Tourismus angetrieben. Landwirtschaft und die Fischerei tragen zum Bruttosozialprodukt der Inseln bei. Das Klima auf Palau ist tropisch mit einer jährlichen Durchschnittstemperatur von 27 Grad. Die Luftfeuchtigkeit ist beständig hoch. Niederschläge verteilen sich über das ganze Jahr mit etwas häufigeren Regenfällen zwischen Juli und Oktober.

DIE NÖRDLICHEN MARIANEN

Die Nördlichen Marianen erstrecken sich in einem weiten Bogen nördlich von Guam vom Pazifischen Ozean bis in die Philippinen See. Die Bevölkerung umfasst über 80.000 Menschen, von denen etwa 90 % auf den drei Hauptinseln Saipan, Tinian und Rota leben. Diese drei Inseln befinden sich ganz im Süden der Inselkette und bilden die Nachbarn von Guam. Die restlichen elf Inseln sind äußerst dünn besiedelt. Die Inselnation, die sich offiziell Commonwealth der Nördlichen Marianen nennt, unterhält sehr enge Verbindungen mit den USA und hat etwa denselben Status wie Puerto Rico. Die Bewohner der Nördlichen Marianen besitzen einen amerikanischen Pass, Staatsoberhaupt ist der amerikanische Präsident.

Hibiscus-Garten auf Guam

Die Inseln lassen sich geografisch grob in zwei Typen unterteilen: gebirgige, vulkanische Inseln wie Pagan, Anatahan und Agrihan, die nach wie vor aktiv sind, und flache Inseln, die aus Kalkstein aufgebaut sind. Der höchste Punkt der Nördlichen Marianen ist mit 965 Metern der Vulkan auf Agrihan. Das Klima der Marianen ist tropisch, mit wenigen Schwankungen über das Jahr hin gesehen.

GUAM

Das lang gezogene Guam ist die südlichste Insel der Marianen und bildet einen eigenständigen Staat. Die Insel ist 48 Kilometer lang und etwas unter 15 Kilometer breit. Topografisch nicht sehr hoch, besteht der Südteil der Insel aus Vulkanhügel und der Nordteil aus einem hochgedrückten Kalksteinplateau. Die Insel, die größtenteils von Saumriffen umgeben ist, weist mit konstant warmen Temperaturen und hoher Luftfeuchtigkeit ein typisch tropisches Klima auf. Tropische Wirbelstürme und Erdbeben stellen wie bei so vielen anderen pazifischen Inseln natürliche Gefahren dar. Guam zählt etwa 145.000 Bewohner. Die Hauptstadt ist Hagåtña (frühere Bezeichnung Agana).

Im Vergleich zu den anderen Inseln Mikronesiens ist Guam wirtschaftlich und infrastrukturell weit entwickelt und stark amerikanisiert: Als nicht eingegliedertes Territorium der USA besitzen alle Bewohner Guams die amerikanische Staatsbürgerschaft. Die USA unterhalten darüber hinaus einen großen Luftwaffenstützpunkt im Norden der Insel, ein Umstand, der im Hinblick auf die ökonomische Situation des Landes von großer Bedeutung ist. Zweites wirtschaftliches Standbein ist der Tourismus: Besucher kommen hauptsächlich aus Japan, Taiwan und Korea.

Küstenabschnitt von Inarajan, im Süden von Guam gelegen

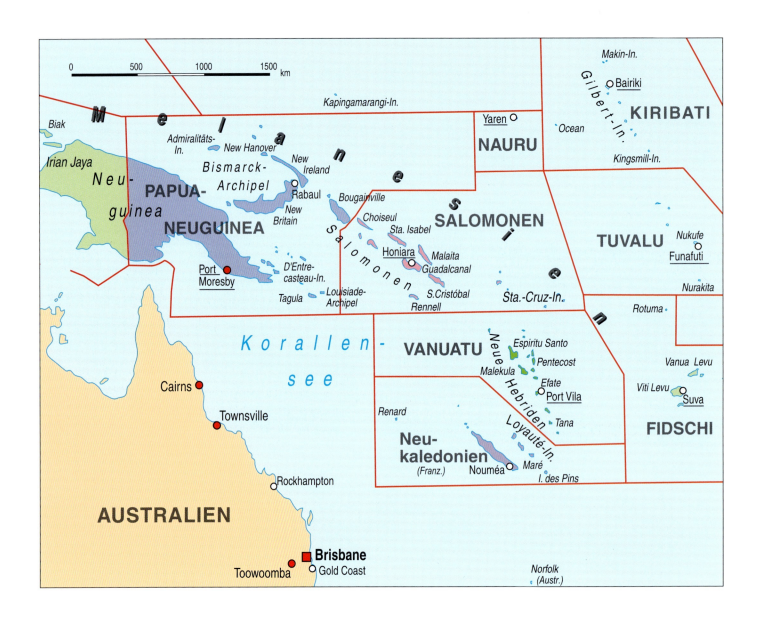

MELANESIEN

EINE EINFÜHRUNG

Melanesien umfasst traditionell Papua Neuguinea, die Salomonen, Vanuatu, Fidschi und Neukaledonien. Dieser Zugehörigkeit liegen eine gemeinsame oder ähnliche Kolonialgeschichte, Kultur und Geografie zu Grunde. Allerdings ist die Kultur Melanesiens überaus vielseitig. Sprachen und Gebräuche bilden keine Einheit und der aus der Kolonialzeit stammende Oberbegriff Melanesien verliert mit steigendem Selbstbewusstsein der Region langsam an Bedeutung. Dieses Buch beschränkt sich auf die drei wichtigsten melanesischen Nationen Fidschi, Vanuatu und das zu Frankreich gehörende Neukaledonien.

FOLGENDE DOPPELSEITE:

Traumziel Fidschi: Die idyllische Octopus Bay auf Waya Island in der Yasawa-Gruppe nordwestlich der Hauptinsel Viti Levu. In der Bucht liegt das Octopus Resort.

Über Wasser gebaute Ferienbungalows auf Neukaledonien

FIDSCHI

GEOGRAFIE

Die über 300 Inseln des Fidschi-Archipels liegen im Südpazifik über eine Fläche von mehr als 1,3 Millionen Quadratkilometern verstreut. Benachbart ist das Inselreich im Westen von Vanuatu, im Süden von Neukaledonien und im Osten von Tonga. Neuseeland liegt 2120 Kilometer südlich, Australien 3160 Kilometer südwestlich von Fidschi.

Landwirtschaftliche Nutzfläche auf Viti Levu, der größten Insel des Fidschi-Archipels

Fidschis Inseln reichen von winzigen Eilanden bis hin zu Viti Levu, die mit über 10.000 Quadratkilometern die größte Insel ist. Neben Viti Levu bilden Vanua Levu (5538 Quadratkilometer) und Taveuni (435 Quadratkilometer) die Hauptinseln. 106 Inseln des gewaltigen Archipels sind bewohnt, wobei ein Großteil der Fidschianer (etwa 87 %) auf Viti Levu und Vanua Levu lebt. Die Hauptstadt des Südseelandes liegt auf Viti Levu und heißt Suva. Auf dieser Insel befindet sich auch Fidschis höchster Punkt, der Mt. Tomanivi (1323 m), der auch unter dem Namen Mt. Victoria bekannt ist. Die Städte Suva und Nadi mit ihren internationalen Flughäfen bilden die wichtigsten Einfallstore des Inselstaates.

Geologisch gesehen liegen fast alle Inseln auf einem riesigen, hufeisenförmigen Unterwasserplateau. Die meisten Inseln sind gebirgig, Vulkanismus wie zum Beispiel auf den Yasawa-Inseln nordwestlich von Viti Levu spielte bei der Formung der Inseln auch eine Rolle. Auf Fidschi gibt es keinen aktiven Vulkanismus mehr. Man unterscheidet unter Fidschis zahlreichen Inseln Vulkaninseln wie Viti Levu oder Savusavu, Kalkstein-Inseln wie Vanua Balavu, die durch tektonische Vorgänge angehoben wurden, flache Koralleninseln wie zum Beispiel Beachcomber Island in der Mamanuca-Gruppe und Atolle wie Wailagi Lala in der Lau-Gruppe.

KLIMA

Fidschi liegt in den Tropen und erfreut sich eines milden, tropischen Klimas mit nur geringen Temperaturschwankungen während des Jahres. Lokale Unterschiede in den Niederschlägen und der Anzahl von Sonnenstunden sind in der gebirgigen Topografie der meisten Inseln begründet. Die von den Passatwinden angetriebenen Wolken bleiben in den Bergen hängen und regnen sich ab, während im Regenschatten oft die Sonne scheint. So werden in der Hauptstadt Suva, die auf der Regenseite liegt, im Durchschnitt pro Jahr etwa 3100 Millimeter gemessen, während Nadi im Westen der Insel weniger als 2000 Millimeter pro Jahr erhält.

Die heftigsten Regenfälle verteilen sich über die Monate Dezember bis April. Im Juli und August, den „Wintermonaten", ist es generell trocken. Die geografische Lage Fidschis bringt es mit sich, dass vor allem in den Monaten zwischen November und April die Gefahr von tropischen Wirbelstürmen besteht. Neben zerstörerischen Windgeschwindigkeiten können dann vor allem Überflutungen großen Schaden anrichten.

dischen Bevölkerung akzeptiert wurde. Zwei Jahre später wurde Mahendra Chaudry, ein Fidschianer indischer Abstammung, Premierminister von Fidschi. Seine Amtszeit wurde durch einen erneuten Putsch im Mai 2000 beendet. Im September folgten Wahlen, um die Demokratie in Fidschi wiederherzustellen. Der Militärputsch durch Kommodore Josaia Voreqe (Frank) Bainimarama, Kommandeur von Fidschis Militär, am 5. Dezember 2006 stellte diesen Prozess erneut in Frage.

Wo heute Ausflugsboote, Yachten und Kreuzschiffe zu sehen sind, befuhren einst Seefahrer, Eroberer und Missionare die Gewässer um Fidschi und veränderten die Geschichte des Inselarchipels.

FOLGENDE DOPPELSEITE:
Abseits der ausgetretenen Touristenpfade kann man im gebirgigen Inneren von Viti Levu noch ein ursprüngliches Fidschi erleben. Kinder auf Bamusflößen auf dem Warisa River (linke Seite) und ein freundlicher Empfang durch die Jugend des Dorfes Nalalawa an der Kings Road im dünnbesiedelten Nordosten von Viti Levu.

GESELLSCHAFT

Laut der letzten Volkszählung aus dem Jahre 1996 umfasst Fidschis Bevölkerung etwa 850.000 Menschen. Sie setzt sich aus indigenen Fidschianern melanesischer Abstammung, aus Fidschianern indischer Abstammung und Menschen europäischer Abstammung zusammen. Hinzu kommt eine nicht unbedeutende Anzahl von Chinesen und Fidschianern mit polynesischer Abstammung. Diese leben vor allem auf der abgelegenen Insel Rotuma.

Obwohl das Zusammenleben der verschiedenen Gruppen im Großen und Ganzen problemlos verläuft, ist es in der Vergangenheit immer wieder zu Spannungen zwischen den indigenen und den indischen Fidschianern gekommen. Meist sind diese Probleme politisch motiviert. Fidschianer indischer Abstammung gehen auf die Gastarbeiter zurück, die im 19. Jahrhundert von Indien auf die Inseln geholt wurden, um auf den Zuckerrohrplantagen zu arbeiten. Bewusst geschürte Angst vor einer indischen Machtübernahme und Neid auf deren wirtschaftlichen Erfolge werden politisch oft dazu benutzt, andere politische Absichten zu tarnen.

Abseits der ausgetretenen Touristenpfade und der großen Städte ist das Leben in den Dörfern noch durchaus traditionell. Ein wichtiges Ritual ist das Trinken von Kava. Das Getränk wird aus den zerstoßenen oder pulverisierten Wurzeln der Kava-Pflanze (Pfefferwurzel) und Wasser hergestellt. Das Getränk hat eine beruhigende und entspannende Wirkung. Was einst nur im Rahmen wichtiger Zeremonien getrunken wurde, ist heute Bestandteil des täglichen Lebens.

POLITIK

Politisch gesehen zeigte sich Fidschi in den letzten Jahrzehnten äußerst instabil: Seit Erlangung der Unabhängigkeit 1970 erschütterten vier Putsche das politische, wirtschaftliche und soziale Leben des Südseestaates. Der letzte Putsch unter der Führung des Kommodors Josaia Voreqe (Frank) Bainimarama, Kommandeur von Fidschis Militär, fand am 5. Dezember 2006 statt.

Wird das politische Leben Fidschis nicht durch Putsche unterbrochen, spielt es sich innerhalb der Richtlinien einer parlamentarischen, demokratischen Republik ab. Der Regierung steht der Premierminister vor, das Staatsoberhaupt ist der Präsident. Fidschi hat ein Mehrparteiensystem und das Parlament besteht aus zwei Kammern – dem Repräsentantenhaus und Oberhaus bzw. Senat. Das Repräsentantenhaus umfasst 71 Mitglieder. 25 Mitglieder davon werden durch allgemeine Wahlen festgelegt, die restlichen 46 repräsentieren die ethnischen Gruppen Fidschis – Fidschianer, Indo-Fidschianer, Vertreter der Insel Rotuma und der benachbarten Inselchen sowie Vertreter der restlichen Minderheiten – und werden durch Gemeindewahlen bestimmt.

Der Senat umfasst 32 Mitglieder. 14 werden von dem einflussreichen Konzil der Oberhäupter, neun von dem Premierminister, acht von dem Oppositionsführer und ein Mitglied von der Gemeinde von Rotuma nominiert. Fidschi ist Mitglied des Commonwealth.

Die Kava-Zeremonie ist heute ein fester Bestandteil des alltäglichen Lebens.

Taucher finden in den Riffen um Fidschis Inseln ideale Bedingungen vor. Der Tauchtourismus ist eine Standbein der für die Wirtschaft der Inselnation so wichtigen Tourismusindustrie. Wichtigstes landwirtschaftliches Produkt ist der Zucker. Der Anbau von Zuckerrohr sowie die Weiterverarbeitung beschäftigt fast ein Drittel der Bevölkerung Fidschis.

WIRTSCHAFT

Fidschis Wirtschaft stützt sich in erster Linie auf Landwirtschaft, obwohl nur etwa 16% der Landmasse für landwirtschaftliche Nutzung geeignet ist. Tragend für die Ökonomie der Inselnation ist die Zuckerindustrie, in dessen Tätigkeitsbereichen allein im Anbau von Zuckerrohr sowie in der Verarbeitung zu Zucker etwa ein Drittel der Bevölkerung angestellt ist. Doch obwohl diese Industrie für Fidschis wirtschaftliches Wohlergehen so überaus wichtig ist, haben politische Unruhen, ethnische Spannungen und der Ablauf von Pachtverträgen für Zuckerrohrbauern trotz Subventionen zu einem Rückgang geführt.

Der Tourismus trägt zu etwa 17 % des Bruttosozialproduktes bei: Laut Statistik besuchen jährlich etwa 360.000 Touristen das tropische Inselreich. Aber auch hier hatten die jüngsten Putsche für Unsicherheit, einem Rückgang der Besucher und zum Verlust von Arbeitsplätzen geführt.

Weitere wirtschaftliche Faktoren sind die Fisch- und Holzindustrie, das Goldbergwerk von Vatukoula auf Viti Levu sowie die Herstellung von Kleidung.

REGIONEN

VITI LEVU

Viti Levu ist Fidschis größte Insel und umfasst über 10.000 Quadratkilometer. Die leicht ovale Insel misst 106 Kilometer von Nord nach Süd und 146 Kilometer von West nach Ost. Das Innere ist gebirgig und zerklüftet, der höchste Berg der Insel – und ganz Fidschis – ist der Mt. Tomanivi mit 1323 Metern. Die hohen Berge bilden eine Barriere für die vorherrschenden Passatwinde, die Wolken an die Berge treiben, welche sich dort abregnen. Deshalb ist die Ostseite Viti Levus wesentlich feuch-

Das abgelegene Bergdorf Nasukamai im Inneren von Viti Levu ist nur über eine holprige Staubstraße zu erreichen.

ter als die Westseite. Das gebirgige Innere erhält ebenso hohe Niederschläge, und wo die Vegetation nicht der Landwirtschaft weichen musste, herrscht Regenwald vor.

Im Inselinneren liegen zahllose Dörfer, in denen die Bewohner ein noch relativ traditionelles Leben führen und sich mehr oder weniger selbst versorgen. Das Inselinnere ist ein faszinierendes Ziel für abenteuerlustige Reisende, die ein verhältnismäßig ursprüngliches Fidschi erleben wollen. Die meisten Dörfer sind mit Pfaden und ungeteerten Straßen verbunden und bieten Trekkern unzählige Möglichkeiten, das wilde Innere zu erleben.

Im gebirgigen Hinterland von Lautoka liegt der Koroyanitu National Heritage Park mit dem Mt. Koroyanitu (1195 m) als höchstem Gipfel. Vor allem Wanderer kommen in diesem Naturparadies auf ihre Kosten.

Zwei Drittel der Gesamtbevölkerung von Fidschi lebt und arbeitet auf Viti Levu. Fidschis Hauptstadt Suva liegt an der Südküste von Viti Levu und signalisiert, dass diese große Insel Fidschis politisches Zentrum ist. Obwohl Suva die Hauptstadt der Inselnation ist, bildet der internationale Flughafen von Nadi im Westen der Insel das Haupteinfallstor für Besucher. Von hier verteilen sie sich auf die wichtigsten Touristenzentren der Insel: die Korallenküste im Süden und die Inselwelt der Mamanuca mit ihren zahlreichen Resorts vor der Westküste Viti Levus.

Um die Insel führt eine Ringstraße, die die wichtigsten Bevölkerungszentren der Insel verbindet. Erwähnenswert sind neben Suva (etwa 360.000 Einwohner) und Nadi (31.000 Einwohner) Lautoka (über 42.000 Einwohner), ein Zentrum der Zuckerindustrie, und Ba (12.500 Einwohner), ebenfalls eine Zuckerstadt.

LINKE SEITE:
Wasserfall nahe Nasukamai auf Viti Levu

Die andere Art des Taxi-Rufs in Rakiraki auf Viti Levu

VANUA LEVU

Mit einer Landfläche von 5587 Quadratkilometern ist Vanua Levu die zweitgrößte Insel Fidschis. Die Insel liegt nordöstlich der Hauptinsel Viti Levu. Wie Viti Levu ist auch Vanua Levu vulkanischen Ursprungs – die geothermalen Aktivitäten nahe Suvasuva sind ein Beleg dafür – und die Insel hat ein gebirgiges Rückgrat, welches Gipfel mit einer Höhe von über 1000 Meter aufweist. Der höchste Berg ist der Mount Batini mit 1111 Metern.

Die Insel ist in drei Provinzen unterteilt. Labasa (etwa 25.000 Einwohner) ist der größte Ort der Insel, die meisten Besucher landen aber in Savusavu (ca. 5000 Einwohner) im Süden der Insel, das dank regelmäßiger Flüge nach Nadi und Suva mit Viti Levu verbunden ist. Trotz der Schönheit der Insel steckt die touristische Infrastruktur nach wie vor in den Kinderschuhen, und Vanua Levu ist deshalb das Ziel für Reisende, die Fidschi abseits der ausgetretenen Pfade erleben wollen. Vor allem die unglaublich vielseitige und abwechslungsreiche Küste lockt Taucher und Kajakfahrer an. Obwohl der Tourismus langsam eine wichtige wirtschaftliche Rolle zu übernehmen scheint, ist der Anbau von Zuckerrohr das wichtigste ökonomische Standbein der Insel. Die Anbaugebiete hierfür befinden sich vorwiegend im trockeneren Norden. Darüber hinaus stellt Kopra – das getrocknete Fleisch der Kokosnüsse zur Gewinnung von Kokosöl – ebenfalls ein wichtiges landwirtschaftliches Produkt dar.

TAVEUNI

Mit 435 Quadratkilometern Fläche ist Taveuni die drittgrößte Insel Fidschis. Sie erstreckt sich über eine Länge von 42 Kilometern und setzt sich aus einer ganzen Reihe von verwitterten Vulkankegeln zusammen. Diese Bergkette bildet das Inselinnere, und hier befindet sich – mit 1241 Metern Höhe – der Mount Uluigalau, der Kulminationspunkt der Insel und Fidschis zweithöchster Berg. Ein weiterer wichtiger Gipfel ist der 1195 Meter hohe Des Voux Peak. Die letzte vulkanische Eruption liegt erdgeschichtlich gesehen noch nicht so lange zurück, denn sie fand um 1550 im Süden der Insel statt.

Taveuni wird gerne als Garteninsel bezeichnet und ist dank der hohen Niederschlagsmengen und der fruchtbaren Erde besonders üppig. Das zerklüftete Inselinnere ist von dichtem Regenwald bedeckt und ein Großteil der Insel ist als Bouma National Heritage Park geschützt. Innerhalb dieses wilden und größtenteils unzugänglichen Naturreservats befinden sich Taveunis höchste Gipfel und der Kratersee des Lake Tagimaucia. Neben den wilden Bergen und dem dichten Regenwald schützt der Park auch einen langen Küstenabschnitt. Ein Stück dieser wilden Küste ist durch den Lavena-Küstenweg für Wanderer zugänglich. Höhepunkt der Wanderung ist der Wasserfall am Wainibau Creek.

Das administrative Zentrum der Insel ist Waiyevo an der geschützten Westküste der Insel. In der Nähe befindet sich die sehenswerte katholische Mission von Wairiki mit ihrer großen Kirche. Das touristische Zentrum der Insel liegt bei Matei an der Nordspitze der Insel, wo sich nicht nur der Flugplatz, sondern auch einige Resorts befinden. Zudem existieren hier Tauchbasen, von denen aus man die weltberühmten Tauchreviere in der Somosomo Strait – die Taveuini von Vanua Levu trennt – erkunden kann.

Strand von Taveuni

RECHTE SEITE:

Frauen verkaufen in Tamasua auf Yasawa Island Schmuck, Tücher und Muscheln.

Die Resortinsel Castaway Island (Foto oben und unten) gehört zu der Mamanuca-Gruppe westlich von Viti Levu.

MAMANUCA UND YASAWA-INSELN

Diese beiden Inselgruppen liegen wie ein riesiges Komma vor der Westküste Viti Levus. Die Mamanuca-Gruppe besteht aus 20 verstreuten Inseln, die alle innerhalb der Lagune liegen, die das Great Sea Riff vor Viti Levu bildet. Diese Inseln stellen eine der touristischen Hochburgen Fidschis dar: Entsprechend befinden sich auf den meisten Inseln Resorts verschiedener Preisklassen. Die größeren Inseln sind vulkanischen Ursprungs und topografisch gebirgig, während viele der kleinen Inseln aus Sand und Korallengeröll bestehen. Viele der bekannten Resortinseln, wie zum Beispiel Treasure Island oder Beachcomber Island, sind winzige Koralleninseln. Malolo ist die größte Insel der Gruppe und erhebt sich auf 218 Meter im Inselinneren.

Die Yasawa-Inseln nördlich der Mamanuca-Inseln bilden eine nahezu schnurgerade Linie von 20 Inseln, die sich über 90 Kilometer hinzieht. Alle Yasawa-Inseln sind vulkanischen Ursprungs, mit Ausnahme der kleinen, aber wegen des schwierigen Terrains kaum zugänglichen Insel Sawa-I-Lau. Diese besteht aus hoch gedrücktem Kalkstein und hat Höhlen, darunter eine viel besuchte Unterwasserhöhle, die eine Verbindung zum Meer hat. Sawa-I-Lau liegt an der berühmten Blauen Lagune, einst Filmkulisse und heute Ziel vieler Kreuzfahrten.

Die wichtigsten Yasawa-Inseln sind Waya, die 33 Quadratkilometer große, zerklüftete Naviti, Matacava Levu, Nacula und die lang gezogene Yasawa-Insel, die nördlichste Insel der Gruppe. Der Archipel ist dünn besiedelt: Insgesamt leben hier 6000 Menschen. Tourismus spielt als wirtschaftlicher Faktor zwar eine Rolle, die Abgelegenheit der Yasawas verhindert allerdings einen umfassenden Ausbau.

Das Klima ist relativ trocken und auf vielen Inseln dominiert Grasland. Eine der schönsten Möglichkeiten, dieses Archipel kennen zu lernen, ist auf einer mehrtägigen Kreuzfahrt mit Besuchen von abgelegen Dörfern und wunderschönen, einsamen Stränden.

DIE LAU-GRUPPE

Der Archipel der Lau-Gruppe befindet sich im Osten des Inselreiches von Fidschi und besteht aus 57 kleinen Inseln, die sich über eine Länge von etwa 400 Kilometern verteilen. Die Inselgruppe wird in die südlichen und die nördlichen Lau-Inseln unterteilt. Hauptort und administratives Zentrum ist Tubou auf der Insel Lakeba. Lakeba, im Zentrum des Archipels gelegen, und Vanua Balavu, eine der nördlichen Lau-Inseln, werden von Suva aus angeflogen.

Die meisten Inseln sind aus Kalkstein aufgebaut, manche haben vulkanische Kegel auf dem Kalkstein sitzen. Vulkanismus spielte vor allem bei der Entstehung der meisten Inseln der nördlichen Lau-Gruppe eine Rolle, eine Tatsache, die sich auch in der hügeligen Topografie widerspiegelt. Das Klima ist trockener als in den meisten anderen Regionen Fidschis. Kulturell unterscheiden sich die Inseln ebenfalls vom Rest von Fidschi. Dank ihrer Nähe zum Königreich Tonga ist auf der Insel ein starker polynesischer Einfluss zu spüren.

KADAVU-GRUPPE

Die Kadavu-Gruppe liegt etwa 100 Kilometer südlich der Hauptinsel Viti Levu und besteht aus der großen Insel Kadavu – Fidschis viertgrößte Insel – Gono und ein paar kleineren Inseln.

Kadavu ist eine zerklüftete Insel, deren höchster Punkt, der Mount Washington oder Nabukelevu (838 m), sich nahe dem dramatischen Cape Washington an der Westspitze der Insel aufbäumt. Die Ostseite der Insel ist aufgrund der Feuchtigkeit, die durch die Passatwinde antransportiert wird, besonders üppig: Hier herrscht tropischer Regenwald vor.

Die meisten Resorts befinden sich an der Ostspitze der Insel sowie auf Ono. Viele der Dörfer liegen sehr abgelegen und es bestehen keine Straßenverbindungen. Oft sind Boote die einzigen Verkehrsmittel, um zu den Küstendörfern zu kommen. Hier werden die alten Traditionen Fidschis noch relativ ernst genommen.

VORHERIGE DOPPELSEITE:
Blaue Lagune auf Sawa-i-Lau

LINKE SEITE UND UNTEN:
Die Lau-Gruppe ist touristisch kaum erschlossen und entsprechend unberührt und vielfältig zeigt sich die Unterwasserwelt: Korallenwächter (links oben), Anemonenfisch (links unten) und Taucher über Steinkorallengarten

RECHTE SEITE:
Im Krater des Mt. Marum (1270 m) auf der Insel Ambrym in Vanuatu brodelt ein Lavasee. Die meisten Inseln des Archipels sind durch Vulkanismus entstanden und mehrere Vulkane sind nach wie vor aktiv.

VANUATU

GEOGRAFIE

83 Inseln und Inselchen bilden die Republik Vanuatu, wobei die Zugehörigkeit zweier Inseln – Matthew Island und Hunter Island östlich von Neukaledonien – umstritten ist: Sowohl Vanuatu als auch Frankreich beanspruchen sie für sich. Die Inseln Vanuatus sind wie ein riesiges Y angeordnet. Nachbarn sind Neukaledonien, das südlich von Vanuatu liegt. Fidschi liegt östlich und die Solomonen nordwestlich von Vanuatu.

Die Inselnation mit einer Landfläche von 12.200 Quadratkilometern ist in sechs Provinzen unterteilt. Die meisten Inseln sind vulkanischen Ursprungs und mehrere von ihnen, wie zum Beispiel Tanna, Ambrym, Lopevi oder Ambae, haben aktive Vulkane. Der höchste Punkt des Archipels wird von dem Mt. Tabwemasana auf der Insel Espiritu Santo gebildet. Der Berg erreicht eine Höhe von 1877 Metern. Espiritu Santo ist mit einer Fläche von 3956 Quadratkilometern die größte Insel, gefolgt von Malekula (2041 Quadratkilometer), Efate mit der Hauptstadt Port Vila (900 Quadratkilometer), Erromango (888 Quadratkilometer), Ambrym (678 Quadratkilometer) und Tanna (555 Quadratkilometer). Insgesamt haben 14 der Inseln eine Landfläche über 100 Quadratkilometer. Die meisten Inseln zeigen eine gebirgige Topografie. Das Klima ist subtropisch bis tropisch.

Die Hauptstadt der Inselnation ist die Hafenstadt Port Vila, in der etwa 38.000 der insgesamt über 211.000 Menschen Vanuatus leben. Port Vila ist das administrative, politische und wirtschaftliche Zentrum Vanuatus. Hier befindet sich auch der internationale Flughafen, der die Stadt zum Tor der Südseenation macht. Port Vila liegt auf der Insel Efate. Zur Zeit der Briten und Franzosen, die das Archipel im Südpazifik bis 1980 gemeinsam verwalteten, war die Inselgruppe als die Neuen Hebriden bekannt.

RECHTE SEITE:
Lonnoc Beach auf Espiritu Santo. Dies war die erste Insel der heutigen Vanuatu-Republik, auf der Europäer landeten.

GESCHICHTE

Lange vor der Ankunft der Europäer erreichten Siedler in mehreren Einwanderungswellen die Inseln des heutigen Vanuatu. Man geht heute davon aus, dass diese Einwanderungswellen Menschen mit verschiedenen Sprachen auf die Insel brachten und dies der Grund für den linguistischen Reichtum Vanuatus ist. Die ältesten, archäologischen Funde wurden auf der Insel Malo gemacht, die vor dem Nordende von Espiritu Santo liegt. Man geht aufgrund der Funde davon aus, dass Malo Island etwa 1400 vor Christus von Menschen besiedelt wurde, die der Lapita-Kultur angehörten. Waren die ersten Einwanderer Melanesen, erreichten zwischen dem 11. und dem 12. Jahrhundert auch zahlreiche Polynesier die Inseln.

Die ersten Europäer, die Vanuatu betratem, waren 1606 die Mitglieder einer spanischen Expedition unter der Leitung von Luis Vaez de Torres und dem portugiesischen Seefahrer Pedro Fernández de Quirós. Sie landeten auf Espiritu Santo und beanspruchten die Insel für die spanische Krone. Der Versuch, an der Big Bay auf Espiritu Santo eine Siedlung zu etablieren, endete mit der Meuterei von Quirós Mannschaft.

Der britische Seefahrer Captain James Cook besuchte 1774 die Inseln auf seiner zweiten, großen Weltreise und gab der Inselgruppe den Namen Neue Hebriden. Ende des 18. Jahrhunderts kamen die ersten europäischen Siedler auf die Inseln. Von ihnen eingeschleppte Krankheiten dezimierten die einheimische Bevölkerung der Inseln stark. Als es zwischen den französischen und englischen Siedlern zu immer stärkeren Spannungen kam, wurde 1887 eine gemeinsame Militärkommission gegründet, die die Unruhen unterbinden sollte. 1906 entschlossen sich die beiden Nationen, das Archipel im Südpazifik gemeinsam zu verwalten. Das führte unter anderem zu zwei Polizeitruppen, zwei Gesundheitssystemen, zwei Bildungssystemen und zwei Währungen.

Als die Japaner während des Zweiten Weltkrieges in den Pazifik vorrückten, errichteten die

Amerikaner zwei große Militärbasen auf den Inseln Efate und Espiritu Santo. Diese Basen wurden nach dem Ende des Krieges aufgelassen. Die gemeinsame Herrschaft von Frankreich und England hielt, trotz Doppel-Bürokratie und einer Unabhängigkeitsbewegung, bis 1980 an. In diesem Jahr wurde das Inselreich unabhängig und änderte seinen Namen von Neue Hebriden zu Vanuatu.

RECHTE SEITE:
Mitglied einer Geheimorganisation von Zauberern auf Ambrym Island, Vanuatu

GESELLSCHAFT

Die Bevölkerung Vanuatus zeigt sich sehr homogen. Fast 99 % zählen zu den sogenannten Ni-Vanuatu, den traditionellen Bewohnern des Inselstaates. Sie sind Melanesier. Nur 1,4 Prozent der Bevölkerung werden aus Zuwanderern aus Polynesien, Europa, den pazifischen Inseln und Asien gebildet. Abseits der großen Bevölkerungszentren Port Vila (über 38.000 Einwohner) auf Efate und Luganville (über 10.000 Einwohner) auf Espiritu Santo leben die Menschen von Vanuatu noch sehr traditionell.

Auf einigen Inseln, wie zum Beispiel Tanna oder Pentecost, verweigern Chiefs von verschiedenen Dörfern modernen Einfluss und leben nach wie vor nahezu traditionell. Allerdings hat missionarischer Eifer, der bis in die heutige Zeit anhält, vielerorts die Kultur verwässert oder verändert. Das zeigt auch der bunte Mix an christlichen Glaubensrichtungen, einschließlich obskurer Kulte wie dem „Jon Frum Cargo"-Kult auf Tanna. Weit verbreitet unter den über 200.000 Menschen, die das Inselreich bevölkern, ist der Genuss von Kava, ein Getränk, das aus der zerstoßenen Wurzel der Kavapflanze gebraut wird und einen beruhigenden, entspannenden Effekt hat.

Traditionelle Auslegerboote werden auch heute noch von den Menschen Melanesiens benutzt.

POLITIK

Vanuatu ist eine parlamentarische Republik. Das Parlament hat eine Kammer mit 52 Mitgliedern, die vom Volk auf vier Jahre gewählt werden. Die Wahl des Präsidenten findet alle fünf Jahre statt und der Wahlausschuss wird vom Parlament zusammen mit den Vorsitzenden der regionalen Konzile gebildet. Großen Einfluss auf alles, was Sprache und Kultur betrifft, hat die nationale Versammlung der Oberhäupter. Folgende politische Parteien existieren in Vanuatu: Jon Frum Movement, Melanesian Progressive Party, National United Party, Union of Moderate Parties, Vanua'aku Pati, Vanuatu Greens Party, Vanuatu Republican Party.

Kokosnüsse sind eines der wenigen Exportgüter von Vanuatu

WIRTSCHAFT

Angesichts der Tatsache, dass die Inselnation Vanuatus keine nennenswerten und wirtschaftlich bedeutenden Bodenschätze besitzt, beschränkt sich die Ökonomie zum großen Teil auf die Landwirtschaft. Produkte wie Kava, Fisch, Holz, Kopra, Kokosnüsse, Kakao, Kaffee, Rindfleisch und Gemüse werden in kleinen Mengen exportiert. Die Landwirtschaft ist allerdings anfällig für Naturkatastrophen wie Erdbeben, Vulkanausbrüche oder tropische Wirbelstürme. Ein weiteres Problem sind die langen Transportwege zu den Exportpartnern wie Thailand, Indien, Polen, Türkei oder Japan. Eine kleine, weiterverarbeitende Industrie stellen Fisch- und Fleischkonserven her, aber die Landwirtschaftprodukte werden zum überwiegenden Teil für den Binnenmarkt produziert.

Ein weiteres ökonomisches Standbein sind Finanzdienste. Vanuatu gilt als Steuerparadies. Allerdings musste sich Vanuatu in der Vergangenheit in diesem Zusammenhang immer wieder Vorwürfe der Korruption und Geldwäscherei anhören und der Druck von außen auf die Regierung, für mehr Durchsichtigkeit auf dem Finanzmarkt zu sorgen, wird immer größer.

Internationaler Tourismus ist ein weiterer Geldbringer für die Südseenation. Allerdings ist der Markt angesichts der Abgelegenheit des Landes hauptsächlich auf Neuseeland und Australien beschränkt. Europa, Asien oder die Vereinigten Staaten haben Potential, die Entfernung erweist sich allerdings als Hindernis. Zudem steckt die Infrastruktur, abgesehen von der Hauptinsel Efate – dort bieten große Resorts und Hotels einen internationalen Standart – noch in den Kinderschuhen. Abgesehen von ein paar Inseln wie zum Beispiel Tanna sind die Inseln Vanuatus nach wie vor ein Spielplatz für abenteuerlustige Weltenbummler, die auf Komfort verzichten und sich den Realitäten eines unterentwickelten Landes aussetzen wollen. In den letzten Jahren laufen Kreuzfahrtschiffe vor allem aus Australien die Inselnation verstärkt an.

Vanuatus Importpartner sind in erster Linie Australien, Japan, Singapur, Polen, Neuseeland und das benachbarte Fidschi. Eingeführt werden müssen unter anderem Maschinen, Treibstoff und Nahrungsmittel.

Die Inselnation Vanuatu ist bislang wenig touristisch erschlossen. Doch vor allem von Australien aus laufen immer mehr Kreuzfahrtschiffe das Inselreich an.

RECHTE SEITE:
Blick auf den Mt. Yasur auf Tanna Island. Dieser aktive Vulkan ist eines der meist besuchten Touristenziele im Gebiet von Vanuatu.

REGIONEN

TAFEA

Die südlichste Provinz Vanuatus ist Tafea. Sie umfasst die fünf Inseln Tanna, Aniwa, Futuna, Erromango und Aneityum, von deren Anfangsbuchstaben sich die Provinzbezeichnung ableitet. Insgesamt formen die Inseln eine Landfläche von 1628 Quadratkilometern, auf der über 27.000 Menschen leben.

Die wohl bekannteste Insel der Provinz ist Tanna, vor allem wegen des regelmäßig ausbrechenden 361 Meter hohen Vulkans Mt. Yasur im Osten der Insel. Dieser Vulkan sichert zusammen mit einigen Dörfern, in denen das traditionelle Leben fortgeführt wird, sowie einigen Resorts und Gästehäusern der Insel einen Platz als eines der meistbesuchten Touristenziele Vanuatus.

Geografisch ist die Insel ein Mix aus zerklüfteten Bergen, die im Norden im Mt. Tukosmera (1084 m) und Mt. Melen (1047 m) kulminieren, Savannen, tropischen Regenwäldern und fruchtbaren Ebenen. Auf der 565 Quadratkilometer großen Insel lebt mit über 20.000 Menschen ein Großteil der Bevölkerung der Provinz.

Die gebirgige und dicht bewaldete Insel Erromango (975 Quadratkilometer) gilt als die am dünnsten besiedelte Insel Vanuatus. Während Erromangos höchster Punkt, der Mt. Santop, 866 Meter in den Himmel ragt, ist Aniwa Island flach. Das Atoll, das durch tektonische Vorgänge angehoben wurde, erreicht eine maximale Höhe von lediglich 42 Metern über dem Meeresspiegel. Auch Futuna Island verdankt seine Entstehung tektonischer Hebungen. Von der Ferne könnte man meinen, die steil aus dem Meer aufragende Insel sei ein Vulkan. Der 643 Meter hohe Mt. Tatafu formt jedoch den Gipfel einer Kalksteinsäule eines uralten Korallenriffs.

Ebenfalls dünn besiedelt ist die drittgrößte Insel der Provinz, Aneityum. Einst bekannt wegen seines Reichtums an Sandelholz, hat die gebirgige Insel heute nur noch eine Bevölkerung von etwa 700 Menschen. Man geht davon aus, dass einst bis zu 12.000 Menschen auf der Insel lebten.

SHEFA

Die Provinz Shefa umfasst die beiden großen Inseln Epi und Efate sowie die Gruppe der Shepherd Islands. Die Gesamtfläche aller Inseln beträgt 1455 Quadratkilometer, und obwohl sie flächenmäßig nicht die größte Provinz darstellt, ist sie die bevölkerungsreichste. Etwa 50.000 Menschen leben hier. Diese Tatsache hat Shefa in erster Linie Efate – der wichtigsten Insel der Provinz, ja ganz Vanuatus – zu verdanken.

Efate ist mit einer Länge von 73 Kilometern und einer Breite von 67 Kilometern nahezu rund. Es ist Vanuatus drittgrößte Insel. Das Innere Vanuatus ist gebirgig, erreicht aber nicht die Höhen anderer großer Inseln. Der höchste Punkt ist der Mt. MacDonald mit 647 Metern Höhe. Die Küstenregionen

Kinder aus dem Dorf Manuapen auf Tanna Island

LINKE SEITE:
Frischer Fang im Resort White Grass Bungalows auf Tanna Island

VORHERIGE DOPPELSEITE:
Sonntag in einem Stadtpark in Port Vila, der Hauptstadt der Inselnation Vanuatu.

Markt in Port Vila auf Efate Island (Foto rechts). Hier werden neben Mangos, Bananen und Kokosnüssen andere regionale Produkte wie Ananas oder die leuchtend roten Rambutans zum Kauf angeboten.

sind in der Regel flach oder leicht hügelig. Efate ist die am weitesten entwickelte Insel Vanuatus. Mit der Hauptstadt Port Vila und dem internationalen Flughafen formt sie das Einfallstor zu dem Inselreich. Port Vila ist die politische und wirtschaftliche Kapitale Vanuatus. Mittlerweile ist der Tourismus auf Efate zu einem wichtigen Standbein der lokalen Ökonomie geworden. Zahlreiche, zum Teil luxuriöse Resorts haben sich etabliert. Mehrere Inseln vor den Küsten Efates – Nguna, Moso und Emao Island sind die wichtigsten – gehören ebenfalls zur Provinz Shefa.

Der nördlich von Efate gelegene Inselnachbar Epi ist weitaus weniger entwickelt. Zwar wurden auf den äußerst fruchtbaren Küstenebenen der Insel riesige Kokosnussplantagen angelegt, das abweisende Innere dagegen zeigt sich gebirgig – der Mt. Pomare bildet mit 833 Metern Höhe den höchsten Punkt – und mit dichter Vegetation überzogen. Trotz einer Fläche von 444 Quadratkilometern leben nur etwa 4500 Menschen auf Epi.

Die Shepherd Islands stellen einen kleinen Archipel aus insgesamt neun Inseln dar. Hinsichtlich ihrer Fläche sind die Inseln Tongoa und Emae die größten der Insel-Gruppe und ebenso wie Tongariki, Buninga, Makura und Mataso sind sie relativ dicht besiedelt. Die restlichen drei Inselchen sind unbesiedelt. Alle Inseln der Shepherd-Gruppe sind vulkanischen Ursprungs.

Die Tropenparadiese der Inseln Moso und Lelepa können auf mehrtägigen Seekajak-Touren erkundet werden. Diese Touren sind ein hervorragendes Beispiel für Ökotourismus in Vanuatu.

MALAMPA

Die zentrale Provinz Malampa befindet sich in der Mitte des Archipels und besteht aus den drei Hauptinseln Malakula, Ambrym und Paama sowie der aktiven Vulkaninsel Lopevi und einer Reihe von kleinen Inseln vor der Küste Malakulas. Zusammen umfassen die Inseln eine Fläche von 2779 Quadratkilometern. Etwa 36.000 Menschen leben in der Provinz. Die Verwaltungshauptstadt ist Lakatoro auf der Insel Malekula.

Vulkanismus ist das zentrale Thema der Provinz. Neben dem aktiven Vulkan auf der gegenwärtig unbewohnten Insel Lopevi bestimmen und bedrohen Vulkane auch auf Ambrym das Leben der Menschen. Die gewaltigen Krater der beiden aktiven Vulkane Mt. Benbow und Mt. Marum, mit 1270 Metern der höchste Gipfel der 680 Quadratkilometer umfassenden Insel, formen zusammen mit einer gewaltigen Ascheebene das Innere Ambryms. Die meisten Dörfer und Ortschaften Ambryms liegen an der Küste. Craig Cove ist das administrative Zentrum der Insel. Neben den aktiven Vulkanen ist Ambrym vor allem wegen der Geheimgesellschaft von Voodoozauberern bekannt, die die Bevölkerung in Angst und Schrecken versetzt.

Malekula ist Vanuatus zweitgrößte Insel und umfasst 2023 Quadratkilometer. Ein Großteil der Menschen der Malampa-Provinz lebt auf dieser Insel, deren höchster Punkt der 879 Meter hohe Mt. Penot bildet. Das Innere sowie der Südwesten der Insel sind zerklüftet und unzugänglich. Die Insel ist

Kinder mit Kopfschmuck beim Neujahrsfest auf Ambrym

Flugplatz von Ambrym

bekannt für die Traditionen zweier Volksgruppen, den Kleinen Nambas und den Großen Nambas. Unter Nambas versteht man den Penisschutz, der von den Männern dieser Stämme getragen wird. Paama, die Dritte der Hauptinseln, ist mit 32 Quadratkilometern und etwa 2000 Einwohnern relativ unbedeutend. Die gebirgige, unzugängliche Insel weist kaum flaches, landwirtschaftlich nutzbares Land auf und Paama kämpft mit einem ständigen Trinkwasserproblem.

PENAMA

Die Provinz Penama liegt nördlich der Provinz Malampa und umfasst die drei großen Inseln Pentecost, Ambae und Maewo. Zusammen inkludieren die drei Inseln eine Landfläche von 1198 Quadratkilometern. Die Bevölkerung umfasst etwa 29.000 Menschen. Etwa 10.000 davon leben auf der 405 Quadratkilometer großen Insel Ambae. Ambae kann seine vulkanische Entstehungsgeschichte nicht verleugnen. Das plateauartige Innere der tropfenförmigen Insel wird von einer Caldera beherrscht, in der sich drei Seen befinden. Der höchste Gipfel der Insel, der Mt. Lombenebn (1496 m), sitzt am Calderarand. Der Vulkan auf Ambae gilt als schlafend, nicht erloschen. Dank der hohen Niederschlagsmengen, die mit zu den höchsten in Vanuatu zählen, ist die wilde und gebirgige Insel mit dichter Vegetation überzogen.

Maewo Island östlich von Ambae ist eine lang gezogene, wilde Insel, die sich rühmt, mit über 4500 Millimetern jährlich die höchsten Niederschläge Vanuatus aufzuweisen. Auf der 47 Kilometer langen, aber durchschnittlich nur fünf Kilometer breiten Insel mit einer Landfläche von 269 Quadratkilometern leben etwa 2000 Menschen. Die wilde, abweisende Topografie und das feuchte Klima

RECHTE SEITE:
Dank konsequenter Bemühungen und der Deklarierung zum Naturschutzgebiet ist mit dem Vatthe National Park auf Ambrym einer der letzten Tieflandregenwälder Vanuatus erhalten geblieben.

verhindern ein Anwachsen der Bevölkerung. Die Insel ist aus einer Serie von Vulkanen entstanden. Die verwitterten Reste dieser Feuerberge bilden das gebirgige Rückgrat der Insel. Der höchste Punkt ist der zentral gelegene Mt. Woutkararo mit einer Höhe von 811 Metern.

Wie Maewo ist auch Pentecost – die größte Insel der Provinz Paname – lang gezogen. Mit einer Länge von 63 Kilometern und einer maximalen Breite von 12 Kilometern umfasst Pentcost 438 Quadratkilometer. Es leben etwa 13.000 Menschen auf der Insel. Die Westküste ist relativ flach, die Ostküste dagegen wild und feucht. Im Inneren ist die Insel gebirgig, der Mt. Vulmat bildet mit 947 Metern den höchsten Punkt. Berühmt ist Pentecost vor allem wegen des gefährlichen Brauchs des „naghol", bei dem sich junge Männer – nur mit Lianen um die Fesseln – von hohen Bambustürmen gesichert in die Tiefe stürzen. Der Brauch ist ein Männlichkeitsritual und soll eine reiche Yam-Ernte garantieren.

SANMA

Die Provinz Sanma wird beherrscht von Vanuatus größter Insel, Espiritu Santo. 3677 Quadratkilometer beträgt die Landfläche dieser gewaltigen Insel, doch trotz ihrer Größe leben „nur" 30.000 Menschen, weniger als in Vanuatus Hauptstadt Port Vila, auf der Insel. Ein Drittel davon lebt in der Verwaltungshauptstadt der Provinz, Luganville. Wie die meisten Inseln Vanuatus ist auch Espiritu Santo größtenteils gebirgig und stark bewaldet. Vier der höchsten Gipfel Vanuatus finden sich hier, mit dem Mt. Tabwemasana (1879 m), als dem höchsten. Die Cumberland Ranges mit dem Mt. Lolohoe (1547 m) formen das gebirgige Rückgrat der lang gezogenen Cumberland Halbinsel.

Die Küstengebiete im Süden und Osten dagegen sind relativ flach. Hier haben sich große Kokosnussplantagen und Rinderfarmen etabliert. Ein weiteres Flachstück bildet das Land an der Big Bay um den Jordan River. Hier liegt Vanuatus erster Nationalpark, die Vatthe Conservation Area. Sie schützt einen der

letzten, großen Tieflandregenwälder Vanuatus vor dem Zugriff von Holzfirmen, die den Reichtum gerne plündern würden. Hier hat sich im Dorf Matantas ein einfaches Ökoresort für Naturfreunde etabliert, die die Schönheit dieses Regenwaldes erleben wollen.

Touristisch spielt Espiritu Santo inzwischen eine bedeutende Rolle: Beliebt ist die Insel insbesondere wegen seiner außergewöhnlichen Tauchplätze. Zentrum des Tauchtourismus ist Luganville. Weltbekannt sind die Wracks der SS President Coolidge und die Uss Tucker sowie der Million Dollar Point, ein Unterwassergebiet, in das die Amerikaner nach der Auflassung ihrer Militärbasis Unmengen an Gerätschaften versenkt haben. Ziel vieler Ausflüge und auf der Route einiger Kreuzfahrtschiffe liegt der wunderschöne Champagne Beach an der Ostküste der Insel. Ebenfalls einzigartig auf der Insel sind die Blue Holes, zum Teil gewaltige Quelltöpfe.

Mit zur Provinz Sanma gehört auch die Insel Malo (180 Quadratkilometer und etwa 3500 Einwohner) südlich von Luganville wie auch eine ganze Reihe von Inseln und Inselchen zwischen Luganville und Malo sowie entlang der Ostküste von Espirito Santo.

Kühles Bad in einem der Blue Holes auf Espiritu Santo

TORBA

Die Provinz Torba bildet die abgelegene, nördlichste Verwaltungseinheit Vanuatus. Sie besteht aus zwei Inselgruppen, den Banks Islands und den Torres Islands. Etwa 7800 Menschen leben auf den Inseln und Inselchen, die zusammen eine Landfläche von 882 Quadratkilometern aufweisen.

Der kleine Archipel der Torres Islands besteht aus sechs Inseln, von denen vier – nämlich Toga Island, Loh Island, Tegua Island und die größte Insel des Archipels, Hiu Island – bewohnt sind.

Wie die Torres Islands sind auch die Inseln der Banks-Gruppe vulkanischen Ursprungs, eine Tatsache, die durch die Topografie und zum Teil aktiven Vulkanismus unterstrichen wird. Auf Vanua Lava, der größten Insel des Archipels, zeugen Fumarolen knapp unterhalb des 921 Meter hohen Mount Sere'ama davon, dass der Vulkan noch nicht erloschen ist. Auf Gaua Island liegt unterhalb des Mount Garet (797 m) ein aktiver Krater. Der Hauptkrater ist mit Wasser gefüllt und bildet den Lake Letas. Auf Mere Lava Island spricht der nahezu perfekte Kegel des Mount Teu eine ebenfalls deutliche Sprache.

NEUKALEDONIEN

GEOGRAFIE

Neukaledonien liegt im südwestlichen Pazifik südwestlich von Vanuatu und besteht aus der riesigen Hauptinsel Grande Terre (16.350 Quadratkilometer), der südlich davon liegenden kleinen Ile des Pins (152 Quadratkilometer) und den vier hochgehobenen Atollen der Loyalty-Inseln. Die Hauptinsel Grande Terre ist im Gegensatz zu den flachen Kalksteininseln der Loyalty-Inseln und der Ile des Pins gebirgig und unterscheidet sich von ihnen im geologischen Aufbau. Der höchste Berg ist der Mount Panie mit 1628 Metern. Insgesamt überragen fünf Gipfel die 1500-Meter-Marke auf der etwa 400 Kilometer langen, aber nur 50 Kilometer breiten Insel. Grande Terre ist fast umschlossen von einem Saumriff, das eine wunderschöne Lagune formt.

KLIMA

Mit seiner Lage nahe dem Wendekreis des Steinbocks befindet sich Neukaledonien am Rande der Tropen. Das Klima ist vom Meer beeinflusst ausgeglichen und ändert sich über das Jahr hinweg wenig. Die Monate November bis April gelten als warm und schwül, in den anderen Monaten ist es etwas kühler und trockener. Allerdings gibt es keine ausgeprägte Regenzeit, und

Kokosnuss am Strand von Ile des Pins

die Niederschläge verteilen sich relativ gleich über das Jahr hinweg. Die maximalen Durchschnittstemperaturen schwanken zwischen 22 und 28 Grad. Dank der gebirgigen Topografie der Hauptinsel Grande Terre gibt es hier je nach Höhenlage deutliche Unterschiede im Hinblick auf die Temperaturen und Niederschläge. So bekommt die Ostküste jährlich bis zu 4000 Millimeter Regen ab, während an der Westküste weniger als 1500 Millimeter Regen fällt. Neukaledonien liegt in der Bahn von Zyklonen, wie die tropischen Wirbelstürme der Region genannt werden.

GESCHICHTE

Auf Neukaledonien wiederholt sich die Geschichte anderer melanesischen Inseln: Der Inselstaat wurde zuerst von Menschen, der sogenannten Lapida-Kultur, etwa um 1500 vor Christus besiedelt. Zwischen dem 11. und 18. Jahrhundert zogen Polynesier von Tonga, Samoa und anderen Inseln nach Neukaledonien, wo sie sich mit den dort lebenden Melanesiern vermischten.

Im 18. Jahrhundert kamen dann die Europäer. Captain James Cook sah Grande Terre 1774 und ankerte mehrere Tage vor der Nordostküste. Er gab der Insel den Namen Neukaledonien. Cook landete auch auf der Ile des Pins. Frankreichs Interesse an den Inseln begann mit einer Suchaktion nach zwei Schiffen, die bei einem Wirbelsturm nahe den Salomonen verschwanden. Die zwei französischen Suchschiffe unter der Leitung von Admiral Bruny d'Entrecasteaux und Kapitän Huon de Kermadec landeten 1793 an der Nordostküste von Grande Terre und verbrachten dort einen Monat. Es war ein weiterer Franzose, Dumont d'Urville, der 1827 die Inseln Neukaledoniens kartographierte.

Edelhölzer, die es in den einst bestehenden dichten Tropenwäldern der Inseln gab (Foto rechts), und die Möglichkeiten zum Walfang lockten Europäer in das Inselreich von Neukaledonien.

Diesen ersten Forschungsreisen folgten unweigerlich die britischen Walfänger und Händler. Neben den Walen waren Sandelholz und andere tropische Hölzer begehrt. Mit den Walfängern und Händlern wurden Krankheiten und Konflikte in die Region getragen.

Nach den Jägern und Händlern kamen die Missionare. Die ersten Protestanten erreichten die Ile des Pins 1841. Aber die „Konkurrenz" schlief nicht. 1841 errichteten französische Missionare eine Missionsstation an der Nordostküste von Grande Terre. Die Folge der Aktivitäten der Missionare war der Niedergang der Eingeborenenkultur auf den Inseln. Zu dieser Zeit begann sich Frankreich Sorgen zu machen, dass sich die Briten in Neukaledonien festsetzen könnten. Deshalb annektierte Frankreich 1853 die Inseln und gründete eine Strafkolonie. Die erste Schiffsladung Gefangener kam 1864 dort an, wo heute die Hauptstadt Neukaledoniens, Noumea, liegt.

Die Entdeckung riesiger Nickelvorkommen 1864 auf Grande Terre bildete einen weiteren Wendepunkt in der Geschichte Neukaledoniens. Frankreich schickte Siedler nach Neukaledonien, wodurch Landkonflikte zu einem wachsenden Problem wurden. 1878 brach eine blutige Revolte aus, die der Kultur der Ureinwohner weiteren Schaden zufügte. Gegen Ende des 19. Jahrhunderts begann die Kolonisation der Inseln durch Frankreich erst richtig, mit weiteren Konsequenzen für die Einheimischen. Sie wurden in Reservate verbannt und die Anzahl der indigenen Bewohner Neukaledoniens begann zu schrumpfen. Erst 1946, nach Ende des Zweiten Weltkrieges, wurde den ursprünglichen Inselbewohnern die französische Staatsbürgerschaft zuerkannt. Im Ersten Weltkrieg kämpften diese für Frankreich in Europa und Nordafrika. Im Zweiten Weltkrieg schließlich erlaubte Frankreich den

Amerikanern, einen Stützpunkt auf Grande Terre zu errichten, der als Ausgangspunkt für Angriffe auf die Japaner diente.

Nach dem Zweiten Weltkrieg wurde aus der französischen Kolonie Neukaledonien ein französisches Überseeterritorium. Damit begann auch das Erwachen einer politischen Bewegung, die zu einer Unabhängigkeitsbewegung der Kanaken führte. 1975 wurden die ersten Rufe nach kompletter Unabhängigkeit von Frankreich laut. 1884 taten sich mehrere politische Parteien, die die Unabhängigkeit unterstützten, zusammen und formten die Front de Liberation Kanak et Socialiste (FLNKS). Das Massaker von Hienghene, bei dem zehn Kanaken ermordet wurden, brachte Neukaledonien an den Rand eines Bürgerkrieges. Politisch motivierte Gewalt eskalierte 1988 auf der Loyalty Insel Ouvea, bei der eine Gruppe von Einheimischen nach einem Überfall auf eine Polizeistation, bei der vier Gendarmen getötet und mehrere als Geiseln genommen wurden, von französischen Antiterrortruppen in einer Höhle zusammengeschossen wurden. Insgesamt starben 19 Kanaken und ein Jahr später wurde ein Attentat auf die polynesischen Politiker Jean-Marie Tjibaou und Yeiwene Yeiwene verübt. Die Kanakenfrage auf Neukaledonien ist nach wie vor nicht gelöst, politische Gewalt wurde jedoch durch einen Prozess ersetzt, der eventuell einmal zur Unabhängigkeit des Inselstaates führen könnte.

GESELLSCHAFT

Über 200.000 Menschen leben auf Neukaledonien. Die größte Bevölkerungsgruppe mit knapp 45% bilden die sogenannten Kanaken, Menschen melanesischer bzw. polynesischer Abstammung. Sie stellen die indigene Bevölkerung Neukaledoniens dar. Die Kanaken leben hauptsächlich auf den Loyalty-Inseln, wo sie 98% der Bevölkerung ausmachen. Hier konnten sich ihre Traditionen noch am besten erhalten. Der französische Teil der Bevölkerung Neukaledoniens besteht aus den Nachkommen früherer Siedler, den sogenannten Caldoches, und Franzosen, die auf beschränkte Zeit auf das Inselreich kommen, um dort zu arbeiten. Der Arbeitsmarkt Neukaledoniens wird vor allem von den riesigen Bergwerken dominiert, die Arbeiter auch aus umliegenden Inselnationen rekrutierten. Diese haben ihre Heimat vor allem in Polynesien und bilden eine weitere wichtige Bevölkerungsgruppe. Hinzu kommen Indonesier und Chinesen. Französischer Lebensstil, ausgedrückt nicht nur in der Sprache, sondern auch im Essen, der Kleidung oder im Sport, dominiert vor allem in der Hauptstadt Noumea und entlang der Westküste von Grande Terre. Insbesondere auf den Loyalty-Inseln und im Inneren von Grande Terre spielt die traditionelle Lebensweise der Kanaken nach wie vor eine Rolle.

POLITIK

Neukaledonien ist ein Staat in der Schwebe. Einerseits hat Frankreich Zugeständnisse in Richtung Unabhängigkeit gemacht, andererseits ist das Land nach wie vor ein Teil Frankreichs und die Bürger der Inselnation sind französische Staatsbürger mit einem französischen Pass. Im Noumea-Akkord ist festgelegt, dass der Kongress des Landes ein Referendum über die Frage der Unabhängigkeit nach 2014 ausrufen kann. Die Politik Neukaledoniens ist also immer noch zu einem gewissen Maße dominiert von der kolonialen Vergangenheit und der Behandlung der Kanaken.

Palmengesäumter Weg in Neukaledonien

Die politische Landschaft wird bestimmt von der l'Avenir Ensemble-Partei, die sich zwar einerseits gegen die Unabhängigkeit Neukaledoniens ausspricht, andererseits aber auch deutlich ihre Abgrenzung betont gegenüber der rechtsgerichteten, von Weißen dominierten Rassemblement pour Caledonie dans la Republique (RPCR), die sich ganz strikt gegen die Unabhängigkeit wendet. Diesen beiden Parteien gegenüber stehen Kanakenparteien, die sich mit aller Kraft für die Unabhängigkeit einsetzen. L'Avenir Ensemble, das sich mit „gemeinsame Zukunft" übersetzen lässt, setzt auf einen multikulturellen politischen Ansatz und schließt Unabhängigkeit nicht unbedingt aus.

Neben der Frage der Unabhängigkeit wird die Politik Neukaledoniens von der Herausforderung bestimmt, die ökologischen Auswirkungen des enormen Nickelbergbaus auf die einzigartige Natur der Insel Grande Terre zu minimieren, ohne ökonomischen Schaden anzurichten.

WIRTSCHAFT

Die zwei Grundstützen der Wirtschaft Neukaledoniens sind der Reichtum an Bodenschätzen und der Tourismus. Auf Grande Terre befinden sich die größten Nickelvorkommen der Erde und momentan ist Neukaledonien weltweit der drittgrößte Nickelproduzent. Neben Nickel werden auch große Vorkommen von Eisen, Mangan und Chrom abgebaut. Die mineralienreiche Insel Grande Terre beherbergt zudem kleinere Vorkommen an Kupfer, Blei, Zink und Gold. Der Tourismus konzentriert sich hauptsächlich auf den Süden von Grande Terre um die Hauptstadt Noumea und auf die wunderschöne Ile des Pins. Das hohe Preisniveau Neukaledoniens macht allerdings den Besuch des Südseelandes für viele unerschwinglich. Die meisten Besucher kommen aus Frankreich, Japan sowie aus dem verhältnismäßig nahe gelegenen Australien und Neuseeland. Die Landwirtschaft (vor allem Kaffee und Kopra), Viehzucht und die Fischerei tragen zu einem kleinen Teil zum Bruttosozialprodukt der Inselnation bei.

REGIONEN

GRANDE TERRE

Die lang gezogene, zigarrenförmige Hauptinsel Grande Terre bildet den Hauptanteil der Landfläche Neukaledoniens. Die riesige Insel wird in zwei Provinzen unterteilt: die Süd- und die Nordprovinz. Geologisch gesehen stellt die Insel in Melanesien eine Sonderstellung dar: Grande Terre war einst Bestandteil des Superkontinents Gondwana und ist nicht – wie alle anderen gebirgigen Inseln der Region – vulkanischen Ursprungs.

Die Ausmaße der Insel sind beeindruckend: Sie umfasst 16.350 Quadratkilometer Fläche, ist 350 Kilometer lang und zwischen 50 und 70 Kilometer breit. Entlang des gesamten Inselausmaßes verläuft eine Bergkette, deren höchster Gipfel der Mont Panie mit 1628 Metern ist. Dieses Inselgebirge wird unterteilt in das Massif du Humboldt im Süden, das Massif du Boulinda im zentralen Bereich der Insel und dem Massif du Panie mit dem höchsten Berg des Landes im Nordosten der Insel. Nur wenige Straßen führen in das zum Teil äußerst zerklüftete Innere der Insel. Während sich eine Straße entlang der gesamten Westküste hinzieht, gibt es an der Ostküste keine durchgehende Straßenverbindung. Grande Terre ist berühmt für seinen Reichtum an Bodenschätzen, die seit Jahrzehnten ausgebeutet werden. Der Schwerpunkt des Bergbaus liegt um die Bergbauorte Thio, Canala, Poro und Kouaoua an der Ostküste und bei Nepoui an der Nordwestküste von Grande Terre. Aber es ist nicht nur der Reichtum an Bodenschätzen, für den Grande Terre berühmt ist. Auf der großen Insel, die sich vor etwa 80 Millionen Jahren von Gondwana loslöste, hat sich die vielleicht größte Artenvielfalt pro Quadratkilometer auf der Welt entwickelt. 80 % der 3250 bisher beschriebenen Blütenpflanzen auf Neukaledonien sind endemisch. Die meisten davon kommen nur auf Grande Terre vor.

Amedee ist mit 56 Metern einer der höchsten Leuchttürme der Welt. 247 Stufen führen hinauf, und wer diese auf sich nimmt, wird mit einem atemberaubenden Blick über Neukaledonien belohnt.

ILE DES PINS

Die nach den auffälligen Araukarienbäumen benannte Ile des Pins liegt 50 Kilometer südöstlich von Grande Terre. Die Insel misst 17 Kilometer von Nord nach Süd und 17 Kilometer von Ost nach West. Geologisch ist die Insel eine Kombination aus Vulkangestein und dem Kalkstein eines hochgehobenen Riffs. Der höchste Punkt der Insel ist der 262 Meter hohe Pic N'Ga. Die Insel ist bekannt für ihre traumhaften Buchten und stellt eines der schönsten Touristenziele der Südseenation dar. Hier leben etwa 1700 Menschen.

LOYALTY-INSELN

Vier durch tektonische Vorgänge hochgehobene Atolle bilden die Gruppe der Loyalty-Inseln. Die relativ flachen Inseln – der höchste Punkt erreicht gerade einmal 140 Meter auf der Insel Mare – sind aus Kalkstein aufgebaut und geologisch jünger als Grande Terre. Die Loyalty-Inseln bilden die Kanaken-Hochburg Neukaledoniens, wo sich die Kultur und die Traditionen der indigenen Bevölkerung der Inselnation am besten erhalten haben. Lifou (etwa 10.000 Einwohner) ist mit einer Fläche von 1200 Quadratkilometern die größte der vier Inseln. Das administrative Zentrum der Loyalty-Inseln, We, liegt auf Lifou. Die Insel ist wegen der zahlreichen Höhlen und der traumhaften Strände berühmt. Die Nummer zwei im Inselreigen ist Mare mit einer Fläche von 650 Quadratkilometern. Mare ist zudem die höchste Insel. Sie ist bedeckt mit einer üppigen Vegetation, während die Küste durch beeindruckende Klippen dominiert wird. Die lang gezogene Insel Ouvea besteht aus zwei mit einer dünnen Landbrücke verbundenen Kalksteinmassen. Vor der Westküste der Insel liegt eine Lagune, die von 21 Inselchen eingerahmt wird. Es leben etwa 4000 Menschen auf der Insel, die vor allem durch politische Gewalt bekannt wurde. Die kleinste Insel der Loyalty-Gruppe ist Tiga, die zwischen Mare und Lifou liegt.

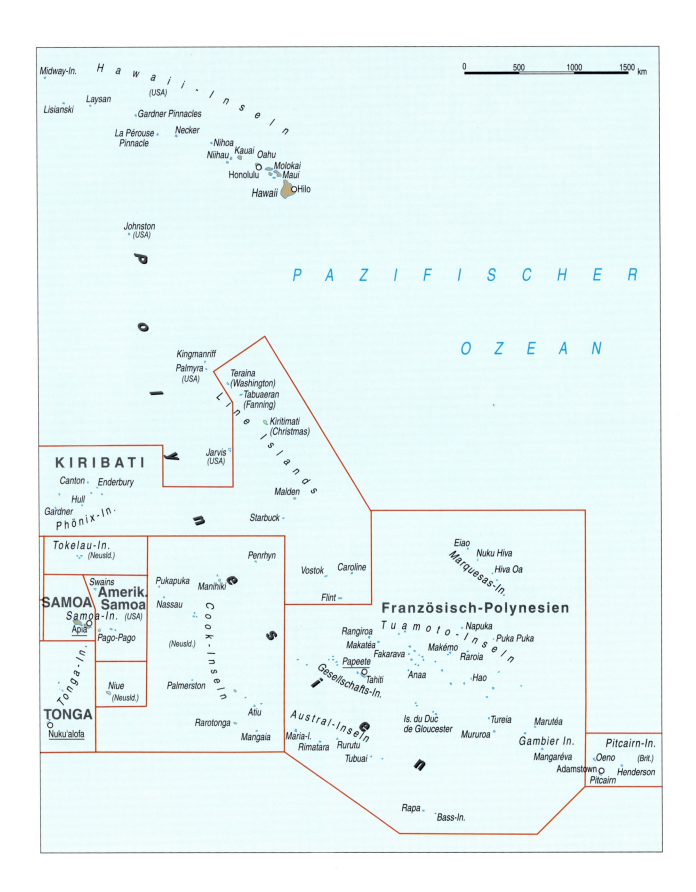

POLYNESIEN

EINE EINFÜHRUNG

Polynesien formt eine ausgedehnte Region im Südpazifik mit zahlreichen Inseln und Inselgruppen. Der Begriff Polynesien kann mit „viele Inseln" übersetzt werden. Die Region spannt sich über 50 Millionen Quadratkilometer. Polynesien ist aber nicht nur ein geografischer Oberbegriff, sondern auch ein kultureller. Das geografische „Dreieck" Polynesiens spannt sich zwischen den weit auseinander liegenden Fixpunkten Hawaii, Neuseeland und den Osterinseln. Dazwischen liegen zahlreiche Inselnationen wie Französisch Polynesien, Samoa und Amerikanisch-Samoa, Tonga, die Cook Islands sowie viele kleine Inselstaaten.

Dicht bewaldete Berghänge im Inneren der Marquesas-Insel Fatu Iva. Auf der abgelegenen Insel hat sich die ursprüngliche Vegetation des Archipels noch gut erhalten können.

FRANZÖSISCH POLYNESIEN

GEOGRAFIE

Französisch Polynesien liegt im Zentrum der Region Polynesien und besteht aus über 130 Inseln mit einer Gesamtlandfläche von etwa 4200 Quadratkilometern. Die Hauptinsel mit dem administrativen Zentrum Papeete ist die Insel Tahiti, die zu den Gesellschaftsinseln gezählt wird. Neben den Gesellschaftsinseln wird Französisch Polynesien noch aus den Archipelen der Tuamotus, den Marquesas, den Austral-Inseln und den Gambier-Inseln gebildet.

Man unterscheidet in dem französischen Überseeland zwei Inseltypen: Die gebirgigen Inseln – sie bilden die erodierten Reste ehemaliger Vulkane – und die flachen Koralleninseln der Atolle. Aktive

Bora Bora gehört zu einer Gruppe von Inseln, die aus erodierten Resten einst aktiver Vulkane bestehen. Markante Felszinnen, wilde Berge und palmengesäumte Lagunen prägen das Landschaftsbild.

Vulkane gibt es auf Französisch Polynesien nicht. Die bekanntesten der gebirgigen Inseln sind Tahiti, Moorea und Bora Bora. Besonders steil und zerklüftet sind die Marquesas-Inseln. Der riesige und weit verstreute Archipel der Tuamotus dagegen besteht nur aus flachen Atollen. Meist umschließt ein Ring aus flachen Sandinseln, sogenannten Motus, eine geschützte Lagune, während die Außenseite der Inseln von Riffen geschützt ist. Die Tuamotus entsprechen dem ultimativen Südseeklischee, mit Kokospalmen, die sich über eine aquamarinblaue Lagune beugen.

Die meisten der großen, gebirgigen Inseln haben Saumriffe, die die Wellen brechen und die Küsten schützen. Außerhalb der Riffe sinkt der Meeresboden rapide in große Tiefen von über 5000 Metern ab. Die Ausnahme bilden die äquatornahen Marquesas-Inseln, an denen sich aufgrund einer kalten Meeresströmung keine Riffe gebildet haben.

FOLGENDE DOPPELSEITE:
Westküste von Raiatea, die zur Inselgruppe von Französisch Polynesien gehört

Perfektes Südseeklischee mit Kokospalmen, Lagunen und kristallklarem Wasser bietet das weit verstreute Archipel der Tuamotus.

KLIMA

Die meisten Inseln Französisch Polynesiens liegen in den Tropen. Nur die Austral-Gruppe befindet sich südlich des Steinbock-Wendekreises. Auf diesen Inseln herrschen etwas kühlere Temperaturen vor. Generell sind die Temperaturen das ganze Jahr über ausgeglichen, sodass es keine großen Schwankungen gibt. Man unterscheidet zwei Jahreszeiten: Die Regenzeit zwischen November und April, die von Hitze, hoher Luftfeuchtigkeit und Regenfällen geprägt ist, und die Trockenzeit zwischen Mai und Oktober, die etwas kühler und trockener ist. Die Inseln liegen in der Bahn der Süd-Ost-Passatwinde, die ständig Wolken an die höheren Berge der Inseln antreiben. Die Ostseite dieser Inseln ist aus diesem Grund wesentlich niederschlagsreicher als die Westseite.

GESCHICHTE

Man geht davon aus, dass die ersten Siedler vor mehreren tausend Jahren begannen, die Inseln Französisch Polynesiens zu kolonisieren. Diese Menschen kamen ursprünglich aus Asien und erreichten das Archipel über Mikronesien und Melanesien, die näher an Asien liegen. Es ist nicht eindeutig geklärt, ob diese Menschen durch Zufall oder im Zuge geplanter Expeditionen die Inseln erreichten.

Die ersten Europäer, die die Region ausgiebig erforschten, waren die Spanier und die Portugiesen, gefolgt von den Holländern, den Engländern und schließlich den Franzosen.

Englands erster Kontakt mit den Polynesiern in der Matavai-Bucht auf Tahiti endete in einer Katastrophe: Captain Samuel Wallis ankerte mit seinem Schiff HMS Dolphin in der Bucht, als eine Willkommensdelegation aus mehreren hundert Kanus angeblich Aggression zeigte. Das Resultat des anschließenden Gefechts waren zahllose Tote und versenkte Kanus. Ein Jahr später, 1768, erreichte der Franzose Louis Antoine de Bougainville Tahiti. Seine Landung verlief friedvoll, und der Bordbotaniker konnte mehrere bis dato unbekannte Pflanzen sammeln. Eine davon, die Bougainvillea, benannte er zu Ehren seines Kapitäns. Captain James Cook erreichte Tahiti am 13. April 1769 und hatte im Gegensatz zu Wallis ein friedvolles Auskommen mit den Bewohnern Tahitis.

Mit der Ankunft der Europäer erreichten aber auch bislang unbekannte Krankheiten die Insel und sie waren der Grund für einen starken Bevölkerungsrückgang.

Die erste europäische Siedlung auf Tahiti wurde 1797 von protestantischen Missionaren gegründet. Anfangs erfolglos schafften es die Missionare schließlich, König Pomaré II. vom christlichen Glauben zu überzeugen. Über 40 Jahre hinweg hatten die protestantischen Missionare einen uneinge-

Marae Taputapuatea ist die größte altpolynesische Tempelanlage und die bedeutendste Kultstätte in Französisch Polynesien.

schränkten Wirkungskreis. Dann erreichten katholische Missionare aus Frankreich die Insel. Der Versuch, sie von der Insel zu vertreiben, schlug fehl, und als sie sich weigerten, Tahiti wieder zu verlassen, wurden sie gefangen genommen und zwangsweise deportiert. Ein aufgebrachtes Frankreich sendete darauf ein Schiff nach Tahiti und verlangte eine Entschuldigung von der damals regierenden Königin Pomaré IV. Sie sollte die letzte der Pomaré-Dynastie sein, die ein unabhängiges Tahiti regierte. Im Verlauf der Verhandlungen überzeugten die Franzosen die ahnungslosen Tahitianer, ein Abkommen zu unterzeichnen, das Tahiti zu einem französischen Protektorat machte. 1842 übernahm Frankreich die Macht auf Tahiti. Wegen dieser äußerst zweifelhaften Methode der Machtübernahem kam es beinahe zum Krieg zwischen Frankreich und Großbritannien. Die Tahitianer, in der Annahme, dass die Engländer zur Hilfe kommen würden, begannen, sich den Franzosen zu widersetzen. 1847 schließlich gaben sie den Widerstand auf und am 30. Dezember 1880 wurde Tahiti eine französische Kolonie. Mit einer wachsenden Wirtschaft – Vanille, Baumwolle, Kopra und Perlmut waren die Hauptexportgüter – ergab sich ein akuter Mangel an Arbeitskräften und es kam zu einer Einwanderungswelle. Vor allem Franzosen begannen, auf den Inseln zu leben. Während des Zweiten Weltkrieges erlangte das Inselreich strategische Wichtigkeit, als die Japaner im Pazifik vordrangen. Seit 1957 sind die Inseln offiziell als Französisch Polynesien ein Überseeland Frankreichs.

GESELLSCHAFT

Die Gesellschaft Französisch Polynesiens besteht in erster Linie aus einheimischen Polynesiern, französischen Zuwanderern und chinesischen Immigranten. Polynesier stellen etwa 67% der Bevölkerung dar. Die zweitgrößte Gruppe sind die sogenannten „demis", Menschen entweder polynesisch-europäischer oder polynesisch-chinesischer Mischung. Sie stellen über 16% der Bevölkerung dar. Den Rest bilden Europäer und Chinesen. Im Großen und Ganzen haben sich die verschiedenen ethnischen Gruppen in den Alltag integriert und existieren erfreulicherweise mehr miteinander als nebeneinander in der Gesellschaft Französisch Polynesiens.

Nur die Polynesier selbst haben gelegentlich Probleme, sich in der inzwischen stark verwestlichten Gesellschaft vor allem auf Tahiti, aber auch auf den anderen Gesellschaftsinseln einzufügen. Die traditionelle polynesische Kultur wurde trotz der Bemühungen seitens der Missionare nicht vollkommen zerstört. Traditionelle Kunst – wie die Tätowierung, die Tänze und die Musik – hat sich erhalten und stellt heute wieder einen wichtigen Bestandteil der Kultur dar. Eine Besonderheit der polynesischen Gesellschaft sind die sogenannten Rae Rae – Transvestiten – und Mahu, polynesische Männer, die als Frauen erzogen werden. Während man unter den Rae Rae in erster Linie Prostituierte versteht, gelten die Mahu als wichtige Stützen der Hotellerie und dem Restaurantgewerbe und sind ein selbstverständlicher Bestandteil der polynesischen Gesellschaft. Die etwa 220.000 Menschen umfassende Bevölkerung der Inselnation ist im Vergleich zu westlichen Nationen sehr jung.

LINKE SEITE:
Bewohner von Nuku Hiva – der größten und bevölkerungsreichsten Insel der Marquesas-Gruppe

POLITIK

Der Widerstand gegen Frankreich als Kolonialmacht war seit der Machtübernahme latent vorhanden und ist nie völlig gestorben. Ausdruck dafür war die Gründung der politischen Partei Rassemblement Democratique des Populations Tahitiennes (RDPT) durch den bekannten und populären Politiker Pouvanaa a Oopa im Jahre 1949. Über zehn Jahre hinweg sprach er sich gegen die Herrschaft Frankreichs aus. Seine Partei zerfiel, als sich bei einem Referendum 1958 ein Großteil der Bevölkerung für einen Verbleib bei Frankreich aussprach. Die gewalttätigen Unruhen, die im Oktober desselben Jahres in Papeete stattfanden, wurden ihm in die Schuhe geschoben und er musste nach Frankreich ins Exil gehen. Mit dem ersten Atombombentest 1966 auf den Tuamotu-Atollen Muroroa und Fangataufa rückte die Südseenation in den Blickpunkt der Weltöffentlichkeit. Trotz Opposition in Französisch Polynesien und internationalem Protest testete Frankreich bis 1996 Atombomben auf den Atollen. Der Wunsch nach Unabhängigkeit wird immer wieder laut in Französisch Polynesien und inzwischen erfreut sich die Nation einer gewissen Autonomie. Unabhängigkeit aber würde das Ende des Geldflusses aus Frankreich bedeuten, mit großen wirtschaftlichen und sozialen Konsequenzen.

Zentrales Regierungsgebäude in Papeete, der Hauptstadt von Tahiti

WIRTSCHAFT

Französisch Polynesien hat keine wirtschaftlich bedeutenden Rohstoffvorkommen. Die größte Einnahmequelle des Inselreichs ist heute der Tourismus. Ansonsten können die Inseln wirtschaftlich nur dank der Unsummen, die Frankreich in den Archipel pumpt, überleben. Die meisten Güter müssen eingeführt werden, eine teure Angelegenheit angesichts der Abgelegenheit Französisch Polynesiens. Sind die Güter erst einmal im Land, werden sie mit horrenden Einfuhrsteuern bedacht, was sie weiter verteuert.

Vanilleschoten (Foto links) und Noni-Früchte sind zwei der wenigen Exportgüter von Französisch Polynesien

Wegen der wilden und gebirgigen Topografie der meisten Inseln ist Landwirtschaft im großen Stil nicht möglich. Auf einigen Inseln gibt es Vanilleplantagen. Berühmt sind die schwarzen Perlen Tahitis, die in Perlenfarmen gezogen werden. Neben Vanille und Perlenprodukten bilden die Nonifrucht, Kopra und Fisch die bedeutendsten Exportgüter. Frankreich ist der wichtigste Handelspartner, gefolgt von den USA, Japan und den großen „Nachbarn" Australien und Neuseeland. Im Vergleich zu anderen Ländern im Südpazifik ist Französisch Polynesien eines der reichsten und hat einen hohen Lebensstandard. Dieser Wohlstand allerdings wird durch die Gelder, die von Frankreich auf die Inseln fließen, künstlich hochgehalten.

REGIONEN VON FRANZÖSISCH POLYNESIEN

DIE GESELLSCHAFTSINSELN

Zu den Gesellschaftsinseln zählen neben Tahiti – der Hauptinsel Französisch Polynesiens – die bekannten Inseln Moorea, Huahine, Raiatea, Tahaa, Bora Bora sowie die kleinen Inseln Maupiti, Tupai, Maiao, Tetiaroa und die unbewohnte Insel Mehetia. Der Archipel wird unterteilt in die Windwardinseln (Tahiti, Moorea und drei kleiner Inseln) und die Leewardinseln. Vor allem mit ihren wilden Vulkanbergen und der Lagune mit dem Saumriff als Inbegriff einer Südseeinsel bilden Tahiti, Moorea und Bora Bora die touristischen Zugpferde des Landes. Eine ausgeprägte Infrastruktur mit Resorts, Flugplätzen und einer ganzen Reihe von Aktivitäten ermöglicht einen einträglichen Tourismus für jene Urlauber, die es sich leisten können.

FOLGENDE DOPPELSEITE:
Bora Bora (links oben);
Raiatea (links unten);
Urlaubsresort auf Bora Bora (rechts oben und unten)

Der Verkauf von selbst hergestellten Taschen oder Hüten ist eine der möglichen Einnahmequellen, die sich aus dem wachsenden Tourismusboom ergeben.

Tahiti ist die wichtigste Insel Französisch Polynesiens. Hier befindet sich Papeete, das administrative Zentrum und die Hauptstadt des Südseestaates. Die Insel ist das wirtschaftliche Zentrum der Nation und bildet mit dem internationalen Flughafen das wichtigste Einfallstor von Französisch Polynesien. Außer den beiden Atollen Tupai und Tetiaroa sind alle Gesellschaftsinseln gebirgig und werden durch die verwitterten Reste einstiger Vulkane gebildet.

DIE MARQUESAS-INSELN

Das aus 15 Inseln bestehende Archipel der Marquesas liegt etwa 1400 Kilometer nordöstlich von Tahiti. Der nächste Nachbar sind die 500 Kilometer entfernten Tuamotus. Nicht umsonst gelten die äquatornahen Marquesas-Inseln als einer der abgelegensten Archipele der Welt. Alle Inseln sind zerklüftet und gebirgig, erheben sich ohne schützendes Saumriff aus dem Ozean. Wilde Steilküsten, Klippen und Felsnadeln charakterisieren die Inseln. Die klischeehafte Schönheit und Lieblichkeit anderer Südseeinseln Französisch Polynesiens fehlt den Marquesas. Die Küsten sind den Wellen des Pazifiks ausgesetzt und geschützte Naturhäfen sind selten. Strände gibt es kaum. Sechs der insgesamt 15 Inseln sind bewohnt und es leben zusammen etwa 6000 Menschen auf ihnen.

Kirche von Moorea

Der Archipel wird in zwei Gruppen aufgeteilt: die südlichen Marquesas mit den bewohnten Inseln Fatu Hiva, Tahuata, Hiva Oa und Fatu Huku sowie der unbewohnten Insel Motane, und die nördlichen Marquesas. Sie bestehen aus den bewohnten Inseln Ua Pou und Nuku Hiva sowie den unbewohnten Ua Huka, Hatu Iti, Elao, Hatutu und Motu One. Berühmt sind die Marquesas, die sich selbst als Te Henua Enana – Menschenland – bezeichnen, wegen ihres archäologischen Reichtums. Die abgelegenen Inseln haben in ihrer Vergangenheit Künstler und Abenteurer angezogen: Jaques Brel und Paul Gaugin lebten auf ihnen, Herman Melville oder Robert Luis Stevenson schrieben über sie. In jüngster Zeit kam es auf den Inseln zu einer kulturellen Renaissance, die sich in einem gestiegenen kulturellen Selbstbewusstsein ausdrückt. Obwohl die bewohnten Inseln der Marquesas per Flugzeug mit Tahiti verbunden sind, ist der Transport zwischen den Inseln sehr sporadisch. Die beste Möglichkeit, die abgelegene Inselwelt der Marquesas zu erleben, ist auf einer Kreuzfahrt mit dem Frachter Aranui III., der die Inseln auf regelmäßigen Versorgungsfahrten anläuft und auch Passagiere mitnimmt.

Begrüßungstanz in Hakahau auf der Marquesasinsel Ua Pou.

TUAMOTUS

Die Tuamotus bestehen aus 77 Atollen und erstrecken sich über eine gewaltige Fläche von etwa 20.000 Quadratkilometern. Sie stellen damit die größte Inselgruppe Französisch Polynesiens dar. Alle Inseln sind ringförmige Atolle, die eine Lagune umschließen. Während einige komplett geschlossen sind, haben andere Passagen zur Lagune. Die Größe der Atolle variiert stark: Rangiroa erstreckt sich über 75 Kilometer, während die kleinsten Atolle gerade einmal ein paar Kilometer groß sind. Die Landfläche dieser Koralleninseln beträgt nur etwa 700 Quadratkilometer, sie umschließen aber Lagunen, die zusammen etwa 6000 Quadratkilometer ausmachen. Zweifelhafte Berühmtheit erlangten die Tuamotus aufgrund der sich über Jahrzehnte hinziehenden Atombombentests der Franzosen. Die Atolle Muroroa und Fangataufa sind nach wie vor militärische Sperrzonen. Andere Atolle, wie Rangiroa, die touristische Hauptinsel der Tuamotus, oder Tikehau, Arutua, Manihi oder Mataiva sind auf Besucher ausgerichtet. Nur Rangiroa und Manihi bieten Hotels von internationalem Standard. Auf den anderen Inseln kann man ein mehr oder weniger ungeschminktes Südseeparadies erleben, wenn man bereit ist, Abstriche im Hinblick auf den Komfort zu machen.

Die Abendsonne taucht die Bucht von Hanavave auf Fatu Iva in goldenes Licht.

Blick auf eine Insel der Tonga-Gruppe. Gut zu erkennen ist das Saumriff, das den Inseln wie ein Schutzschild vorgelagert ist. Der Wechsel von azurfarbenem zu tiefblauem Wasser zeigt, dass jenseits des Riffs der Meeresboden abrupt in große Tiefen absinkt.

GAMBIER-INSELN

Der Archipel der Gambier-Inseln liegt ganz im Südosten von Französisch Polynesien, etwa 1600 Kilometer von Tahiti entfernt. Dank ihrer südlichen Lage ist das Klima auf den gebirgigen Inseln kühler und trockener als im Rest der Inselnation. Mangareva ist die größte und am stärksten besiedelte Insel des Archipels. Zusammen mit Taravai, Akamaru und Aukena bilden sie die wichtigsten Inseln des Gambier-Archipels, der im Norden, Osten und Süden halbmondförmig von einem Saumriff mit zahlreichen Motus – flachen Koralleninseln – umgeben ist. Die Perlenzucht bildet die Stütze der lokalen Wirtschaft. Tourismus trägt zu einem kleinen Teil zur Wirtschaft bei.

AUSTRAL-INSELN

Die Austral-Inseln liegen direkt südlich der Gesellschaftsinseln am Wendekreis des Steinbocks. Dank der südlichen Lage ist das Klima, wie auf den Gambier-Inseln, etwas kühler und trockener. Fünf der Inseln sind bewohnt: Rimatara, Rurutu, Tubuai, Raivavae und Rapa. Insgesamt leben etwa 6000 Menschen hier. Touristisch noch kaum entdeckt, gelten diese Inseln als die Speisekammer Polynesiens mit einer Landwirtschaft, die dank fruchtbarere Ebenen floriert. Geologisch gesehen unterscheiden sich einige Inseln vom Rest Französisch Polynesiens. Vor allem bei der Insel Rurutu handelt es sich um ein durch tektonische Vorgänge hochgehobenes Korallenriff, und von Höhlen durchzogener Kalkstein ist das vorherrschende Gestein.

TONGA

GEOGRAFIE

Das Königreich Tonga liegt etwa 600 Kilometer südöstlich von Fidschi im südwestlichen Pazifik. Der Archipel besteht aus 170 Inseln, von denen 36 bewohnt sind. Die Hauptinsel ist Tongatapu, auf der mehr als Zweidrittel der Bevölkerung leben – die meisten davon in der Hauptstadt Nuku'alofa.

Der Archipel liegt in einer Zone, in der eine Kontinentalplatte unter die andere taucht. Das Ergebnis ist, dass die Inseln nach Osten in Richtung des über 10.000 Meter tiefen Vityaz-Graben gezogen werden. Tonga bewegt sich etwa zehn Zentimeter pro Jahr auf Samoa zu. Die Lage auf der Überlappungszone bedeutet zudem Erdbeben und Vulkanismus. Man unterscheidet deshalb auf Tonga verschiedene Inseltypen: Vulkaninseln wie die drei Inseln der Niuas-Gruppe oder der Ha'apai-Gruppe, auf denen es – wie auf Niuafo'ou und Tofua – noch aktive Vulkane gibt. Um Tonga existieren zudem Unterwasser-Vulkane. Neben diesen gebirgigen Vulkaninseln gibt es die flachen Koralleninseln und solche Inseln, die durch tektonische Vorgänge hochgehobene Korallenriffe darstellen.

VORHERIGE DOPPELSEITE: Hiva Oa ist die größte der südlichen Marquesas-Inseln. Der französische Maler Paul Gauguin lebte auf dieser Insel und ist hier auch begraben.

Schmaler Meerespass zwischen den palmengesäumten Stränden von Tonga

KLIMA

Tongas Klima ist tropisch warm und schwül, mit wenigen Änderungen über das Jahr hinweg. Gewisse klimatische Unterschiede in dem weit verstreuten Archipel sind geografisch begründet: Je näher die Insel am Äquator liegt, desto wärmer und feuchter ist das Klima. So sind die Temperaturen und die Niederschlagsmengen auf der Vava'u und den nördlich davon gelegen Niuas-Inseln höher als in der Tongatapu-Gruppe.

Die Monate November bis April gelten als Regenzeit. In diesen Monaten, besonders zwischen Januar und März, besteht auch die Gefahr tropischer Wirbelstürme.

Tropische Stürme bis hin zu Taifunen sind insbesondere in den Monaten November bis April eine Gefahr für die tropische Inselwelt.

RECHTE SEITE:
Tonga zeichnet sich durch feuchtwarmes Klima aus – beste Voraussetzungen für das Gedeihen von Hibiskus und Frangipani (rechts unten)

GESCHICHTE

Wie auch bei Samoa geht man heute davon aus, dass Menschen des Lapita-Volkes etwa um 1100 vor Christus auf den Inseln ankamen, die heute die Nation Tonga bilden. Unterstützt wird dieses Datum durch Ausgrabungen, bei denen die für die Lapita so typischen Töpfereien gefunden wurden und datiert werden konnten. Die Linie der Könige von Tonga geht zurück bis ins 10. Jahrhundert. Seither trugen nahezu 40 Männer diesen Titel und bestimmten die Geschicke des Königreichs.

Im Zeitalter der Erforschung des Südpazifiks durch die Europäer tauchten bekannte Personen vor den Inseln des Königreichs Tonga auf: Neben Captain James Cook auch Abel Tasman, der bereits Australien seinen Stempel aufgedrückt hatte und als der erste Besucher Tongas gilt. Unter den französischen Seefahrern sind die illustren Namen von Antoine d'Entrecasteaux und la Perouse.

Dann nahm die Entwicklung ihren gewohnten Weg. Den vielleicht größten Einfluss hatten die Missionare. Sie brachten nicht nur das Christentum, sondern waren an der Bildung des Inselreiches Tonga beteiligt, wie es sich heute noch darstellt. 1831 wurde der damalige König George Tupou I. getauft. Er schaffte es, Tonga zu vereinigen, und mit Hilfe der Missionarin Sherley Baker erklärte er Tonga zu einem Königreich nach westlichem Vorbild.

Zwischen 1901 und 1952 war Tonga Bestandteil der British Western Pacific Territories. 1970 trat Tonga dem Commonwealth der Nationen bei und wurde 1999 Mitglied der UN. Die über Jahrzehnte äußerst stabile politische Landschaft Tongas bekam 2005 erste Risse, als Beamte begannen, für eine Gehaltserhöhung zu streiken. Dies führte über die Wochen hinweg zu einer pro-demokratischen Bewegung, die sich gegen die Allgewalt, die Vetternwirtschaft und die Korruption des Königshau-

ses aussprach. Im November 2006 kam es zu Unruhen in der Hauptstadt und es wurde der Notstand ausgerufen. Am 10. Dezember starb König Tafau'ahau Tuipou IV. Seine Nachfolge trat sein ältester Sohn an. Er trägt den Titel Siaosi Tupou V.

GESELLSCHAFT

Die über 100.000 Menschen zählende Bevölkerung von Tonga ist äußerst homogen und besteht zu einem überwiegenden Teil aus Polynesiern. Hinzu kommen ein paar wenige Weiße und eine kleine Gruppe Chinesen. Das Alltagsleben auf den Inseln wird von strengen Regeln bestimmt und Religion ist ein wichtiger Bestandteil der Gesellschaft Tongas, was sich durch 98% der christlichen Glaubensträger in der Bevölkerung manifestiert. Zahlreiche Tongaer leben und arbeiten im Ausland und die Familien auf den Inseln sind wirtschaftlich oft abhängig von Familienmitgliedern außerhalb des Inselreichs. Ein interessanter Seitenaspekt der Gesellschaft Tongas sind die sogenannten „fakaleiti", Männer, die sich wie Frauen kleiden und verhalten und sich auch als solche betrachten. Gesellschaftlich erfahren die „fakaleiti" weitgehende Akzeptanz.

POLITIK

Tonga ist eine konstitutionelle Monarchie nach westlichem Vorbild. Das Land hat ein gewähltes Parlament und das Volk kann für neun der 30 Sitze dort abstimmen. Neun weitere Sitze sind für den Adel reserviert, die restlichen Repräsentanten werden vom König bestimmt.

Tonga ist eine Demokratie im Ansatz, bei der die politische Macht nach wie vor beim Königshaus liegt. Das gesamte Land ist im Besitz des Königs und traditionell wird jedem männlichen Tongaer mit Erreichen des 16. Lebensjahres eine Parzelle Land zugewiesen. Mit der wachsenden Bevölkerung ist allerdings nicht genug Land vorhanden und viele Tongaer sind gezwungen, das Inselreich zu verlassen und im Ausland zu arbeiten. Die Mitglieder der königlichen Familie und eine einflussreiche Gruppe an Adligen leben im relativen Überschwang, während der Rest der Bevölkerung vergleichsweise bescheiden leben muss. Eine pro-demokratische Bewegung auf Tonga prangert diese sozialen Missstände und die Allgewalt des Königs an. Man wirft der Königsfamilie Korruption und Klüngeleien mit anderen einflussreichen Mitgliedern der Elite vor. Die Bewegung vertritt demokratische Reformen und die Ansicht, dass mehr Vertreter des gemeinen Volkes im Parlament sitzen sollten. In den letzten Jahren wurden mehrere Vertreter der Demokratiebewegung verhaftet und die Pressefreiheit eingeschränkt.

WIRTSCHAFT

Die Wirtschaft Tongas stützt sich in erster Linie auf landwirtschaftliche Produkte wie Kokosnüsse, Vanille, Bananen und Squash, eine kleine Speisekürbisart. Diese Produkte machen etwa 30% des Bruttosozialprodukts und Zweidrittel aller Exporte aus. Der Industriesektor erwirtschaftet nur etwa 10 % des Bruttosozialprodukts. Bislang ist der Tourismus relativ unterentwickelt, soll aber in Zukunft eine wichtige wirtschaftliche Rolle spielte. Die Regierung Tongas konzentriert sich auf einen Ausbau der Tourismusindustrie, dem privaten Sektor und bemüht sich um Investoren. Tonga ist, wie die meisten anderen Südseestaaten, von einem gewaltigen Handelsdefizit geplagt, denn die meisten Güter müssen eingeführt werden. Die Wirtschaft Tongas ist zudem abhängig von den Beiträgen jener Tongaer, die im Ausland leben und arbeiten. Dies trifft für etwa die Hälfte aller Tongaer zu.

Bewohnerin von Tonga. Die Insel ist nicht zuletzt bekannt für ein Schönheitsideal, das dem auf Schlankheit ausgerichteten europäischen Ideal widerspricht. Dicksein gilt auf Tonga als Zeichen von Gesundheit und Kraft. Gewichtigstes Vorbild hierfür war der 2006 verstorbene Monarch der Inselnation: Taufa´ahau Tupou IV fand als dickster Monarch der Welt einen Eintrag ins Guiness Buch der Weltrekorde, auch wenn er – von Krankheiten geplagt – gegen Ende seines Lebens Diäten und Sport betrieb und dieses auch seinen Untertanen nahelegte.

REGIONEN VON TONGA

DIE TONGATAPU-GRUPPE

Die Tongatapu-Gruppe besteht aus der Hauptinsel Tongatapu, die mit einer Fläche von 260 Quadratkilometern auch die größte Insel des Königreichs ist. Die Hauptstadt Nuku'alofa, in der mit 23.000 Menschen ein Großteil der Inselbevölkerung lebt, liegt auf dieser Insel. Nuku'alofa ist Regierungssitz, Wohnort der königlichen Familie und das wichtigste Einfallstor des Archipels. Die zweitgrößte Insel der Gruppe ist 'Eua. Die Insel ist hügelig und erreicht mit 312 Metern ihren höchsten Punkt. 'Eua wurde durch tektonische Vorgänge hochgedrückt und besteht aus Kalkgestein mit einer Schicht vulkanischer Erde, die aus Ablagerungen von großen Vulkanausbrüchen in der Vergangenheit entstanden ist. Darüber hinaus ist die Insel reich an Höhlen.

DIE HA'APAI-GRUPPE

Zentral im Inselreich Tongas gelegen, setzt sich die Ha'apai-Gruppe aus insgesamt 36 Inseln zusammen. Die meisten Inseln sind flache Koralleninseln mit Riffen und Lagunen. Den Kontrast dazu bilden die beiden Inseln Kao und Tofua. Beide Inseln sind Vulkane. Kao ragt 1109 Meter auf und Tofua (507 m) gilt als der aktivste Vulkan Tongas. Touristisch am bedeutendsten ist die Lifuka-Gruppe, zu der unter anderem die Inseln Foa, Nukunamo, Ha'ano, Uoleva und 'Uiha gehören.

DIE VAVA'U-GRUPPE

Die Vava'u-Gruppe besteht aus der Hauptinsel Vava'u und etwa 50 kleineren Inselchen. Auf Vava'u liegt die zweitgrößte Stadt Tongas, Neiafu, mit knapp 6000 Einwohnern. Die Topografie der Inseln ist relativ flach, mit niedrigen Hügeln. Die Inseln sind aus Kalkstein aufgebaut. Der Archipel gilt als eines der schönsten Segelreviere der Welt und hat einen guten Namen unter Tauchern und Hochseeanglern. Der Archipel ist neben der Insel Tongatapu die touristische Hochburg des Inselreiches und zieht vor allem jene an, die im Urlaub aktiv sein wollen. Neben segeln, tauchen und angeln ist wandern, Rad fahren und Seekajaking sehr beliebt. Seit 2006 gibt es nach dem Ausbruch eines Vulkans unter dem Meeresspiegel am Home Reef eine neue Insel, die südwestlich der Vava'u-Gruppe liegt.

Paradiesische Ausblicke auf Tonga

DIE NIUAS-GRUPPE

Die aus drei Vulkaninseln bestehende Gruppe liegt ganz im Norden des Inselkönigreichs abseits ausgetretener Touristenpfade. Die Inseln befinden sich etwa 280 Kilometer nördlich von Vava'u und nahezu 600 Kilometer nördlich von Tongatapu. Niuafo'ou ist mit über 50 Quadratkilometer die größte Insel des Trios und ist ein aktiver Vulkan. Der letzte bedeutendere Ausbruch fand 1946 statt. Es leben etwa 750 Menschen auf der Vulkaninsel. Den größten Bevölkerungsanteil der Niuas-Gruppe aber hat die Insel Niuatoputapu, auf der 1400 Menschen leben. Die Fläche dieser Insel beträgt allerdings nur 18 Quadratkilometer.

COOK-INSELN

GEOGRAFIE

Die Südseenation der Cook-Inseln besteht aus insgesamt 15 Inseln, die zusammen eine Landmasse von gerade einmal 241 Quadratkilometern haben. Über 67 Quadratkilometer davon nimmt allein die Hauptinsel Rarotonga ein. Auf Rarotonga befindet sich auch die Hauptstadt Avarua. Die Inseln liegen etwa in der Mitte zwischen Samoa und Tahiti und werden in zwei Gruppen unterteilt, die nördlichen und die südlichen Cook-Inseln. Dazwischen erstrecken sich fast 1000 Quadratkilometer Meer. Man unterscheidet bei den Cook-Inseln zwei Inseltypen: Jene, die durch Vulkanismus gebildet wurden und praktisch die erodierten Reste uralter Vulkane darstellen, und jene, die aus alten Korallenriffen bestehen, die durch tektonische Vorgänge aus dem Wasser gehoben wurden. Wie in der Entstehungsgeschichte unterscheiden sich die Inseltypen deshalb auch in der Geologie. Die gehobenen Inseln bestehen aus Kalkstein und weisen Höhlen auf.

KLIMA

Das Klima der Cook-Inseln ist tropisch und wird durch die vorherrschenden Passatwinde abgemildert. Man differenziert zwei Saisons, die Trockenzeit von April bis November und die regenreichere und schwülere Jahreszeit zwischen Dezember und März. Gelegentlich werden in dieser Jahreszeit die Inseln von tropischen Wirbelstürmen heimgesucht.

Aitutaki-Lagune auf Aitutaki. Die knapp 2000 Einwohner zählende Insel gehört zur Gruppe der südlichen Cook-Inseln.

GESCHICHTE

Man geht davon aus, dass die Cook-Inseln von Polynesiern aus dem heutigen Französisch Polynesien vor etwa 1500 Jahren besiedelt wurden. Die Kultur konnte sich auf den fernen Inseln ungehindert entwickeln und entfalten – bis zur Ankunft der Europäer. Neben spanischen Seefahrern, die die Inseln als erste Europäer sahen, spielte wie überall im Südpazifik der Weltumsegler Captain James Cook eine Rolle. Er kartografierte die Inseln und verpasste ihnen englische Namen. Und wie überall im Südpazifik folgten den Forschern und Seefahrern die Missionare. Hervorzuheben ist der Reverent John Williams, der die Inseln jahrzehntelang mit einer eisernen Hand führte. Unter den Missionaren wurde – wie so oft – die reiche Kultur der Cook-Insulaner unterdrückt. Ein weiterer Schlag für die Inselbewohner waren die Krankheiten, die mit den Missionaren auf die Insel kamen, und die Bevölkerung dezimierten.

1888 wurde Rarotonga ein britisches Übersee-Protektorat. Großbritannien verlor allerdings schnell das Interesse an dem fernen Inselreich und 1901 annektierte Neuseeland die Cook-Inseln. Im Zweiten Weltkrieg blieb den Cook-Inseln das Schicksal vieler anderer Inseln in der Region erspart, direkt in die Kampfhandlungen mit einbezogen zu werden. 1965 gab Neuseeland den Cook-Inseln das Recht zur Selbstverwaltung. Mit der Unabhängigkeit der Inselnation kamen Geburtswehen. Der erste Premierminister der jungen Nation, Sir Albert Henry, stürzte politisch spektakulär ab, als man ihm nachweisen konnte, dass er für die Wahlen hunderte von Anhängern, die ihm ihre Stimmen gaben, auf Staatskosten hatte einfliegen lassen. Die Wahl ging deshalb an die Oppositionspartei. Die Cook-Inseln haben nach wie vor eine enge Beziehung zu Neuseeland.

Urlaubsresort auf Rarotonga

GESELLSCHAFT

Die Bewohner der Cook- Inseln sind Polynesier mit einer engen Beziehung zu den Maori. Zwar zeigt sich die Hauptinsel Rarotonga modern und westlich, die Maorikultur hat aber trotz der Einflüsse der Missionare und der Moderne einen hohen Stellenwert in der Kultur der Inselbewohner.

POLITIK

Die Cook-Inseln haben ein am englischen Westminster-System angelehntes Parlament. Das Zweikammern-Parlament besteht aus dem Unterhaus mit 27 Sitzen und dem Oberhaus oder House of Ariki, in dem die Führer traditionell versammelt sind. Diese bestimmen über traditionelle Fragen und haben einen großen Einfluss. Die Inseln verwalten sich selbst, was die internen Affären betrifft, haben aber keine legislative Macht. In der Außenpolitik und der Verteidigung liegt die Verantwortung nach wie vor bei Neuseeland – in enger Abstimmung mit der Regierung der Cook-Inseln. Diese wird vom Premierminister geleitet. Staatsoberhaupt ist nach wie vor die englische Königin, vertreten von einem Gouverneur. Neuseeland ist durch den neuseeländischen Hochkommissar vertreten. Wahlen finden alle fünf Jahre statt und sind traditionell ein Kampf zwischen den beiden führenden Parteien, der Cook Island Party (CIP) und der Cook Islands Democratic Party.

WIRTSCHAFT

Die Wirtschaft der Cook-Inseln ist von einem riesigen Außenhandelsdefizit – es wird wesentlich mehr importiert als exportiert – und einer hohen Staatsverschuldung geprägt. Finanzielle Unterstützung vor allem aus Neuseeland und besonders der Tourismus helfen, diesem Problem zumindest in gewisser Weise entgegenzuwirken. Weitere Hürden der Wirtschaft sind die Isolation der Inseln von den wichtigen Märkten, das Fehlen von Rohstoffen und die unbedeutende Größe des Binnenmarktes. Neben dem Tourismus bildet die Landwirtschaft die wichtigste Stütze der Nation. Hier sind etwa etwa ein Drittel der Bevölkerung beschäftigt. Angebaut werden vor allem Kopra und Zitrusfrüchte. Weitere wichtige Agrarprodukte sind Gemüse wie Taro und Süßkartoffeln; Tomaten, Papaya, Bananen, Ananas und Kaffee spielen ebenfalls eine, wenn auch geringe Rolle. Das wichtigste Exportgut der Inseln sind allerdings die schwarzen Perlen, die in Perlenfarmen gezüchtet werden. Wirtschaftliche Reformen, wie der Verkauf von Staatseigentum, ein Fokus auf wirtschaftliches Management und die Unterstützung des Tourismus hatten in jüngerer Zeit eine positive Auswirkung auf die kränkelnde Wirtschaft der Inselnation.

Souvenierstand und Hinweisschilder auf Rarotonga, der mit Abstand größten der Cook-Inseln

Polynesien

REGIONEN DER COOK-INSELN

DIE SÜDLICHEN COOK-INSELN

Die südlichen Cook-Inseln setzen sich aus Rarotonga, Mangaia, Ma'uke, Mitiaro, Atiu, Takutea, Manuae, Aitutaki und dem Palmerston-Atoll zusammen. Dominiert wird diese Region der Cook-Inseln aber eindeutig von Rarotonga, mit Abstand die größte Insel des Archipels. Umgeben von einem Saumriff und einer Lagune, im Inneren gebirgig und mit Regenwald überwachsen, präsentiert sich Rarotonga so, wie man sich gerne eine Südseeinsel vorstellt. Um die Insel führt eine Ringstraße, an der alle Siedlungen liegen. Auf der Nordseite befindet sich der Hauptort Avarua mit dem internationalen Flughafen. In das wilde Innere der Insel führen nur wenige Wege, eine Durchquerung der Insel ist nur zu Fuß auf dem Cross Island Track möglich. Der Weg führt am Te Rua Manga vorbei, eine 413 Meter hohe Felsnadel. Im Südosten der Insel liegt der Takitumu Conservation Park, ein privates Naturreservat. In den dicht bewaldeten Hügeln des Parks überlebt der endemische Vogel Kakerori. Touristisch gesehen besitzt Rarotonga das Schwergewicht.

Ebenfalls zu den südlichen Cook-Inseln gehört Aitutaki mit seiner berühmten, traumhaft schönen Lagune. Kein Wunder also, dass diese Insel neben Rarotonga das wichtigste Ziel der meisten Besucher darstellt. Das aus zwei unbewohnten Inselchen bestehende Atoll Manuae, etwa 100 Kilometer südöstlich von Aitutaki, gehört den Vögeln und Meeresschildkröten. Die Insel Aitu, eine der durch tektonische Vorgänge hochgehobenen Inseln, ist bekannt wegen ihrer spektakulären Höhlen. Ma'uke wird gerne als die Garteninsel bezeichnet und gilt als die üppigste aller Cook-Inseln. Auch hier finden sich ausgedehnte Höhlensysteme in dem Kalkstein des hochgehobenen Riffs. Äußerst selten besucht wird die winzige, nur von etwa 200 Menschen bewohnte Insel, Mitiaro.

Eine der spektakulärsten und berühmtesten Lagunen Ozeaniens: die Aitutaki-Lagune

Die Insel Mangaia gilt als die geologisch älteste Insel im Südpazifik und war einst ein Vulkan. Die Insel ragt dramatisch steil aus dem Wasser auf. Ihr höchster Punkt ist der Berg Rangimotia im Zentrum der Insel. Küstenklippen bis zu einer Höhe von 60 Metern tragen zu dem erstaunlichen Anblick der Insel bei. Das Palmerston-Atoll ganz im Nordwesten der südlichen Cook-Inseln ist trotz seiner geringen Größe – es besteht aus etwa 30 Inselchen, die eine elf Kilometer breite Lagune säumen – bewohnt. Alle Bewohner gehören zu einer Familie, die von dem englischen Abenteurer William Marsters abstammt, der 1863 auf die Inseln kam.

DIE NÖRDLICHEN COOK-INSELN

Die nördlichen Cook-Inseln sind etwas weiter verstreut als die südlichen Inseln und werden aus Suwarrow, Nassau, Pukapuka, Manihiki, Rakahanga und Penrhyn gebildet. Die Abgelegenheit der Inseln verhinderte bisher die Entwicklung einer nennenswerten Tourismusindustrie, obwohl die Inseln dank ihrer Schönheit Traumziele für Reisende darstellen könnten. Auf den Eilanden der nördlichen Cook-Inseln haben sich die Traditionen noch in ihrer reinsten Form erhalten können. Das Atoll von Manihiki besteht aus 40 Inseln, die sich um eine Lagune gruppieren. Das Atoll ist das Zentrum der Perlenindustrie der Südseenation. Nur 44 Kilometer südlich befindet sich das Atoll Rakahanga, dessen Lagune allerdings nicht für die Perlenzucht geeignet ist. Es ist bekannt für seine Handwerkskunst. Das abgelegene Atoll Penrhyn, benannt nach dem britischen Schiff Lady Penrhyn, das hier 1788 anlegte, ist das größte Atoll der Cook-Inseln und eines der größten im gesamten Südpazifik. Wie auf Manihiki bildet die Perlenzucht hier die wichtigste Einkommensquelle. Nicht einmal einen halben Quadratkilometer groß ist hingegen das Atoll Suwarrow, das den einzigen Nationalpark der Nation darstellt. Das Inselchen ist ein wichtiges Rückzugs- und Brutgebiet für Seevögel. Nicht viel größer (1,3 Quadratkilometer) ist die Insel Nassau mit einer großen Kokosnussplantage.

RECHTE SEITE:
Kirche in Safotu auf der Insel Savai'i. Der Einfluss christlicher Missionare ist bis heute zu spüren. Christliche Traditionen spielen nach wie vor eine große Rolle. Zahlreiche kleine Gemeindehäuser ebenso wie prächtige historische Gotteshäuser mit neobarocken und neogotischen Fassaden sind ein sichtbares Zeichen hierfür.

SAMOA

GEOGRAFIE

Samoa liegt im Herzen des Südpazifiks, umgeben von den Cook-Inseln im Osten, Tonga im Süden, Fidschi, den Wallis-Inseln und Tavalu im Westen und dem zu Neuseeland gehörenden Tokelau im Norden. Der Inselstaat besteht aus den zwei großen gebirgigen Inseln Savai'i und Upolu. Diese zwei Inseln zusammen haben ein Landfläche von fast 2900 Quadratkilometern, und der höchste Punkt der Inselnation, der Mauga Silisili auf Savai'i, erreicht eine Höhe von 1866 Metern. Teil des Inselstaates sind auch die kleinen Inseln Manono und Apolima, die in der Apolima Strait liegen. Diese Meeresstraße trennt die beiden Hauptinseln. Die Inseln sind vulkanischen Ursprungs, aber nur Savai'i erlebte in historischen Zeiten aktiven Vulkanismus. Zwischen 1904 und 1906 brach der Mt. Matavan mehrmals aus. Die Eruptionen waren allerdings vergleichsweise klein und richteten nicht allzu große Schäden an.

KLIMA

Samoas Klima ist tropisch mit zwei „Jahreszeiten": der Trockenzeit zwischen Mai und Oktober sowie der Regenzeit zwischen November und April. Die Jahresdurchschnittstemperatur an den Küsten beträgt etwa 26,5 Grad, kann aber im Inselinneren, abseits der kühlenden Meeresbrise, höher liegen. Mit 80% weist Samoa eine relativ hohe Luftfeuchtigkeit auf. Der Archipel liegt in der Bahn tropischer Wirbelstürme, die verheerende Schäden anrichten können.

Kirchengebäude auf der kleinen Samoa-Insel Manono

GESCHICHTE

Dank zahlreicher Ausgrabungsfunde weiß man, dass die Menschen der Lapita-Kultur, der die frühe Besiedlung zahlreicher Inseln im Südpazifik zugeschrieben wird, etwa 1000 vor Christus auf Samoa ankamen und sich dort etablieren konnten. Der erste Kontakt zu Europäern bestand mit Piraten, entflohenen Sträflingen und, wie anderswo im Pazifik auch, mit Walfängern. Sie öffneten das Tor zu den Inseln Samoas. Es folgten mehr und mehr Europäer, die neben ihrem Wissen und ihren technologischen Errungenschaften auch Krankheiten einführten. Schließlich wurde ab 1830 mit den Missionaren die christliche Religion auf die Insel getragen und den Bewohnern nahe gebracht. Auf Samoa fanden die Missionare wenig Widerstand und bis heute spielen christliche Traditionen eine wichtige Rolle.

Bewohnerin Samoas

Christliches Denken verhinderte allerdings nicht, dass sich zwei der vier wichtigsten und mächtigsten Familien Samoas zerstritten und sich in den siebziger Jahren des 19. Jahrhunderts bekämpften. In den achtziger Jahren desselben Jahrhunderts begannen sich Amerika, England und Deutschland um die Vorherrschaft auf den Inseln zu streiten. 1889 wurde Deutschland die Kontrolle über das westliche Samoa zugesprochen, der Osten Samoas ging an Amerika. Die deutsche Herrschaft endete 15 Jahre später, als Neuseeland 1914 den Deutschen die Inseln wegnahm und bis 1962 die Inselnation regierte. Eine Unabhängigkeitsbewegung, die zu Zeiten unter Deutschlands Regierung begann und bereits 1908 zu politischen Unruhen führte, schwieg auch unter der neuseeländischen Regierung nicht. Die sogenannte Mau-Bewegung verstärkte ihren Druck sogar, und 1929 wurden bei einer Demonstration elf Mitglieder der Bewegung getötet. Nach einem Regierungswechsel in Neuseeland begann sich das Blatt zu wenden. Der Wunsch nach Unabhängigkeit konnte nicht mehr ignoriert werden und am 1. Januar 1962 wurde Samoa eigenständig. Seither ist das Land politisch stabil.

GESELLSCHAFT

Die Bevölkerung von Samoa (ohne das amerikanische Samoa) umfasst etwa 165.000 Menschen. Die meisten davon sind polynesischer Abstammung. Nach wie vor ist das Leben auf Samoa sehr traditionell, obwohl dies auf den ersten Blick, vor allem in der urbanisierten Region um die Hauptstadt Apia, nicht auffallen mag. Auch heute noch bestimmen strikte Regeln und Traditionen das Leben der Menschen auf Samoa. Religion spielt eine wichtige Rolle in der christlichen Gesellschaft Samoas. Die Kirchen in den Dörfern und Siedlungen sind nicht nur spirituelle Stätten, sondern bilden die sozialen Zentren.

POLITIK

Mit dem Erreichen der Unabhängigkeit 1962 trat die Verfassung Samoas in Kraft und eine parlamentarische Demokratie nach britischem Vorbild bildet heute die Regierungsform Samoas – allerdings mit Besonderheiten, die Rücksicht auf die Gebräuche des Inselstaates nehmen: So wurden die beiden höchstrangigen Führer des Landes auf Lebenszeit zu Staatschefs erkoren. Der letzte der beiden Staatschefs starb am 11. Mai 2007.

Die Legislative Samoas hat 49 Mitglieder, die auf fünf Jahre gewählt werden. Es herrscht allgemeines Wahlrecht in Samoa, aber nur sogenannte „matais" – Oberhäupter – können sich zur Wahl stellen. Der Premierminister wird in der Legislative gewählt. Dieser wählt dann die Kandidaten für die zwölf Kabinettspositionen aus.

WIRTSCHAFT

Die Wirtschaft Samoas wird fast ausschließlich von landwirtschaftlichen Produkten wie Kopra, Kakao und Bananen getragen. Die Fischerei trägt das ihre zum Bruttosozialprodukt bei. Auch der wachsende Tourismus spielt eine Rolle. Allerdings leidet die Inselnation unter einem gewaltigen Außenhandelsdefizit: Die Einfuhren überschreiten bei weitem die Ausfuhren.

REGIONEN VON SAMOA

UPOLU

Mit 1115 Quadratkilometern Fläche ist Upolu zwar „nur" die zweitgrößte Insel Samoas, weist aber mit etwa 110.000 Einwohnern den Großteil der Bevölkerung auf. Die etwa 44.000 zählende Hauptstadt Apia liegt auf der Insel Upolu. Apia ist der wichtigste Hafen des Landes. Entlang der Küste der lang gezogenen Insel (75 Kilometer lang) führt eine geteerte Straße um die gesamte Insel herum. In das wilde, gebirgige Innere dringen nur drei Straßen ein. Upolu wird von einem riesigen, erloschenen Schildvulkan gebildet. Zwei Naturreservate, die Uafato Conservation Area nahe der Ostspitze der Insel und der O Le Pupu-Pu'e Nationalpark im Inselinneren, schützen die wilde von Regenwald überwachsene Bergwelt der Insel.

SAVAI'I

Savai'i ist mit 1700 Quadratkilometern Fläche die größte Insel Samoas – und zugleich die wildeste. Das hochgelegene Innere der Insel wird durch das Gipfelquartett des Silisili (1866 m), des Maugamua (1803 m), des Te'elagi (1617 m) und des Mata'aga (1714 m) gebildet. Diese und andere Gipfel sind Teil eines riesigen, nach wie vor aktiven Schildvulkans, der die Insel bildet. Riesige Lavaströme im Norden der Insel zeugen von Eruptionen, die noch nicht allzu lange zurückliegen. Wie auch auf Upolu führt eine Ringstraße um die Insel und hält sich, wo immer möglich, in Küstennähe. Durch das wilde, gebirgige Innere führt keine Straße. Den Weg auf den Mt. Silisili weist eine dreitägige Trekkingroute, die sich in dem Schutzgebiet der A'opu Conservation Area befindet. Ein weiteres Schutzgebiet, das Falealupo Regenwald Reservat auf der Falealupo Halbinsel im Westen, umfasst 1200 Hektar Tieflandregenwald. Ebenfalls zum Schutz des Regenwaldes wurde das Reservat auf der Tafua-Halbinsel im Südosten der Insel etabliert. Die Insel ist aufgrund ihrer wilden Natur weit weniger entwickelt als Upolu. Auf Savai'i leben etwa 43.000 Menschen.

Bildnachweis

Umschlagabbildungen: U 1 oben: fotolia.de, sumnersgraphicsinc;
U 1 unten: istockphoto.com;
U 4 alle: Don Fuchs, Sydney;

Bigstockphoto.com: 164, 165, 217, 226, 227, 232, 327, 425, 439, 442

fotolia.de: 12/13: sumnersgraphicsinc; 52 unten: Steve Duchesne; 53 oben: Frédéric Guillet; 84: Francois Marclay; 339: Andreas Edelmann; 456: falkjohann; 458 oben: Augenblicke

Fuchs, Don (Sydney): 10, 11, 14, 15, 16/17, 18, 19, 20/21, 22, 23, 24, 25, 26/27, 28, 29, 30, 31, 32/33, 34, 36/37, 40, 41, 42, 43, 44/45, 46, 47, 48, 49, 50, 51, 54, 55, 56/57, 58, 59, 60, 61, 63, 64, 66/67, 74, 75 oben, 75 unten, 76, 79, 82/83, 87, 90, 92/93, 94, 95, 96, 97, 98, 99, 100/101, 102/103, 106 oben, 106 unten, 107, 108, 109, 110/111, 112, 113, 114, 115, 117, 118/119, 124, 126, 127, 131, 132/133, 140 unten, 141, 144/145, 146/147, 148 oben, 148 unten, 149, 150, 151, 152/153, 156/157, 158/159, 166/167, 168, 169, 174 oben, 178, 179, 183, 184 oben, 184 unten, 185, 186, 187, 188/189, 191, 192/193, 198/199, 201, 202/203, 204, 205, 206, 207, 208/209, 210/211, 213, 214/215, 216, 218, 220/221, 222, 224, 225, 228, 229 oben, 229 unten, 231 unten, 234/235, 244/245, 246, 247 oben, 247 unten, 248/249, 251, 252/253, 255, 256/257, 258, 259, 260, 261, 262/263, 264, 266, 267, 268, 269, 270/271, 273 oben, 273 unten, 274, 275, 276/277, 279, 280/281, 282, 285, 286/287, 288, 289 oben, 289 unten, 290/291, 292, 293, 301, 302 oben, 302 unten, 303, 304, 305 oben, 305 unten, 306/307, 308, 309, 310/311, 312, 313, 314, 315/316, 318, 319, 320/321, 323, 324/325, 326, 328/329, 330, 331 oben, 331 unten, 332, 333, 335, 336/337, 338, 341, 342/343, 345, 351, 352/353, 354, 355, 356/357, 358, 360, 361, 362, 363, 364, 365, 366, 367, 370/371, 373, 374/375, 376, 377, 378, 379, 380/381, 382, 388, 389, 390, 391, 392 oben, 392 unten, 394, 399, 400, 401, 402, 403, 406/407, 408, 410, 412/413, 415, 416/417, 418, 419, 420, 421, 422, 426/427, 430/431, 432/433, 436/437, 440/441, 445, 452 unten, 455, 466, 467, 470 links, 470 rechts, 471, 472 links, 472 Mitte, 487, 499, 503 unten, 509, 520, 523 oben, 523 unten, 550/551, 552/553, 554/555, 556/557, 558, 559, 561, 562, 563, 567, 568/569, 572/573, 574/575, 577, 580/581, 582, 583, 584/585, 586/587, 588/589, 590, 591, 592/593, 594, 703, 606/607, 608/609, 610, 617, 618/619, 620/621

istockphoto.com: 9, 52 oben, 53 unten, 65, 69, 70/71, 72, 73, 77, 78, 80/81, 82, 85, 86, 88/89, 89, 91, 104, 105, 116 links, 116 rechts, 120, 122/123 oben, 122/123 unten, 125, 128 oben, 128 unten, 129, 130, 134, 135, 137 oben, 137 unten, 138 oben, 138 unten, 139, 140 oben, 142, 143 oben, 143 unten, 154, 155 oben, 155 unten, 160, 161, 162 oben, 162 unten, 163, 171, 173, 174 unten, 175, 176, 177, 180, 181, 182, 194/195, 196 oben, 196 unten, 197 oben, 197 unten, 200, 219, 233 oben, 233 unten, 237, 238/239, 240, 242, 294, 295, 296, 297, 340, 346, 347, 348, 349, 359, 368, 369, 383, 384, 385, 386, 387, 393, 395, 396/397, 398, 404 oben, 404 unten, 409, 411, 424, 428, 429, 434, 438, 443, 447, 448/449, 450, 451, 452 oben, 453, 454, 457, 458 unten, 459, 460, 461, 462/463, 463, 464/465 oben, 464/465 unten, 468 oben, 468/469, 473, 474 oben, 474 unten, 475 oben, 475 unten, 476, 477, 478/479, 480, 481 oben, 481 unten, 482, 483, 484, 485, 488/489 oben, 488/489 unten, 491, 492, 492/493, 494 oben, 494 unten, 495 oben, 495 unten, 496, 497 oben, 497 unten, 498, 500 oben, 500 unten, 501, 502 oben, 502 unten, 503 oben, 505, 506 oben, 506 unten, 507, 508 links, 508 rechts, 510 links, 510 rechts, 511, 512 oben, 512 unten, 513, 514 links, 514 rechts, 515, 516, 517, 518, 519, 522 oben, 522 unten, 526, 527, 529, 530, 531, 532, 533, 534, 535, 536 oben, 536 unten, 537, 538, 539, 540/541, 542 oben, 542 unten, 543, 544, 545, 546, 547, 549, 560 links, 560 rechts, 564/565, 566 oben, 566 unten, 570 oben, 570 unten, 571, 576, 578 oben, 578 unten, 579, 586 oben, 586 unten, 595, 596, 597, 5989/599, 601, 604, 605, 611, 612 links, 612 rechts, 613, 614 oben, 614 unten, 615 oben, 615 unten, 616, 622, 623, 624, 625 alle, 627, 628, 629, 630, 631 links, 631 rechts, 632/633, 634, 635, 636

Kodak Photo-CD: 35, 38, 39, 62

LuckyOliver.com (Campbell, California): 298: Aleksejs Jevsejenko; 299: Ashley Whitworth; 405: Aleksejs Jevsejenko; 414: Aleksejs Jevsejenko